MICHAELA BAUMGARTNER
Debütantenball

WIEN 1814 Während der Kongress die große Welt neu ordnet, gerät die heile Welt der Familie Wohlleben aus den Fugen. Mit ihrer unbändigen Lebenslust bringt sich Nesthäkchen Fanny noch vor ihrem Debütentenball in große Schwierigkeiten. Zu spät erkennt sie, dass der Lebemann Karl von Trattenbach und seine Geliebte ein abgekartetes Spiel mit ihr treiben. Die vernünftige Sophie hingegen ist mit ihren zwanzig Jahren auf dem besten Weg, eine alte Jungfer zu werden. Sie träumt davon, die Welt zu entdecken. Da lernt sie den Forscher und Gelehrten Edward Baines kennen und verliert – nach Meinung ihrer Mutter – völlig den Verstand. Auch ihr älterer Bruder Georg gerät in diesen turbulenten Tagen aus dem Takt. Als schneidiger Offizier lässt er sich keine erotische Eskapade entgehen – bis er der Fürstin Katharina Pawlowna Bagration begegnet. Was er nicht ahnt: Die einflussreiche Agentin des Zaren Alexander und ehemalige Geliebte Metternichs verfolgt mit dieser Affäre ihre ganz eigenen Ziele.

© Gerlinde Gorla

Michaela Baumgartner studierte Geschichte, Germanistik und Kommunikationswissenschaften an der Universität Wien und arbeitete zunächst als Sachbuch-Lektorin und freie Journalistin bei verschiedenen Tageszeitungen und Nachrichtenmagazinen. Nach der Geburt ihrer Tochter war sie als Kommunikationstrainerin, vorwiegend für Schweizer Unternehmen, tätig. Mittlerweile leitet sie seit vielen Jahren eine Agentur für Öffentlichkeitsarbeit und Corporate Publishing in Wien. Mit ihrem Romandebüt will die gebürtige Oberösterreicherin und gelernte Buchhändlerin das traditionsreiche Genre des englischen Regency-Romans um eine österreichische Variante bereichern.

MICHAELA BAUMGARTNER
Debütantenball
Historischer Roman aus dem alten Wien

GMEINER

Immer informiert

Spannung pur – mit unserem Newsletter informieren wir Sie
regelmäßig über Wissenswertes aus unserer Bücherwelt.

Gefällt mir!

Facebook: @Gmeiner.Verlag
Instagram: @gmeinerverlag
Twitter: @GmeinerVerlag

Besuchen Sie uns im Internet:
www.gmeiner-verlag.de

© 2021 – Gmeiner-Verlag GmbH
Im Ehnried 5, 88605 Meßkirch
Telefon 0 75 75 / 20 95 - 0
info@gmeiner-verlag.de
Alle Rechte vorbehalten
1. Auflage 2021

Lektorat: Christine Braun
Herstellung: Mirjam Hecht
Umschlaggestaltung: U.O.R.G. Lutz Eberle, Stuttgart
unter Verwendung eines Bildes von: © https://commons.wikimedia.org/
wiki/Category:Charles_Hermans#/media/File:Charles_Hermans_mas-
querade.png
Druck: GGP Media GmbH, Pößneck
Printed in Germany
ISBN 978-3-8392-2807-4

Inhalt

1. Kapitel

»ENDLICH! DA SEID IHR JA! Sophie, Fanny, packt das Nötigste. Sofort! Es ist Krieg. Das korsische Ungeheuer hat es tatsächlich bis nach Wien geschafft. Wir müssen fliehen!« Mathilde rannte händeringend auf und ab. »Und das ohne Papa. Was für eine Katastrophe!« Abrupt blieb sie stehen und starrte ihre Töchter fassungslos an. »Was ist – ihr lacht ja!«

Die beiden Mädchen schienen sich in der Tat königlich zu amüsieren, während ihre Mutter, mit derangierter Frisur und völlig verzweifelt, an diesem 25. September 1814 die Welt nicht mehr verstand.

»Ihr seid auch zu komisch, Mama«, kicherte Fanny und hüpfte aufgeregt um ihre Mutter herum.

»Was heißt hier … Kinder, da draußen wird geschossen! Sucht Josef, er soll die Kutsche anspannen, und die gute Dorothea …«

»Nicht doch, Mama. Wir sind nicht im Krieg – der Kongress hat vor wenigen Tagen begonnen«, versuchte Sophie, als ältere der beiden Schwestern die stets Vernünftige, ihre Mutter zu beruhigen. »Seit Monaten wird doch über nichts anderes gesprochen«, setzte sie fast ein wenig vorwurfsvoll hinzu.

Ratlos blickte Mathilde von einer Tochter zur anderen. »Das große Fürstentreffen, natürlich. Aber warum ...«

»Das sind Salutschüsse zum Empfang des russischen Zaren Alexander.«

»Salutschüsse? Hört ihr denn nicht den Kanonendonner?«

»Jeder hört ihn, Mama«, stellte Sophie nüchtern fest. »Die Artillerie steht von Brünn bis zum Glacis.«

»Bist du sicher?« Mathilde fasste nach der Hand ihrer Tochter und sah ihr prüfend in die Augen.

Sophie nickte so energisch, dass sich eine blonde Strähne aus dem hellblauen Bandeau löste, das sie um ihr Haar geschlungen hatte. »Ganz sicher«, beteuerte sie. »Papa hat doch bei Tisch mit Georg in letzter Zeit häufig über diese wichtigen Dinge gesprochen. Er wohnt ja mittlerweile fast in der Hofburg, und der Obersthofmeister –«

»Wichtige Dinge!«, unterbrach Mathilde ihre Tochter indigniert. »Kind, du sprichst schon wie dein Bruder. Diese langweilige Politik! Wohin kommen wir, wenn sich sogar die jungen Damen der Gesellschaft dafür interessieren? Wie unziemlich, sich in Männerangelegenheiten zu mischen. Es wird höchste Zeit ...« Sie hielt inne und seufzte theatralisch.

»Höchste Zeit wofür?« Sophie reagierte sofort. »Ihr wollt doch nicht ausgerechnet jetzt wieder dieses leidige Thema aufs Tapet bringen.«

Mathilde, nicht im Geringsten daran interessiert, erneut in einer – sich in letzter Zeit leider häufenden – leidenschaftlichen Auseinandersetzung mit ihrer Tochter den Kürzeren zu ziehen, lenkte sofort ein. »Dass die Saison endlich beginnt, wollte ich sagen«, antwortete sie rasch. Als sie das triumphierende Aufblitzen in den Augen ihrer Tochter bemerkte, fügte sie verärgert hinzu: »Aber Sophie, ich muss dich wirklich rügen, dein Tonfall ist absolut unpassend. So spricht man nicht mit seiner Mutter. Und ich komme nicht umhin, dich wieder einmal darauf aufmerksam zu machen, dass ein Mann aus unseren Kreisen weder Interesse an einem Blaustrumpf noch an einer aufmüpfigen Frau finden wird, die immer das letzte Wort haben muss.«

Sophie, die einsah, dass es keinen Sinn hatte, ihre Mutter weiter zu reizen, senkte ihren Blick. »Ihr habt recht, verzeiht, Mama.«

Sofort tat es Mathilde leid, ihre Tochter so hart zurechtgewiesen zu haben. Sanft streichelte sie ihre Wange. »Ich weiß, mein Kind, wie schwer es für dich in den letzten Monaten gewesen ist. Aber du musst nach vorne blicken.«

Fanny, die das Wortgefecht der beiden interessiert beobachtet hatte, fand es hoch an der Zeit, ein wirklich wichtiges Thema zur Sprache zu bringen. »Wisst Ihr, was mir Georg erzählt hat? Es gibt ein Fest im Prater, mit einem großen Feuerwerk. Oh Mama, dürfen wir hingehen? Das wird sicher furchtbar lustig.« Fanny umarmte ihre Mutter stürmisch. »Bitte sagt Ja!«

»Auf keinen Fall, wo denkst du hin.« Kopfschüttelnd befreite sich Mathilde aus den Armen ihrer Tochter. »Sei doch nicht immer so ungestüm, Fanny.« Mit einem kurzen Blick in den Spiegel zupfte sie die Locken ihres kunstvollen Tituskopfes zurecht, der unter der ganzen Aufregung empfindlich gelitten hatte. »Das ist eine Pläsanterie von sehr zweifelhaftem Ruf, völlig inkonvenabel für junge Damen eures Standes.«

»Ach, Mama«, schmollte Fanny. »Nirgendwo darf ich hingehen ...«

Mathilde lächelte ihrer Jüngsten nachsichtig zu. »Natürlich darfst du nirgendwo hingehen. Du bist ja noch ein Kind.«

»Aber nicht mehr lange.« Energisch reckte Fanny ihr Kinn vor. »In wenigen Wochen ist mein erster Ball.« Sie hob geziert den Saum ihres weißen Baumwollkleides, stellte sich auf die Zehenspitzen und tänzelte auf und ab. »Und dann werde ich mich verlieben, so wie Sophie ...«

Abrupt wandte Sophie ihr Gesicht ab. »Ich lasse anspannen und nehme Dorothea als Begleitung mit, wenn Ihr ihre Dienste nicht braucht, Mama. Tante Louise hat mich zum Tee eingeladen, und Ihr wisst, wie sehr sie Unpünktlichkeit hasst.«

Nachdenklich sah Mathilde ihrer älteren Tochter nach. »Fanny«, schalt sie ihre Jüngste. »Wie konntest du nur so taktlos sein.«

»Entschuldigt, Mama.« Kleinlaut senkte Fanny ihren Blick.

»Entschuldige dich nicht bei mir, sondern bei deiner Schwester.« Besorgt musterte sie Fanny. »Kind, du musst noch viel lernen.« Sie seufzte. »Wie mache ich aus einem Wildfang wie dir in wenigen Wochen bloß eine elegante junge Dame?«

◦≈◦

»Schultern zurück, Mademoiselle, höher den hübschen Kopf, très bien, viel besser! Und jetzt mit der rechten Fußspitze beginnen. Eins, zwei, eins, zwei, im Takt der Musik. Mademoiselle Sophie, wenn ich bitten darf ...«

Jean-Claude nickte Sophie zu, die die ersten Töne eines Menuetts von Beethoven anschlug, das gerade besonders en vogue war.

»Sehr gut, und weiter. Eine Drehung und – oh nein, nicht in diese Richtung. Zu mir, ich bin es, dem Ihr Eure Gunst schenken sollt, nicht die Dame des Herren neben Euch.«

Während Sophie laut auflachte, stampfte Fanny wütend mit ihrem rosa beschuhten Fuß auf. »Ich will das nicht, das ist langweilig!«

»Was langweilt mein widerspenstiges Käthchen schon wieder?«

»Georg!« Fanny wirbelte herum. »Ich hab dich gar nicht kommen hören.« Sie stürzte in seine Arme. »Bist du fesch!« Bewundernd musterte sie die mit goldenen Tressen besetzte Uniform ihres Bruders. »Wen wirst du denn heute Abend verführen?«

»Fanny!« Entrüstet sprang Sophie von ihrem Platz hinter dem Klavier auf.

»Ach, lass sie doch, Schwesterlein«, lachte Georg, Fanny noch immer im Arm haltend. »Sie hat ihre Augen und Ohren halt überall, wo sie nicht hingehören. Nicht wahr, du kleiner Mops?«

»Tut nicht so, als wäre ich noch ein Kind!« protestierte Fanny. »Ich weiß, was die Herren Offiziere machen, wenn sie am Abend ausgehen.«

»Und was ist das, gnädiges Fräulein, wenn ich fragen darf?« Sein Tonfall blieb spielerisch, doch der Ausdruck seiner Augen veränderte sich.

»Ach, dies und das«, bemerkte Fanny leichthin, der die plötzliche Wachsamkeit im Blick ihres Bruders entgangen war. »Ihr führt elegante Damen mit Federn an den Hüten und großem Schmuck zum Essen aus, dann tanzt ihr mit ihnen und küsst ihnen die Hand.« Kokett warf sie den Kopf zurück und hielt ihrem Bruder den ausgestreckten Arm entgegen. »So, nicht wahr?«

Erleichtert ergriff er ihre Hand. »Genau, und dann drehen und drehen und drehen wir sie, bis sie genug haben und nach Hause gehen wollen.«

Übermütig nahm er sie in die Arme und tanzte mit ihr durch den Salon. Fanny juchzte begeistert. »Ja, das will ich lernen, so will ich tanzen, die ganze Nacht …«

»Um Gottes willen, Georg! Fanny! Was soll dieser Lärm? Was macht ihr denn da?«

Mit einem eleganten Schwung brachte Georg Fanny an ihren Platz zurück und begrüßte seine Mutter mit einer formvollendeten Verbeugung.

»Mama, wir tanzen Walzer. Darf ich bitten?«

Sophie versuchte, einen plötzlichen Hustenanfall hinter ihrem Batist-Taschentuch zu ersticken, als
Georg seine heftig protestierende Mutter tatsächlich
in die Arme nahm und ein paar angemessen zögerliche
Drehungen mit ihr auf dem Parkett wagte.

»Nun ist es aber genug!«

Georg, der am entschiedenen Tonfall seiner Mutter
rasch erkannte, dass jetzt nicht mehr mit ihr zu spaßen
war, blieb abrupt stehen und drückte ihr einen Kuss auf
die Wange. »Ich wollte ohnehin gehen, Mama, und den
charmanten Damen des Hauses einen wunderschönen
Abend wünschen.« Bevor sie etwas erwidern konnte,
hatte er blitzschnell den Salon verlassen.

»Ach schade«, schmollte Fanny. »Wo es gerade so
lustig war.«

»Maestro, wie konnte Er nur?«, rügte Mathilde den
Tanzlehrer, der sichtlich überfordert nach Worten rang.

»Ihn trifft keine Schuld, Mama«, eilte Sophie ihm
zu Hilfe. »Es war einzig und allein Georg, der Fanny
auf so törichte Gedanken brachte.«

»Was ist daran töricht?«, brauste Fanny auf. »Diese
langweiligen alten Tänze will ich nicht lernen. Ich will
Walzer tanzen! Mama, bitte! Jean-Claude, so sag doch
etwas!«

Der Tanzlehrer, nun vollends verzweifelt, blickte
von einer zur anderen. »Madame, Mademoiselle, was
soll ich sagen?«

»Er sagt am besten gar nichts«, schnitt Mathilde ihm
rüde das Wort ab. »Bringe Er meiner Tochter einfach

das Tanzen bei. So wie es sich gehört. Wir sind hier schließlich nicht bei den Wilden. Und Er sorge dafür, dass niemand, auch nicht mein lieber Herr Sohn, ihr weiter solche Flausen in den Kopf setzt. Sophie«, fuhr sie zu ihrer älteren Tochter gewandt fort, »ein Menuett bitte. Oder was auch immer. Alles, nur keinen Walzer, haben wir uns verstanden?«

࿒

Sie legte Heft und Feder beiseite und ließ ihren Blick durch den Raum schweifen. Sophie liebte die Bibliothek ihres Vaters. Die schweren Holzvertäfelungen und den Kachelofen mit seinen spannenden Jagdmotiven, die sie schon als Kind fasziniert hatten. Den herben Duft der in Leder gebundenen Bücher, den Spieltisch mit seinen Figuren aus Elfenbein und den riesigen Intarsien-Sekretär, an dem sie gerade saß.

Gedankenverloren glitt ihre Hand über den goldenen Globus, den ganzen Stolz ihres Vaters. »Oh ja, Indien, eine vortreffliche Wahl«, hörte sie ihn sagen. Sie erinnerte sich, als wäre es gestern gewesen. Ach, Papa! Seufzend betrachtete Sophie das Gemälde über dem Spieltisch, aus dem ihr Vater in prächtiger Uniform, die Arme vor der ordenbewehrten Brust verschränkt, mit gestrengem Blick auf sie herunterschaute. Wie hatte sie diese Stunden genossen. Nur Papa und sie. Kein quengelnder Quälgeist, der ihr die Aufmerksamkeit entzog. Kein großer Bruder, den sie von Herzen um seine Rolle als zweiter Mann im Haus beneidete, eine Rolle, die er in Abwesenheit seines Vaters durchaus bestimmt in Anspruch nahm, auch in Zeiten, als er selbst noch ein Kind gewesen war. Natürlich liebte sie auch ihre Mutter, dennoch fühlte sie sich ungleich wohler in der Aura machtvoller Überlegenheit, die ihren Vater stets umgab. Auf einem kleinen Kinderschemel zu seinen Füßen sitzend, hatte sie ihm andächtig zugesehen, während er in seine Bücher oder Akten vertieft las oder schrieb. Meist hatte sie sich mucksmäuschenstill verhalten, um ihn nicht zu stören. Doch wenn ihre Füße nach einiger Zeit gar zu unruhig geworden waren, war sie aufgesprungen und hatte mit dem Globus gespielt. »Dreh, dreh, dreh dich im Kreis«, hatte sie leise vor sich hingesummt, die Augen fest geschlossen, bis die Weltkugel zum Stillstand kam und ihre kleinen Finger auf einen weit entfernten Punkt der Erde zeigten, dessen Namen sie nicht einmal gekannt hatte. Dann hatte Papa seine Arbeit beiseitegeschoben und eine Geschichte erzählt. Über das Land, die Menschen, die dort wohnten, und die abenteuerlichen Entbehrungen der langen Reise. Jedes Mal hatte sie gebettelt: »Papa, lasst uns dort hinfahren. Nur wir beide!« Und jedes Mal hatte sie dieselbe Antwort erhalten, mit demselben nachsichtigen Lächeln: »Ach, Schätzchen, du weißt doch, ich bin bei Hofe unabkömmlich und du bist eine junge Dame. Und junge Damen gehen nicht auf Reisen.«

Sophie beobachtete die Weltkugel, die sich immer langsamer um ihre eigene Achse drehte. Wann hatten sie sich eigentlich davongestohlen, diese traulichen Momente? Fast unbemerkt war sie ihrem Kinderschemel entwachsen und damit der ungeteilten Zuwendung ihres Vaters, der mittlerweile kaum mehr zu Hause anzutreffen war. Natürlich, es war der politischen Lage geschuldet, die ihre Mutter standhaft ignorierte, aber auch der Tatsache, dass aus dem neugierigen kleinen Mädchen eine nachdenkliche junge Frau geworden war, die, davon war nicht nur ihre Mutter überzeugt, nicht in die richtige Schublade passen wollte.

Schließlich stand der Globus still. Ganz wie ihr eigenes Leben, dachte Sophie resigniert. Wie sehr sie sich langweilte. Und wie sehr sie sich manchmal wünschte, ein Mann zu sein. Zu studieren, zu reisen, die Welt und ihre Geheimnisse zu ergründen. Was wurde von ihr als Frau erwartet? Nichts weiter als ein hübsches Aussehen, eine charmante Konversation, eine vorteilhafte Heirat und gesunde Erben. War sie undankbar, wie ihre Mutter nicht müde wurde zu betonen, nur weil sie anders sein wollte?

Tante Louise war die Einzige, die sie verstand. Als langjährige Mätresse des Fürsten von Hainburg – sie selbst hatte daraus nie ein Geheimnis gemacht, während ihre Schwester, Sophies Mutter, immer das Gesicht verzog, als hätte sie in eine Zitrone gebissen, wenn das Gespräch darauf kam – besaß sie eine überaus großzügig geschnittene Wohnung in der Stadt und ein entzückendes Gartenpalais. Bereits in jungen Jahren mit dem wesentlich älteren Adalbert, Freiherrn von Lilienthal, einem Freund ihres Vaters, verheiratet, hatte sich die temperamentvolle Schönheit auf den ersten Blick in den Fürsten verliebt. Mittlerweile war sie seit Langem verwitwet und lebte sorglos von der stattlichen Apanage, mit der der Fürst sie vor wenigen Jahren abgefunden hatte. Während der Saison führte sie einen kleinen, aber elitären Salon, in dem nicht nur Mitglieder des Wiener Adels, sondern auch Künstler und Gelehrte verkehrten. Im Sommer verreiste sie oder zog sich in ihr Haus auf der Wieden zurück, wo Sophie sie häufig besuchte. Sie fühlte sich wohl bei ihrer Tante, bewunderte sie für ihre Bildung und Weltoffenheit, wenngleich Louises frivole Erzählungen ihr immer wieder die Schamesröte ins Gesicht trieben.

Entschlossen nahm Sophie die Feder zur Hand. Ihr Tagebuch war zu ihrem engsten Vertrauten geworden. Fast täglich saß sie hier, in der stillen Abgeschiedenheit des väterlichen Arbeitszimmers, um ihre Gedanken ins Reine zu bringen. Sie hatte es kaum glauben können, als ihr Vater ihr an einem beschaulichen Sonntagnachmittag aus heiterem Himmel und trotz der sichtlichen Missbilligung ihrer Mutter die Erlaubnis erteilt hatte, seinen Schreibtisch zu benutzen. Nur sie beide wussten – sein verschwörerisches Augenzwinkern sagte dabei mehr als tausend Worte –, dass er mit diesem außerordentlichen Privileg Sophies schönste Kindheitserinnerungen zum Leben erweckte.

Mit gestochen scharfer Handschrift füllte sie Seite um Seite des ledergebundenen Büchleins, mit ihrem Schicksal hadernd und von einem Leben träumend, das ihr so fern erschien wie die Länder, die sie in ihrer Fantasie bereiste. Würde sie ihrem Tagebuch nur von den Ereignissen berichten, die ihr Leben in Wahrheit zäh wie Kuchenteig vergehen ließen, würde sie schwerlich mehr als ein paar eintönige Zeilen zu Papier bringen können.

Sophie lehnte sich zurück. Wie ungerecht sie gewesen war, als die unschuldige Bemerkung ihrer kleinen Schwester sie so sehr erzürnt hatte. Fannys Oberflächlichkeit war einfach mehr, als sie ertragen konnte. Ihre Putzsucht, ihr Hang zu Klatsch und Tratsch, der sich schon jetzt bemerkbar machte, ihre unbeherrschte Gedankenlosigkeit und Vergnügungssucht – waren sie wirklich Schwestern? Dabei liebte sie Fanny, ihre Lebenslust, ihr ausgelassenes Lachen und ihre stets gute Laune. Wäre sie nur ein wenig anders. Dazu kam, dass Georg Fannys leichtfüßigen Übermut ganz offensichtlich ihrer eigenen In-sich-Gekehrtheit vorzog. Was Sophie wiederum in ihrer Meinung bestärkte, dass Bildung und Verstand einer Dame sichtlich nicht zum Vorteil gereichten. Als ginge es um nichts anderes, als sich zu verlieben! Fanny lief mit offenen Augen in ihr Unglück, davon war Sophie überzeugt. Aber es war sinnlos, mit ihr darüber zu reden. Niemand würde Fanny dazu bringen, sich diese romantischen Träumereien aus dem Kopf zu schlagen. Und Sophie hoffte von Herzen, dass nicht das Leben selbst ihre kleine Schwester eines Besseren belehren würde.

Seufzend wandte sie sich wieder ihrem einzig getreuen Freunde zu und schrieb sich den Kummer von der Seele.

»Geh Stani, du Landei, sei kein solcher Spielverderber! Der Abend hat grad erst begonnen.« Georg klopfte seinem Offizierskameraden freundschaftlich auf die Schulter. »Wien ist nicht Tulln. Jetzt bist endlich in der Hauptstadt und dann benimmst dich wie ein Kadett aus der Provinz.«

Stanislaus grinste gequält. »Du hast leicht lachen. Schneidig wie du bist, brauchst du die Mädels nur anzulächeln und sie liegen dir zu Füßen. Aber schau mich an. Die nehmen mich an deiner Seite ja nicht einmal wahr.«

Langsam schlenderten sie den Kohlmarkt entlang, und wie um seine Worte Lügen zu strafen, trat eine großgewachsene Brünette mit etwas zu grell geschminkten Lippen auf Stanislaus zu. »Na, wie wär's mit uns, Süßer?«

Rasch zog Georg seinen zaudernden Freund weiter. »Da hab ich was Besseres für dich«, flüsterte er. »Die Stanzi hat eine Cousine, die wohnt bei ihr. Die beiden freuen sich sicher, wenn wir sie zum Tanzen in den ›Wilden Mann‹ ausführen. Und wer weiß, vielleicht begleiten wir sie danach nach Hause.«

Stanislaus, in Gedanken noch immer bei den üppigen Lippen des Nachtschattengewächses, seufzte. »Da sieht du's wieder. Ich muss zahlen für mein Vergnügen. So eine spricht dich erst gar nicht an, weil sie weiß, dass du Schönere als sie umsonst bekommst.«

Georg lachte laut auf. »Du bist aber auch wirklich ein Grantscherben. Endlich machst eine Eroberung, und dann ist's dir auch nicht recht. Komm, wir holen die Stanzi ab.«

»Was du immer redest«, murrte Stanislaus unwillig, trottete jedoch folgsam hinter seinem Freund her, der seinen Schritt beschleunigte.

Sie bogen vom Kohlmarkt in eine Seitengasse mit wesentlich spärlicherer Straßenbeleuchtung ein. Rasch verlor Stanislaus die Orientierung. Er war erst seit ein paar Wochen in Wien stationiert und fand sich im Straßengewirr der Altstadt noch nicht zurecht. Und nicht nur das. Wien mochte zu den Metropolen Europas zählen, dennoch fehlte ihm innerhalb der mächtigen Stadtmauern die Luft zum Atmen. Jetzt, wo buchstäblich ein ganzer Kontinent auf wenigen Quadratmetern Quartier bezogen hatte, platzte die Innenstadt tatsächlich aus allen Nähten. Denn nicht nur die verhandelnden Souveräne, Fürsten und Gesandten waren nach Wien gekommen, um eine neue Weltordnung zu entwerfen und sich dabei ausgiebig zu amüsieren. In ihrem Gefolge tummelten sich Sekretäre, Schreiber und Dienstboten, Glücksritter, Unterhändler, Ärzte, Beichtväter, Porträtmaler und Karikaturisten, Beutelschneider und Kurtisanen. Sie alle brachten die Stadt beinahe zum Kollabieren.

Stani jedenfalls hasste das laute Treiben, die dicht an dicht stehenden Häuser, die jedem Sonnenstrahl den Einlass verwehrten, den Gestank der Abwässer, die kotigen Wege und die herumhuschenden Ratten, die ihm stets wie stumme Schatten auf dem Fuß folgten. Er hasste die aufdringlichen Rufe der Händler, das rücksichtslose Gedränge, den Lärm der vorbeipreschenden Fuhrwerke – und die Buttenweiber. Beim Anblick der maskierten Frauen mit ihrer stinkenden Fracht drehte es ihm jedes Mal den Magen um. Es gab keinen Tag, an dem er sich nicht zurückwünschte in seine Heimat, sich nicht sehnte nach der wilden Schönheit der Wälder, dem Duft der Sommerwiesen und der ruhig dahinziehenden Donau.

Schon wieder verloren sie sich in einem engwinkeligen Labyrinth schmaler Gassen, aus dem er, davon war er überzeugt, alleine niemals herausfinden würde. Georg jedoch schritt zügig voran, bis er schließlich vor einem bescheidenen Bürgerhaus Halt machte. Er bückte sich und warf kleine Steine gegen die erleuchtete Fensterscheibe im ersten Stock.

Als hätte man sie erwartet, blickte schon nach wenigen Steinwürfen ein bildhübsches Gesicht mit einem strahlenden Lächeln zu ihnen herunter. »Wir kommen gleich.« Die Lippen, die diese Worte formten, schienen Stanislaus, anders als die der Grabennymphe, von unbeschreiblich unschuldiger Süße.

»Stani, wie schaust denn wieder drein! Mach bloß den Mund zu, was sollen die Mädels von dir denken? So kommst nie zum Stich!« Georg schüttelte den Kopf. »Mach mir keine Schand, hörst du! Du bist ein Offizier, da brauchst nichts tun. Die sehen eine Uniform und sind bereit. Wirst sehen, da hast ein leichtes Spiel.«

Die Tür ging auf und zwei zierlich gewachsene Mädchen in hellen Kleidern, den Schal eng um ihre Schultern geschlungen, das Haar unter züchtigen Hauben verborgen, huschten kichernd an ihnen vorbei auf die Gasse.

Stanislaus warf Georg einen fragenden Blick zu. Der zuckte die Achseln, bedeutete ihm aber, den beiden zu folgen. Einige Minuten marschierten sie in überraschend zügigem Tempo hinter den aufgeregt miteinander tuschelnden Mädchen her, als die Größere der beiden plötzlich stehen blieb und sich zu ihnen umdrehte.

»Jetzt kann s' uns nimmer sehen, Mitzi.« Sie warf den beiden Männern einen koketten Blick aus veilchenblauen Augen zu. »Servas, Georg! Schön, dass du wieder mal bei mir vorbeischaust. Ich hab schon gedacht, du hast mich vergessen.«

»Wie könnt ich dich vergessen!« Georg machte einen Schritt auf sie zu, fasste sie unterm Kinn und – Stanislaus kam aus dem Staunen nicht heraus – küsste sie ungeniert, auf offener Straße, auf den Mund.

»Was für ein sauberes Mädel«, schoss es ihm durch den Kopf, als Stanzi sich aus Georgs Umarmung befreite und ihm einen fragenden Blick zuwarf.

»Das ist mein Freund Stani«, stellte Georg ihn vor. »Er ist erst seit Kurzem in der Stadt und sucht Anschluss«, fügte er, zu Mitzi gewandt, hinzu, die prompt errötete, was ihrem sonst eher farblosen Gesicht einen gewissen Reiz verlieh.

»Sehr erfreut.«

Der verlegene Knicks, mit dem sie ihn begrüßte, gefiel Stanislaus. Galant bot er ihr seinen Arm an, den sie zögernd ergriff. Angeregt plaudernd die einen, verlegen schweigend die anderen, schlenderten die beiden Paare gemächlich durch die nächtlichen Gassen. Hin und wieder kam ihnen eine Kutsche entgegen, zwei Betrunkene grölten, hielten aber respektvoll Abstand, als sie die Uniformen der beiden Herren erkannten. Als sie schließlich das Vorstadtgasthaus »Zum Wilden Mann« erreichten, schallten ihnen Musik und lautes Gelächter entgegen. Durch die Scheiben beobachteten sie das ausgelassene Treiben, ehe Georg entschlossen die Tür aufstieß. Tatsächlich fanden sie in der überfüllten Stube einen freien Tisch in einer vor neugierigen Blicken geschützten Nische.

Aufatmend ließ sich Stanzi als Erste auf die hölzerne Sitzbank fallen. »Ah, tut das gut. Ich bin schon seit dem frühen Morgen auf den Beinen. Die Madame von der Pepperl, bei der ich heute ausg'holfen hab, war besonders nervös. Jeden Mittwochabend eine Einladung, der Herr Baron sagt, sie wird ihn noch ruinieren. Aber sie will unbedingt so berühmt werden wie die von Arnstein. ›Wo kommen wir hin, wenn wir den Juden in Wien neben dem ganzen Geld auch noch den Glamour überlassen‹, hat sie g'sagt.«

Rasch legte Georg ihr einen Finger auf den Mund. »Geh Stanzerl, red net so einen Unsinn. Komm her zu mir und küss mich. Das kannst viel besser.«

Willig schmiegte sie sich an ihn und bot ihm ihre Lippen zum Kuss. Mitzi richtete ihre Augen verlegen zu Boden. Ein Anblick, der Stanislaus so berührte, dass er spontan ihre Hand nahm und küsste. Überrascht sah sie ihn an. Ihr Gesicht hatte von dem Spaziergang eine frische Farbe angenommen, ihre grauen Augen glänzten. Sanft zog er ihr die Haube vom Kopf und strich über ihr glattes flachsblondes Haar. Diesmal senkte sie ihren Blick nicht, sondern sah ihm vertrauensvoll direkt in die Augen, als sein Mund sich dem ihren näherte.

Was für weiche Lippen, schoss ihm durch den Kopf. Dann dachte er gar nichts mehr. Denn zu seinem großen Erstaunen erwies sich Mitzi als wahre Künstlerin. Noch nie hatte ein Kuss ihn dermaßen in Aufregung versetzt. Verlegen räuspernd rückte er von ihr ab.

»Laut ist es hier«, bemerkte er.

Mitzi nickte.

»Bist immer so schweigsam?«, fragte er.

Sie lächelte sanft. »Ja, reden tun eh die anderen. Ich hör lieber zu.«

Zufrieden ließ Stanislaus den Blick über sie gleiten. Wie hatte er die Stanzi bloß hübscher finden können als sie? Diese Mitzi hatte etwas Besonderes, stellte er fest. Und sofort überkam ihn die Lust, sich ihrer geschickten Lippen wieder zu bemächtigen. Bereitwillig erwiderte sie seinen Kuss.

»Na, hörts ihr auf jetzt!«, drang die Stimme seines Freundes an sein Ohr. »Wir wollen Wein bestellen, und wenn ihr euch weiter so aufführts, traut sich die dralle Magd hier gar nicht mehr an unseren Tisch.«

Verlegen lösten sie sich voneinander.

»Recht so!«, nickte Georg. »Der Abend ist noch lang, dazu habt ihr später genug Zeit. Was sagst, Stanzi, wollen wir tanzen?« Soeben hatten ein paar kräftige Männer Tische zur Seite gerückt, um Platz für die Tanzenden zu schaffen.

Begeistert hüpfte das Mädchen auf. »Ja, lass uns tanzen. Diesen neuen, den du so gut kannst, und von dem mir immer schwindlig wird, ich glaub, jetzt spielen sie ihn gerade ...«

»Musst denn du ständig so viel reden?«, schalt Georg sie lachend und zog sie hinter sich her.

Stanislaus sah Mitzi fragend an. Die nickte. Zögernd stand er auf. Ein wenig neidisch beobachtete er Georg, der Stanzi derart virtuos über die Tanzfläche bewegte, dass ihre schwarzen Locken nur so flogen. Doch schon presste Mitzi ihren Körper ungeniert an seinen und plötzlich war ihm alles andere egal. Sie passte sich seinem Rhythmus derart geschickt an, dass sich seine Unsicherheit in Luft auflöste.

Völlig außer Atem fanden sie sich nach einem ausgelassenen Galopp am Tisch wieder, um ihren Durst mit Wein zu löschen.

»Ich wusste gar nicht, dass du so ein passabler Tänzer bist.« Georg prostete ihm zu.

»Ich auch nicht«, grinste Stanislaus und drückte Mitzi fest an sich.

»Schau, schau«, feixte Georg. »Das kann ja noch was werden mit euch beiden.«

»Pass auf, Mitzi, dass er dir nicht die Ehr raubt«, ermahnte Stanzi ihre Freundin mit ernster Miene, der jedoch das Zucken um ihre Mundwinkel nicht entging.

»Bei meiner Ehr«, konterte sie, »so gern hätt ich meine Ehr noch niemandem geschenkt.«

Stanislaus verschluckte sich beinahe. So viel Schlagfertigkeit hatte er seiner schweigsamen Begleiterin gar nicht zugetraut. Doch als er in ihre Augen blickte, wusste er, dass es ihr heiliger Ernst zu sein schien.

»Kinder, nicht so schnell«, rief Georg, »ein paar Glaserl Wein trink ma schon noch, dann macht's umso mehr Spaß!« Übermütig drückte er Stanzi einen Kuss auf die Lippen.

Stunden später, die Sonne warf ihre ersten Strahlen durch die kleinen Fenster, suchten sie in der schmucklosen Kammer der Mädchen ihre Kleider zusammen.

»Sind sie nicht herzig?«, raunte Georg Stanislaus zu. Mit gemischten Gefühlen betrachtete Stani die beiden, die eng aneinander gekuschelt friedlich schliefen.

Leise schlichen sie die schmale Holztreppe hinunter.

»Ist das recht, was wir getan haben?«, fragte Stanislaus, wohl mehr sich selbst als seinen Freund.

»Ah geh, Stani, zerbrich dir nicht den Kopf. Die machen das gern. Und irgendwann werden sie einen braven Mann heiraten, Kinder kriegen und sich voller Stolz an uns erinnern. Glaub mir, das Leben ist nicht kompliziert, solange jeder weiß, wo er steht.« Georg drehte sich zu ihm um. »Mach nicht den Fehler und verlieb dich in so eine.«

Stanislaus zuckte unschlüssig die Achseln.

Da packte Georg ihn hart an der Schulter. »Hast g'hört! Ich mein's nur gut mit dem Mädel. Wenn du sie spüren lässt, dass du sie wirklich gernhast, machst sie unglücklich. Hast mich verstanden?«

Stanislaus nickte. Nachdenklich folgte er seinem Freund durch die erwachende Stadt. Obwohl es ein herrlicher Tag zu werden versprach, wollte sich die dazu passende Hochstimmung nicht einstellen.

⁓

Sie lehnte ihren Kopf zurück. Das Schaukeln der Kutsche beruhigte sie. Sophie liebte den neuen Landauer, den ihr Vater vor Kurzem für die Familie erworben hatte. Den ganzen Sommer über hatte sie mit offenem Verdeck fahren können, was sie die regelmäßigen Besuche bei ihrer Tante Louise noch intensiver hatte genießen lassen. Mama hatte Papa – wie konnte es anders sein – wegen dieser enormen Ausgabe gescholten. Die Kutsche sei nicht nur zu groß für die ohnehin beschränkten Stellplätze des Stadthauses, sondern auch viel zu teuer. Außerdem würden sie, seit er in Diensten des Obersthofmeisters, des Fürsten von Trauttmansdorff, stand, ohnehin nie mehr verreisen. Papa jedoch hatte ihre Argumente lachend vom Tisch gewischt, sie auf die Wange geküsst und ihr versprochen, sie in Kürze zu einer Reise nach Prag zu entführen. Mamas Augen hatten geleuchtet und Papa hatte sein Versprechen tatsächlich wahr gemacht. Seither stand der Landauer zu Sophies alleiniger Verfügung. Da Papa von seinen Geschäften beinahe rund um die Uhr okkupiert wurde, benutzte er die Hofequipagen, Georg fand Kutschenfahrten generell unter seiner Würde – außer an der Seite seiner jeweils aktuellen Herzdame natürlich –, und Mama ging so gut wie nie mehr aus.

Sophie zog den Schal fester um ihre Schultern. Es war erst Oktober, aber trotz des sonnigen Wetters und des geschlossenen Verdecks fröstelte sie. Wieder zog sie den zerknitterten Brief aus ihrem Retikül. Hoffentlich war Tante Louise zu Hause. Es war Dienstag und Sophie kam unangemeldet. Doch sie musste sie sprechen. Und zwar dringend.

»Dorothea, wir sind da«, weckte sie ihre Begleitung lautstark aus deren kurzen, aber geräuschvollen Schlummer. Sophie seufzte. Warum nur bestand Mama hartnäckig darauf, dass sie auf jedem ihrer Wege, und mochte er auch noch so kurz sein, das in die Jahre gekommene Dienstmädchen mitschleppte? Dorothea war beinahe taub, ihre gichtigen Knochen schmerzten, jedes Rumpeln der Kutsche entlockte ihr ein Stöhnen. Doch Mama blieb unerbittlich. Niemals, niemals!, würde sie zulassen, dass ihre Tochter sich ohne Anstandsdame außer Haus begab. Im Haushalt war Dorothea so gut wie gar nicht mehr zu gebrauchen, weshalb Sophie den Verdacht hegte, dass es ihrer Mutter weniger um den makellosen Ruf ihrer Tochter ging als um ihr teures Porzellan und sie deshalb die gute Seele lieber mit Sophie auf den Weg schickte.

Dorothea fuhr hoch. Ihre Haube war verrutscht und bedeckte das halbe Gesicht. Sanft rückte Sophie das Spitzenhäubchen gerade. Seit sie denken konnte, hatte Dorothea in ihrem Haushalt gelebt. Sie mochte sie sehr. Dennoch, manchmal hatte sie das Gefühl, dass eher sie auf ihre Begleiterin aufpasste als umgekehrt.

»Wir sind da!«

»Schon?«

Statt einer Antwort schubste Sophie sie ungeduldig zur Tür, die der Kutscher in diesem Moment öffnete. Als auch Sophie ausgestiegen war, blickte sie sich um. Der Pferdeknecht führte die beiden Braunen, die Tante Louise in der Regel für ihre Ausfahrten vorspannen ließ, gerade zu den Stallungen. Gut. Sophie seufzte erleichtert. Sie war also zu Hause.

»Begleite Dorothea in die Küche, Josef. Es wird nicht allzu lange dauern.«

Der Kutscher nickte und sah Sophie kopfschüttelnd nach, die, ohne eine Antwort abzuwarten, ins Haus stürmte.

»Gott sei Dank, Ihr seid da!« Völlig außer Atem betrat Sophie den Salon ihrer Tante.

»Guten Tag, mein Kind! Was für eine Überraschung.« Louise legte Buch und Lorgnon beiseite und stand auf. »Weshalb bist du denn so aufgelöst?«

Sophie stürzte sich in ihre Arme.

»Aber, aber, beruhige dich. Was ist denn geschehen?«

»Nichts!« Verzweifelt streckte Sophie ihr den Brief hin. »Das ist es eben. Wieder keine neuen Nachrichten. Er ist einfach wie vom Erdboden verschluckt. Ach, Tante, vielleicht haben sie doch alle recht. Er ist tot. Und ich will das einfach nicht wahrhaben.«

»Jetzt setz dich erst einmal hin, damit ich in Ruhe lesen kann.« Energisch schubste Louise ihre Nichte auf das Louis-Seize-Sofa neben dem zierlichen, mit dunkelrotem Damast bezogenen Kanapee, von dem sie sich gerade erhoben hatte. Das Sofa war, wenn auch unbequem, ihr Lieblingsmöbel, ein Geschenk des Fürsten aus der Anfangszeit ihres amourösen Verhältnisses, über und über mit Blütenranken bedeckt, Arm- und Rückenlehnen aufs Aufwändigste verziert und vergoldet. Die Woge des Klassizismus, die mittlerweile die meisten der renommierten Wiener Salons und Empfangsräume überrollt hatte, schien vor Louises Gartenpalais Halt gemacht zu haben. Hier, mitten im Grünen, war die Zeit stehen geblieben. Anmutig lächelnde Engel, unschuldig dreinblickende Jungfrauen und pummelige Amoretten tummelten sich zwischen üppigem Blumendekor und opulenten Obstkörben, beleuchtet von riesigen Kristalllustern. Zarte Pastellfarben, überschäumendes Gold und jede Menge unnötiger Zierrat beherrschten das Haus wie eh und je. Vor den Toren der Stadt verweigerte Sophies Tante konsequent jedes Zugeständnis an die derzeit herrschende Mode, selbst wenn sie in dem einen oder anderen der zwanzig Zimmer ihrer luxuriösen Stadtwohnung dem wesentlich strengeren Stil der klassischen Antike durchaus zu neuem Glanz verhalf, und sei es, um in Wiens Gesellschaft weiterhin en vogue zu bleiben.

Sie gab Sophie mit dem deutlichen Ausdruck von Missbilligung den Brief zurück. »Wer genau ist dieser August Anschober, der das Schreiben unterzeichnet hat? Ein Meister der Formulierkunst scheint er wahrlich nicht zu sein.«

»Ein entfernter Verwandter meiner alten Gouvernante. Er lebt seit Jahren in Leipzig und hat sich umgehört. Für ein erstaunlich geringes Salär.«

Louise zog eine Augenbraue hoch.

»Ach, Tante, warum sollte er sonst für jemanden, den er nicht kennt, über jemanden, den er nicht kennt, Erkundigungen einziehen?«

»Das ist doch Ehrensache, würde man annehmen.« Mit einer ungehaltenen Handbewegung wischte Louise das Thema vom Tisch. »Wie auch immer. Langsam, mein Kind, muss ich dir beipflichten. Jetzt besteht wirklich nur noch wenig Hoffnung. Es tut mir so unendlich leid für dich. Aber ich fürchte, du musst dich mit der schlimmsten aller Tatsachen abfinden. Auch wenn ich bis heute nicht verstehe, wie es möglich ist, dass ein Offizier seines Geblüts in einer Schlacht fällt und keinerlei Aufzeichnungen darüber existieren.«

»Ach, Tante«, seufzte Sophie erneut. »Er wurde am letzten Tag der Schlacht schwer verwundet, mehr ist einfach nicht in Erfahrung zu bringen. Auch August Anschober fand nur verschlossene Türen vor. Papa hat schon vor Monaten seine Kontakte spielen lassen und nichts erreicht.«

»Was für eine Prüfung, mein Liebes, der du da in so jungen Jahren unterzogen wirst.« Louise betätigte die vergoldete Klingel, die neben ihr auf dem Tisch stand.

Sofort ging die Tür auf.

»Nanette, bring uns heiße Schokolade mit reichlich Milch und etwas Gebäck.«

»Sehr wohl, Frau Baronin.« Mit einem höflichen Knicks zog das Dienstmädchen sich zurück.

»Hast du von seiner Familie etwas gehört, seit …«

»Nein«, antwortete Sophie rasch. »Nichts mehr, seit dem Brief der Fürstin.«

Louise schüttelte missbilligend den Kopf. »Das ist ganz und gar nicht comme il faut. Natürlich hättest du weit über deinem Stand geheiratet. Aber du kanntest Ludwig seit deiner frühen Jugend, er war einer der besten Freunde deines Bruders auf der Militärakademie. Ich goutiere dieses Vorgehen keineswegs. Immerhin bist du seine Verlobte und damit Teil der Familie.«

»Ich verstehe es auch nicht, Tante, aber da ist außer Euch niemand, dem ich mich anvertrauen kann.«

Nachdenklich musterte Louise ihre Nichte. »Kind, was ich dich immer schon fragen wollte – bitte verzeih, aber da du unsere Vertrautheit eben so lobend erwähntest: Hast du Ludwig eigentlich geliebt?«

Überrascht sah Sophie auf, hielt jedoch kaum dem prüfenden Blick ihrer Tante stand.

»Ich hatte also recht!«, entgegnete Louise triumphierend, nahm sich aber sofort wieder zurück. »Das tut deiner Trauer und der Tragik der Ereignisse natürlich keinen Abbruch …«

»Tante, ich weiß nicht, was Ihr meint«, entgegnete Sophie trotzig. »Selbstverständlich liebe ich ihn. Habe ich ihn geliebt«, korrigierte sie sich. »Und jetzt habe ich das Gefühl, als wäre mein Leben vorbei. Ich vermisse ihn so sehr.«

»Nun, das verstehe ich.« Louise zögerte. »Hattest du nicht das Gefühl«, sie versuchte die richtigen Worte zu finden, »dass das, was du empfindest … dass es vielleicht in deinen Träumen …«

Energisch richtete Sophie sich auf. »Ich liebe Ludwig, Tante, worauf wollt Ihr hinaus?«

Louise wagte trotz der heftigen Reaktion ihrer Nichte einen weiteren Vorstoß. »Du erinnerst mich an mich selbst, mein Kind. Dein starker Wille, deine Unbeugsamkeit, dein klarer Verstand. Aber versteckt sich hinter der kühlen Fassade nicht ein wahrhaft romantisches Herz? Auch ich habe meinen Mann geliebt. Der brave Adalbert war mir Zeit seines Lebens ein vorbildlicher Ehemann. Doch erst als ich den Fürsten kennenlernte, habe ich zum ersten Mal ...«

Die Tür ging auf und Nanette trat ein. Sie kredenzte die Schokolade in Porzellanbechern mit kleinen Untertassen aus Schildpatt auf einem silbernen Tablett.

»Danke, Nanette«, nickte Louise. »Du kannst gehen, das ist alles.« Sie wartete, bis das Mädchen die Tür hinter sich geschlossen hatte, dann sprach sie weiter. »Was soll ich sagen? Es war Liebe auf den ersten Blick. Meine Knie wurden weich, alles begann sich um mich zu drehen, und ich wusste, er ist es. Er ist der Mann meiner Träume, auf den ich mein ganzes Leben lang gewartet habe.« Erregt erhob sie sich. »Und selbst wenn du mir jetzt diesen gewissen Blick zuwirfst, aus dem ich Amüsement, Skepsis und Erstaunen lese – ich verzeihe dir, ich selbst hätte in deinem jugendlichen Alter nicht anders darüber gedacht –, so muss ich dir sagen, ich weiß keine geistreicheren Worte für diesen Augenblick zu finden. Es ist die Wahrheit. Und wer diese Gefühlsregungen, die mit nichts auf dieser Welt vergleichbar sind, als romantische Verirrungen eines überspannten

Gemüts abtut, der hat sich nie Hals über Kopf verliebt.« Ganz in Gedanken versunken blickte sie aus dem Fenster.

Sophie schwieg.

Minuten später drehte ihre Tante sich um und fuhr fort: »Ich sage ja nicht, dass außerordentliche Augenblicke wie diese zwangsweise zu einer glücklichen Ehe führen. Im Gegenteil. Wahrscheinlich ist zu viel Leidenschaft der erquicklichen Labsal einer harmonischen Ehe durchaus abträglich. Und dennoch …« Sie seufzte und ergriff Sophies Hand. »Dennoch würde ich mir wünschen, ein Mal im Leben dieses Leuchten in deinen Augen zu sehen, das nur die große Liebe zu entfachen vermag.«

Unwillig entzog ihr Sophie die Hand. »Tante, ich weiß Eure offenen Worte durchaus zu schätzen. Aber ich bin hier, um mit Euch über meinen Verlobten zu sprechen und darüber, wie sehr ich um ihn trauere. Weil dieser Brief meine letzte Hoffnung begraben hat.« Sie hob ihre Tasse und nahm einen Schluck der bittersüßen Schokolade. »Diese Art von romantischer Schwärmerei, von der Ihr sprecht, ist mir fremd. Und ich halte sie auch für ganz und gar nicht erstrebenswert. Sagt man nicht, dass Gefühlsregungen dieser Art eher den niedrigen Ständen vorbehalten sind? Eine Dame sollte sich deutlich zurückhaltender zeigen und ist in allen Lebenslagen gut beraten, ihre Contenance nicht zu verlieren.«

Louise musterte sie verärgert. »Kind, jetzt gehst du aber entschieden zu weit!«, tadelte sie ihre Nichte. »Du sprichst schon wie deine Mutter.«

Sophie nickte verlegen. »Ich weiß, verzeiht, Tante, ich hab es nicht so gemeint. Aber manchmal glaube ich, dass etwas mit mir nicht stimmt. Alle reden von Liebe – ich weiß damit einfach nichts anzufangen. Es gibt viel wichtigere und interessantere Dinge im Leben, finde ich. Und Ihr habt recht. Mama wird nicht müde zu betonen, dass die beste Ehe auf Vernunft beruht. Wenn man sich im Lauf der Jahre aneinander gewöhnt habe, mag daraus durchaus Liebe werden, sagt sie immer. Betrachtet man meine Eltern, scheint ihre Maxime ihre Richtigkeit zu haben. Ludwig jedenfalls war für mich immer ein wirklich guter Freund, und ich denke, dass es keine bessere Basis für eine Ehe gibt. Mama und Papa waren über unsere Verbindung überaus glücklich, weil sie mich für die Zukunft gut versorgt sahen und die Verbindung zu einer fürstlichen Familie allen zum Vorteil gereichte. Dass Ludwigs Eltern von seiner Wahl zuerst nicht angetan waren«, Sophie ignorierte den indignierten Blick ihrer Tante geflissentlich, »sei dahingestellt. Ludwig verfügte über eine sehr offene Gesinnung, manchmal hatte ich sogar den Eindruck, dass er mich aus genau diesem Grund erwählt hat.« Sie räusperte sich. »Wie Ihr seht, trauere ich wahrhaftig um ihn. Ich vermisse ihn schrecklich. Das ist der Grund, warum ich hier bin.« Sie machte eine wirkungsvolle Pause.

Ihre Tante, sichtlich immer noch ein wenig verstimmt, reagierte nicht.

Sophie seufzte, fuhr aber tapfer fort: »Nun, da jeder Funken Hoffnung darauf, dass Ludwig noch lebt, erloschen ist, möchte Mama mich so rasch wie möglich verheiraten, was angesichts meines Alters nicht verwunderlich ist. Aber ich will etwas aus meinem Leben machen. Ich möchte die Welt kennenlernen, es gibt so viel, was ich nicht weiß.« Zögernd hielt sie inne, dann gab sie sich einen Ruck. »Tante, nehmt mich mit auf Reisen, öffnet mir die Tür zu Eurem Salon! Ihr führt ein abwechslungsreiches Leben, lasst mich daran teilhaben. Bitte! Ich langweile mich noch zu Tode!«

Dieser letzte verzweifelte Ausruf schien ihre Tante nun doch versöhnlich zu stimmen. Sie lachte schallend. »Sophie«, Louise holte tief Luft, »das muss ich dir sagen. Du bist mit Abstand die ungewöhnlichste junge Dame, die ich kenne.« Energisch klingelte sie dem Dienstmädchen. »Nanette, meinen Lieblingschampagner. Und zwei Gläser!«

Sie lachte erneut auf. »Mein liebes Kind, auch wenn ich nicht immer einer Meinung mit dir bin, so klingt das nach einem interessanten Lebenskonzept. Das gefällt mir. Wir sind offensichtlich beide – jede auf ihre Art – nicht für das Mittelmaß bestimmt. Aber ich muss dich warnen, du machst es dir damit nicht leicht. Du weißt selbst, was von einer jungen Dame deines Alters und deines Standes erwartet wird. Das, was du dir vom Leben wünschst, mit Sicherheit nicht. Nun«, sie schenkte sich und ihrer Nichte ein Glas Champagner ein, den sie, wie sie kurz bemerkte, stets bereithielt, um überraschende Gäste zu bewirten oder aber – wie Sophie angesichts der Geschwindigkeit, mit der Nanette das kostbare Getränk serviert hatte, mutmaßte – um auch sich selbst ab und zu ein kleines Schlückchen zu gönnen. »Lass uns anstoßen. Auf deine kühnen Pläne und ein aufregendes Leben!«

Sophie umarmte sie stürmisch. »Ich wusste, Tante, dass Ihr mich versteht.«

»Nicht so ungestüm, meine Liebe. Ich werde tun, was in meiner Macht steht, um dich zu unterstützen. Aber das letzte Wort hat dein Vater. Und damit eigentlich deine Mutter. Ich wage sehr zu bezweifeln, dass sie deine revolutionären Ideen goutiert.« Sie dachte nach. »Meine nächste Reise führt mich nach Florenz, kommenden April. Gern kannst du mich begleiten. Natürlich muss ich darüber zuerst mit deinen Eltern sprechen. Ich möchte deine Begeisterung nicht dämpfen«, fügte sie hinzu, als sie sah, dass Sophie einen recht undamenhaften Luftsprung absolvierte. »Aber ich bin mir nicht sicher, ob mein Bemühen von Erfolg gekrönt sein wird.«

Sophie nahm einen großen Schluck Champagner. »Doch, Tante, Ihr werdet sehen, alles wird gut.« Sie tanzte im Kreis, hielt dann jedoch inne. »Erst im April?« Sie seufzte. »Was mach ich bloß bis dahin?«

»Das, was deine Mutter von dir erwartet. Im Rahmen des Fürstentreffens sind unzählige Festlichkeiten geplant und auch die Saison beginnt bald. Du wirst schön gefügig sein und alle infrage kommenden Kandidaten wohlwollend prüfen. Versprichst du mir das?«

Sophie nickte. »Aber Euer Salon, Eure Soupers, Eure Dichterlesungen – was sind im Vergleich dazu langweilige Bälle oder barbarische Jagden? Bitte, Tante, egal, was Mama sagt …«

Lächelnd schüttelte Louise den Kopf. »Ob ich mir den Unmut deiner Mutter zuziehen möchte, muss ich mir noch sehr genau überlegen. Du weißt doch, was sie von meinen Einladungen hält. ›Frivol und unsolide‹, waren das nicht genau ihre Worte?«

»Wir müssen es ihr ja nicht erzählen«, fiel Sophie Louise aufgeregt ins Wort.

Louise lachte auf. »Wie stellst du dir das vor? Dass ich meine eigene Schwester hintergehe?« Rasch warf sie einen Blick auf die französische Pendule auf dem Kamin. »So spät schon! Meine Liebe, du musst gehen. Ich empfange Besuch und möchte mich noch umziehen. Aber ich verspreche dir, ich werde darüber nachdenken.« Sie erhob sich.

»Ich danke Euch, Tante.« Sophie küsste die ihr dargebotene Wange. Mit einem seligen Lächeln auf den Lippen tänzelte sie die Treppen hinunter.

Aus ihrem sonnendurchfluteten Ankleidezimmer sah Louise ihrer Nichte zu, wie sie, die schwerfällige Dorothea im Schlepptau, leichtfüßig die Kutsche bestieg. »Auch wenn sie es nicht wahrhaben will, sie ist mir ähnlich, viel zu ähnlich«, murmelte sie, ein wenig sorgenvoll, und klingelte nach ihrer Zofe.

2. Kapitel

WAS FÜR EIN PRÄCHTIGER TAG. Perfekt geradezu, wäre da nicht Fanny an ihrer Seite, die vor lauter Aufregung ohne Unterbrechung vor sich hinplapperte. Und die Tatsache, dass der Kaiser mit einem Fest der Superlative an diesem 18. Oktober 1814 des Siegs über Napoleon in der großen Schlacht bei Leipzig gedachte. Der Jahrestag, der scheinbar ganz Wien in höchst feierlicher Stimmung hinaus ins Grüne trieb, bedeutete für Sophie die Erinnerung an ihren größten persönlichen Verlust.

»Ich bitte dich, so sitz doch endlich still«, ermahnte sie Fanny seufzend. Sophie haderte wieder mit ihrem Schicksal. Warum konnte sie nicht einfach zu Hause bleiben und ihren Gedanken nachhängen? Stattdessen hatte Mama sie zu dieser Ausfahrt gedrängt. Nicht einmal Papa schien Verständnis für ihr Bedürfnis nach stiller Zurückgezogenheit zu haben. Energisch hatte er Mama unterstützt: »Ich denke, du solltest dich endlich damit abfinden, dass dein Verlobter nicht wiederkommt. Er ist ein Held, gefallen im Kampf gegen den

39

französischen Tyrannen. Ludwig hätte nicht gewollt, dass du dich einsperrst und dem Leben entziehst. Zeig dich stolz, gerade heute.«

»Und nimm Fanny mit«, hatte Mama rasch hinzugefügt, als sie merkte, dass Sophies Widerstand angesichts dieser ungewöhnlich klaren Zurschaustellung väterlicher Autorität dahinschmolz.

Nun saß sie hier, spielte das Kindermädchen für ihre nervtötende Schwester – und stellte überrascht fest, dass das alles sich bei genauerer Betrachtung eigentlich gar nicht so übel anfühlte, wie sie befürchtet hatte. Es war einer jener seltenen Herbsttage, an denen die Sonne noch einmal ihre Kraft spüren ließ. Mit offener Kutsche durch den Prater zu flanieren, war an sich schon ein Erlebnis. Heute jedoch herrschte Ausnahmezustand. Alles, was Rang und Namen hatte, schien sich hier, in Wiens beliebtester Ausflugsmeile, versammelt zu haben. Nicht nur die geladenen Ehrengäste und Militärs, sondern auch zahllose Zaungäste fanden sich ein, um dem feierlichen Anlass ihren Tribut zu zollen – natürlich in der Hoffnung, einen Blick auf einen der Souveräne, Fürsten und Gesandten zu erhaschen oder, noch besser, auf eine der einflussreichen Gespielinnen der Mächtigen, die mittlerweile zumindest ebenso große Berühmtheit erlangt hatten wie die Objekte ihrer Begierde.

»Die Damen sollten jetzt aussteigen.« Mit Mühe brachte Josef die Kutsche zum Stehen. Angesichts des großen Gedränges wurden die Pferde nervös.

»Ja, endlich«, jubelte Fanny und sprang aus dem

Wagen, ehe Josef die kleine Behelfstreppe bereitstellen konnte.

»Fanny!«, ermahnte Sophie sie streng. »Bleib sofort stehen und wage es nicht, dich von mir zu entfernen. Nicht auszudenken, wenn ich dich in diesem Getümmel verliere.« Dennoch konnte sie sich ein Lächeln nicht verkneifen. Fannys Begeisterung war durchaus zu verstehen. Noch nie hatte sie so viele Menschen in festlicher Kleidung auf einmal gesehen. Die pastellfarbenen Toiletten und bunten Schals der Damen strahlten mit den farbenfrohen Westen und hellen Beinkleidern der Herren um die Wette. Dazwischen die prunkvollen Uniformen der Offiziere, überall lachende Gesichter.

Sophie traute ihren Augen nicht. Ihre kleine Schwester, schwerer zu hüten als ein Sack Flöhe, war gerade ungeniert dabei, die anerkennenden Blicke eines jungen Offiziers mit einem koketten Lächeln zu erwidern.

»Fanny!«

»Ach, Sophie, sei nicht immer so streng«, zischte Fanny. »Mama hat es erlaubt, nun verdirb mir nicht den Spaß.«

Kopfschüttelnd versuchte Sophie ihre Hand zu ergreifen, doch Fanny entzog sie ihr geschickt. »Lass das, ich bin kein kleines Kind mehr.«

Georg! In Gedanken verwünschte Sophie ihren Bruder. Er war es gewesen, der sich schon Tage vor der Veranstaltung für das Nesthäkchen eingesetzt hatte. Und Mama, die Fannys Schmollen offenbar noch weniger ertragen konnte als politische Diskurse, war prompt schwach geworden.

Resignierend ließ Sophie Fanny laufen und sich mit dem Strom der Besucher zu dem Platz treiben, an dem das Fest mit einer Messe eröffnet werden sollte. Schon waren die ersten Klänge des feierlichen Tedeums zu vernehmen. Das Szenario schien sogar auf Fanny Eindruck zu machen, denn ausnahmsweise schwieg sie still und lauschte.

Als der heilige Akt zu Ende war, zerstreuten sich die Gäste und flanierten weiter in Richtung Lusthaus. Rund um das bekannte Ausflugsziel waren provisorische Tafeln errichtet worden. Hier sollte auf Einladung des Kaisers das Militär speisen, die Mannschaften und Offiziere der Wiener Garnison. Georg hatte voll Stolz davon berichtet und ihnen versprochen, sie noch vor dem Essen seinen Freunden vorzustellen. Sophie sah sich um, doch sie konnte ihn unter all den glänzenden Uniformen nirgendwo entdecken.

»Hast du die beiden da gesehen? Die kühle Blonde und die Kleine mit den dunklen Locken. Hübsche Dinger, eine wie die andere. Magst nicht den Eisberg zum Schmelzen bringen, Philipp? Kannst ja nicht ewig deiner Gabriele nachweinen. Und ich nehm mir die Brünette vor. Ang'lacht hat sie mich, habt's g'sehn? So ein junger Wildfang käm mir grade recht.«

»Hörst auf, solchen Unsinn zu reden? Das sind die Schwestern vom Schorsch!«, herrschte Stanislaus, der gerade hinzugetreten war, seinen Offizierskameraden an.

»Echt?« Karl grinste unbeeindruckt. »Na dann kannst sie mir ja vorstellen.«

Unwillig schüttelte Stanislaus den Kopf. »Nicht mal dran denken, hörst du?«

Doch Karl hatte sich mit seinem Freund Philipp im Schlepptau bereits den Weg zu den beiden Mädchen gebahnt. Mit einer galanten Verbeugung blieb er vor ihnen stehen. »Darf ich es wagen, gnädige Fräulein, mich vorzustellen? Karl Freiherr von Trattenbach. Und das ist mein Freund Philipp Graf von Keynitz. Stets zu Euren Diensten.« Formvollendet küsste er die Hand, die Fanny ihm aufgeregt entgegenstreckte, ohne den empörten Blick ihrer Schwester zu beachten. »Wir sind Freunde Eures Bruders. Er wird übrigens gleich kommen.«

Sophie nickte erleichtert. »Sehr erfreut.« Sie musterte ihr Gegenüber unauffällig. Ein außerordentlich gutaussehender Mann von großem Wuchs. Er sah Sophie tief in die Augen. Ungerührt erwiderte sie seinen Blick. Es braucht schon mehr als einen Feschak in Uniform, um mich zu beeindrucken, dachte sie amüsiert. Sein überhebliches Lächeln hingegen und der unverschämte Blick, mit dem er nun ihre Schwester bedachte, gefielen ihr überhaupt nicht. Beunruhigt stellte sie fest, dass Fanny errötete.

»Es tut mir leid, wenn wir Euch mit unserem Auftritt inkommodieren. Aber Karl war nicht zurückzuhalten.« Graf von Keynitz verbeugte sich. Im Gegensatz zu Trattenbach fand Sophie durchaus Gefallen an ihm. Mit seinen blonden Locken und den großen dunklen Augen stand er seinem Freund an Attraktivität um nichts nach, schien jedoch weit weniger von sich eingenommen zu sein.

»Ihr kennt meine Schwestern also schon.« Georg, sichtlich froh, sie in der Menge entdeckt zu haben, legte Fanny den Arm um die Schultern und küsste Sophie auf die Wange. Stanislaus, der sich nach ihm zu der Gruppe gesellte, nickte den beiden Mädchen freundlich zu.

»Wie konntest du uns diese beiden bezaubernden Damen nur so lange vorenthalten!« Karl klopfte Georg vorwurfsvoll auf die Schulter.

»Das weißt du genau, mein Freund«, konterte Georg. Sophie kannte ihren Bruder zu gut, als dass ihr der leicht drohende Unterton in seiner Stimme entgangen wäre.

»Zweifellos«, Karl grinste selbstgefällig. »Kameraden, wir müssen zu Tisch. Wenn die Damen uns entschuldigen.« Mit einer leichten Verbeugung entfernte er sich, nicht ohne Fanny einen Blick zuzuwerfen, der Sophie kalte Schauer über den Rücken jagte. Philipp schlug die Hacken zusammen und folgte ihm achselzuckend.

Georgs Miene war unergründlich, als er sich ebenfalls von seinen Schwestern verabschiedete. »Vielleicht ist es besser, ihr geht nach Hause«, flüsterte er Sophie zu. Er drückte Fanny einen herzhaften Kuss auf die Wange. »Und du tust gefälligst, was deine Schwester dir sagt, verstanden?«

»Geh Georg, behandle mich nicht immer wie ein kleines Kind!«, protestierte Fanny, zornig mit dem Fuß aufstampfend. »Ich hab gehört, was du zu Sophie gesagt hast. Aber ich will noch bleiben. Jetzt, wo es gerade so schön ist.«

Genau in diesem Moment drehte Karl sich um. Wie gebannt starrte Fanny ihn an.

Georg folgte ihrem Blick. »Ihr geht nach Hause, sofort.«

Sein ungewohnt scharfer Tonfall ließ Fanny zusammenzucken. »Aber …«

»Kein Aber, hast du verstanden!«

Noch nie hatte sie ihren Bruder so ungehalten erlebt. »Ist ja gut, dann gehen wir halt«, murmelte sie kleinlaut. In ihrem Schreck reichte sie Sophie sogar die Hand.

»Braves Kind«, nickte Georg und wandte sich zum Gehen. Rasch drehte er sich noch einmal um. »Danke, Sophie!«

Sophie lächelte und zog ihre Schwester in die Richtung, wo sie ihre Kutsche vermutete.

»Nimm ihn nicht ernst, den Karl«, versuchte Stanislaus Georg zu beruhigen. »Du kennst ihn ja.«

»Eben deshalb«, murmelte Georg grimmig.

Die plötzliche schlechte Laune seines Freundes gefiel Stanislaus ganz und gar nicht. »Ich werd heut Abend die Mitzi besuchen. Kommst du mit?«

»Nein, Stani, heut Abend kann ich nicht«, antwortete Georg.

Zu seiner Erleichterung bemerkte Stanislaus jedoch, dass sich Georgs Miene erhellte. »Wer ist es diesmal? Die Soubrette, die dich letzte Woche um den Schlaf gebracht hat?«, fragte er, von Georgs Erfolgen bei den Schönsten der Schönen immer wieder aufs Neue beeindruckt.

Georg aber schwieg beharrlich.

»Dann ist die Dame verheiratet?«

Kopfschüttelnd klopfte Georg seinem Freund auf die Schulter. »Neugieriger als ein Waschweib bist du, Stani.«

Wieder bester Laune gesellten sie sich zu ihren Kameraden, die bereits an den ihnen zugeteilten Tischen Platz genommen hatten.

Es wurde ein Fest, wie es Wien noch nie gesehen hatte. Kaiser und Könige speisten im ersten Stock des Lusthauses, Fürsten und Prinzen zu ebener Erde, die Generäle auf den Galerien und die Offiziere um das Gebäude herum. Zwischen Pyramiden aus Gewehren, Sitzbänken und riesigen Bierfässern bogen sich Holztische Kilometer um Kilometer, vom Lusthaus bis zum Praterstern, unter Hektolitern Freibier, Suppe mit Knödeln, Rindfleisch mit Soße, Semmeln, Krapfen und Wein. Alle wurden verköstigt, vom Feldwebel bis zum Wachtmeister – des Kaisers Anerkennung für die geschlagene Schlacht. Die Gäste wiederum stießen an auf das Wohl ihres Souveräns, begleitet von Kanonendonner, der den ganzen Nachmittag über wie dumpfes Donnergrollen bis in die entlegensten Vorstädte zu hören war.

Als die Tafel schließlich aufgehoben wurde, strömten die Militärs durch das Garnisonslager auf die Simmeringer Heide, wo bis spät in die Nacht gefeiert wurde. Stanislaus jedoch machte sich mit Franz, einem seiner Kameraden, auf den Weg in die Stadt. Stani zu seinem Rendezvous mit Mitzi, Franz mit einem Freibrief und Georgs Segen. »Geh Stani, nimm den Franzl mit, damit die Stanzi heut auch auf ihre Rechnung kommt«, hatte er gesagt.

Unwillig erst und unter leisen Beschimpfungen – »Ein Haderlump bist du, wie kannst das arme Mädl so schlecht behandeln, das hat sie sich net verdient« –, dann aber doch getrieben von seiner Sehnsucht nach Mitzis heißen Küssen, zog Stanislaus, schon ein wenig wackelig auf den Beinen, mit Franz im Schlepptau von dannen.

Im Gegensatz zu seinen Freunden war Georg geradezu nüchtern. Diese Nacht sollte zu seinem bisher größten Triumph führen. Aber dazu musste er bei klarem Verstand bleiben.

❧

Es war ein kurzer Weg vom Haus seiner Eltern in der Johannesgasse zum Palais des Fürsten Metternich am Rennweg. Und doch erschien er ihm ewig lang. Die Ungeduld trieb ihn voran, ein Gefühl, das ihm, wie er irritiert und ein wenig verärgert feststellte, bisher völlig fremd war. Diese Frau brachte sein Blut in Wallung wie keine andere zuvor. Georg wusste, dass die angenehme Regelmäßigkeit seiner Gesichtszüge, seine schlanke, großgewachsene Gestalt, vor allem aber sein Charme, sein unwiderstehliches Lächeln, seine aristokratische Herkunft und der Zauber der Uniform ihn immer rasch ans Ziel brachten. Heute jedoch war es anders. Noch nie war er einer Frau begegnet, die schöner und erotischer war als sie. Und nie würde sie ihm ganz gehören, dessen war Georg sich bewusst. Doch schon ein Blick aus ihren großen dunklen Augen, die Berührung ihrer zarten Hand raubten ihm fast den Verstand.

Vor knapp zwei Wochen war er ihr zum ersten Mal begegnet, auf der großen Redoute in der Winterreit-schule. Inmitten der zehntausend Gäste hatte er nur sie gesehen. Sie stand, eine Maske in der Hand, in einem Meer von Licht, inmitten von Orangenblüten und glit-zerndem Kristall am Arm des Zaren Alexander. Er war fassungslos vor Erstaunen. Vergessen war die Zeit – und seine Begleiterin, die ihn bereits ungeduldig am Arm zog. Plötzlich nickte diese Göttin ihm zu und schenkte ihm ein Lächeln.

»Mach den Mund zu. Das ist die Fürstin Katharina Pawlowna Bagration. Die ist sogar für dich eindeutig ein Kaliber zu groß«, raunte ihm einer seiner Freunde ins Ohr. Georg erwachte wie aus einer Trance, ver-beugte sich und führte das Mädchen an seiner Seite zur Tanzfläche.

Tage danach – seine Gedanken kreisten unentwegt um diese Frau, über die er mittlerweile mehr wusste, als seinem Seelenfrieden guttat – stand sie wieder vor ihm. Es war Donnerstagvormittag, er schlenderte gerade mit seinen Kameraden den Graben entlang, als die Fürs-tin an der Seite einer deutlich bescheidener geklide-ten Dame auf ihn zuschritt. Ihr Dekolleté sprengte alle Regeln der Schicklichkeit – nicht nur in Anbetracht des jungen Tages – und brachte seinen Puls in Wallung.

Mehr noch jedoch erregte ihn ihr aufmerksamer Blick. Da trat ihre Begleiterin auf ihn zu. Seinen eifrigen Nachforschungen sei Dank erkannte er Aurora von Marassé sofort, die Gouvernante ihrer Tochter Clementine.

»Die Fürstin wünscht Eure Begleitung.« Mehr sagte sie nicht. Doch diese wenigen Worte legten Georg den Himmel direkt zu Füßen.

Er verabschiedete sich von seinen Kameraden, die ihm teils erstaunte, teils neidvolle Blicke zuwarfen, und trat auf die Fürstin zu. »Darf ich es tatsächlich wagen, Ihnen meinen Arm anzubieten?« Seine Stimme klang bestimmter, als er sich fühlte.

»Ihr dürft. Wenn Eure Kameraden Euch dafür nicht den Löwen zum Fraß vorwerfen«, lächelte die Fürstin.

»Sollen sie es doch. Ihr habt mit mir gesprochen. Damit hat sich mein Leben erfüllt.« Georg konnte seinen Blick nicht von ihr wenden.

»Was für ein charmanter Lügner Ihr seid«, entgegnete sie. »Doch wolltet Ihr mir nicht endlich Euren Arm anbieten, bevor Ihr dem Tod so tapfer ins Auge seht?«

Langsam flanierten sie in Richtung Hofburg. Die wenigen Minuten ihrer Gegenwart genügten, um Georg vollends in Brand zu setzen. Ihre zierliche Gestalt, ihre atemberaubende Schönheit, die geistreiche Konversation, in die sie ihn unversehens verstrickte, machten ihn wehrlos. Vor der Hofburg hatte er sich verliebt, in der Herrengasse schwor er, allen anderen Frauen zu entsagen, am Eingang des Palais Palm war er ihr restlos verfallen.

Zum Abschied schenkte sie ihm ihr unwiderstehliches Lächeln. »Junge Offiziere sind doch allesamt fabelhafte Tänzer, nicht wahr? Und Ihr, Graf, bildet sicher keine Ausnahme. Oder irre ich mich?« Sie streckte Georg ihre schmale Hand entgegen.

Formvollendet beugte er sich über sie. »Mitnichten, Fürstin. Erlaubt mir, es Euch zu beweisen.«

»Nun, es wird sich eine Gelegenheit finden«, entgegnete sie.

Er blickte ihr noch nach, als sich das Tor längst hinter ihrer schmalen Gestalt geschlossen hatte.

Die Fürstin hatte ihr Versprechen gehalten und ihm zu einer der begehrtesten Einladungen ins Palais des Außenministers verholfen. Nun hoffte er inständig, sie beim *Fest des Friedens* nicht nur von Ferne und in Begleitung Zar Alexanders bewundern zu dürfen.

Das Palais war hell erleuchtet, livrierte Diener empfingen die Gästeschar, die sich über die Prunktreppe zu den Klängen der Musik nach oben bewegte. Der Empfang der Monarchen wenig später, die im Takt der Polonaise den weitläufigen Tanzsaal entlangschritten, beeindruckte Georg weit weniger als der Anblick der Fürstin in einer überwältigenden Robe aus blauem Atlas, die mehr enthüllte als bedeckte. Ein goldenes Gebinde aus Oliven und Eichenblättern schmückte ihre prächtigen dunklen Locken, ihre Brüste hoben und senkten sich, kaum gebändigt von der kunstvollen Raffung des glänzenden Stoffes. Schmal fiel das Kleid über ihre grazilen Hüften, gerade so lang, dass die Kreuzbänder ihrer blauen Seidenschuhe den Blick auf ihre zarten Fesseln lenkten.

»Nun, wie gefällt es Euch?« Völlig unbefangen trat die Fürstin geradewegs auf ihn zu.

»Ein wunderbares Fest, in der Tat«, entgegnete Georg. »Doch Eure Erscheinung stellt alles andere in den Schatten.«

»Ihr seid wohl nie um eine Antwort verlegen«, antwortete die Fürstin amüsiert. »Aber ich meinte mein Kleid.« Sie reichte ihm ihren Arm.

Georg spürte eine Hitze in sich aufsteigen, die, wie er inständig hoffte, der Fürstin verborgen blieb.

»Euer Kleid«, kurz rang er nach Worten, »ist kaum dazu angetan, Frieden zwischen den Völkern zu stiften. Zumindest nicht im männlichen Teil der Welt.«

Das perlende Lachen der Fürstin zog die Aufmerksamkeit des Zaren auf sich, der sich mittlerweile unter die Gäste gemischt hatte.

»Dann sollten wir die Bemühungen unseres Gastgebers nicht länger unterwandern.« Gezielt lenkte sie ihre Schritte auf die Terrasse.

Zu Georgs Erleichterung verstrickte General von Eichendorff Zar Alexander in ein Gespräch. Rasch bildete sich ein Grüppchen von Militärs um den russischen Monarchen.

Die laue Nachtluft umfing sie, als sie langsam die Terrasse betraten. Prüfend musterte sie ihn. »Ihr wirkt ein wenig nervös, Graf. Hättet Ihr es vorgezogen, in der Sicherheit der Menge zu verweilen und Eure Tanzkünste unter Beweis zu stellen?«

Erleichtert straffte er die Schultern. Sie spielte mit ihm, doch genau dieses Spiel hatte er erfunden. Endlich befand er sich auf sicherem Terrain. »Mitnichten, Fürstin«, entgegnete er mit einer eleganten Verbeugung und führte sie mit einigen routinierten Bewegungen im Takt der Musik, die leicht gedämpft durch die offenen Türen klang. »Jedoch liegt mir nichts ferner, als Eure Schönheit mit dem Rest der Welt zu teilen.«

Mit leicht geneigtem Kopf sah sie ihn an. »Ihr tanzt tatsächlich vorzüglich. Und Ihr wisst, was man über Männer zu sagen pflegt, die diese Kunst beherrschen?«

Ein feines Lächeln umspielte seinen Mund, als er sich über sie beugte. »Desgleichen weiß ich nicht. Allerdings würde ich es nie wagen, Euch zu widersprechen. Es liegt also ganz an Euch, darüber zu urteilen.«

»So bescheiden, Graf? Und gleichzeitig so forsch?« Die Fürstin hatte ihre Augen in Erwartung eines Kusses bereits halb geschlossen.

»Lasst uns tanzen«, bemerkte er leichthin und führte sie im Halbkreis um sich herum. »Es wäre doch fatal, wenn Ihr Euch irrtet.« Zufrieden nahm er ihren überraschten Blick zur Kenntnis. Die Luft knisterte, die Spannung zwischen ihnen war fast greifbar. Georg lächelte siegessicher. Unauffällig suchte er den Abgang von der Terrasse zum Garten, als plötzlich lauter werdendes Gelächter aus dem Saal an sein Ohr drang. Eine Gruppe tanzwütiger Damen und Herren bahnte sich ungestüm ihren Weg nach draußen, unter ihnen nicht nur Zar Alexander, sondern auch der Gastgeber, Fürst

Metternich. Georgs Hochstimmung verflog, als er den Blick der beiden auf sich ruhen fühlte. Er wusste ihre Mienen nicht zu deuten, sie verhießen jedoch keinesfalls Gutes. Die Fürstin schien davon allerdings nicht im Geringsten beeindruckt. Im Gegenteil. Das Auftreten der beiden Männer schien sie geradezu zu beflügeln. Sie warf ihren Kopf zurück, sah Georg tief in die Augen und bewegte sich unter dem aufmerksamen Blick dreier Augenpaare langsam, aber bestimmt in Richtung Garten.

Georg gab sich einen Ruck. Und wenn es ihn den Kopf kosten sollte – eine Dame in dieser Situation allein zu lassen, wäre unverzeihlich. Mit festem Schritt folgte er ihr. Auch als die Fürstin, beleuchtet vom Schein der Gartenlaterne und für die immer größer werdende Zahl von interessierten Beobachtern auf der Terrasse gut sichtbar, den Weg verließ und zwischen den Büschen verschwand.

Auf einer kleinen Lichtung drehte sie sich zu ihm um. Im Mondlicht wirkten ihre Augen noch größer, ihre Lippen noch begehrenswerter. »Ein tapferer Entschluss, lieber Graf, mir so unerschrocken Gefolgschaft zu leisten.« Sie streckte ihm huldvoll die Hand entgegen. »Diese Tapferkeit gehört belohnt.«

Zögernd trat Georg auf sie zu. Wie weit war sie bereit zu gehen?

»Euch wird doch vor dem letzten Schritt nicht der Mut verlassen?«, spöttelte sie. Nun gab es für ihn kein Halten mehr – und schnell stellte er zu seiner größten Freude fest, dass sie trotz des gewagten Ambientes und vereinzelter spitzer Kieselsteine seine kühnsten Erwartungen bei Weitem übertraf.

Er musste eingeschlafen sein, denn erstaunt sah er die Fürstin makellos, als wäre nichts geschehen, vor sich stehen, ein amüsiertes Lächeln auf den Lippen. »Kommt, junger Freund, erhebt Euch. Der Abend hat erst begonnen und es gilt, wie Ihr Euch sicher vorstellen könnt, noch zahlreichen anderen Verpflichtungen nachzukommen.«

Georg sprang in seine Hosen, versuchte seine Kleidung, so gut es ging, in Ordnung zu bringen und reichte ihr galant den Arm.

Offensichtlich hielt seine überhastet korrigierte Toilette Katharinas strenger Prüfung stand, denn sie nickte anerkennend. »Das gehört wohl zu den größten Tugenden der Offiziere. Auch nach dem härtesten Einsatz stehen sie sofort wieder ihren Mann.«

Sie musste seinen Blick richtig gedeutet haben, denn erneut schenkte sie ihm ihr aufreizendes Lachen. »Nicht doch, für heute ist es genug.«

Um einige Nuancen kühler fuhr sie fort: »Begleitet mich auf die Terrasse. Aber dann bedarf ich Eurer Gesellschaft nicht weiter. Zumindest nicht für heute Abend.«

»Wie Ihr wünscht, Fürstin«, entgegnete er, mit einem routinierten Lächeln darauf bedacht, den leichten Unmut nicht zu zeigen, den ihr allzu bestimmt geäußerter Wunsch in ihm erregte. Desgleichen war er nicht gewöhnt, bei Weitem nicht. In der Regel verliebten sich die Damen spätestens nach dem ersten Rendezvous in ihn. Doch löste sich sein Unbehagen umgehend in Luft auf, als er den Offizier erkannte, der ihm in Begleitung einer jungen Dame entgegenkam. Es war Trattenbach, der kaum glauben konnte, was er sah. Georg nickte ihm zu und steuerte, gleich wesentlich besserer Stimmung, die Terrasse an.

Sein Sieg wurde gekrönt, als Karl eine Stunde später bei der Quadrille auf ihn zutrat. »Die Bagration! Bist du völlig verrückt?«, flüsterte er.

»Manche Früchte hängen einfach zu hoch für dich, Trattenbach«, entgegnete Georg lachend.

Sein Kamerad schüttelte den Kopf. »Du spielst mit dem Feuer, Wohlleben. Man kommt einem Minister nicht in die Quere – und schon gar nicht einem Zaren.«

»Lass das ruhig meine Sorge sein. Diese Dame ist jeden Preis wert, das kann ich dir versichern«, antwortete Georg. »Aber was dich betrifft«, fügte er hinzu, »halt dich fern von Fanny. Mein Vater ist ein einflussreicher Mann, wie du sehr wohl weißt. Und er hütet meine Schwestern wie seinen Augapfel.«

»Ich verstehe.« Karls Augen straften sein verbindliches Lächeln Lügen. »Eine ewige Verlobte und ein kleiner Wildfang, der gepflückt werden will. Da hat er alle Hände voll zu tun, dein Herr Vater.«

»Ich warne dich, Karl. Hände weg von Fanny«, wiederholte Georg verärgert.

»Natürlich«, nickte Karl, verbeugte sich galant vor Georgs Dame und reichte ihr die Hand zum Tanz. »Du weißt doch, mein Freund, junger Wein bereitet nur Kopfschmerzen. Damentausch. Du erlaubst?«

Mit gemischten Gefühlen musterte Georg seine neue Tanzpartnerin, deren opulente Robe die sich darunter verbergende Fülle kaum zu bändigen vermochte, während er aus den Augenwinkeln beobachtete, wie Karl seine gertenschlanke Balldame nach einigen elegant ausgeführten Figuren und einem kurzen Wortwechsel auf die Terrasse führte. Er versuchte, seine aufsteigende Wut zu ignorieren. Da kam ihm das alles andere als unschuldige Lächeln des Mädchens gerade recht, das sich in diesem Augenblick enger an ihn presste, als der Tanz es eigentlich erlaubte.

»Verratet Ihr mir Euren Namen?«, flüsterte Georg ihr ins Ohr.

Fanny ließ ihre Stickarbeit sinken. Zum gefühlt hundertsten Mal starrte sie aus dem Fenster und verwünschte ihre Ungeschicktheit. Das aufwendige Muster aus Vögeln und Blüten wölbte sich im Stickrahmen wie zu heiß gewaschenes Leinen. Nie würde sie es wie Mama schaffen, den Faden in gleichmäßiger Spannung zu halten. Ihrer Mutter gingen alle Arbeiten spielerisch leicht von der Hand, Fanny liebte es, ihr zuzusehen. Doch immer, wenn Fanny glaubte, es ihr gleichtun zu müssen, wurde sie bitter enttäuscht. Innerhalb weniger Stunden entstanden unter Mamas tanzenden Händen wahre Kunstwerke, während sie selbst Mühe hatte, den nächsten Stich zu platzieren, und das Garn sich verwirrte oder gar verknotete. Ganz davon abgesehen, dass sie allzu bald die Übersicht über die verschiedenen Farben verlor, wodurch Rosen und Pfaue eher wirren Farbklecksen glichen.

Fanny trocknete die schweißnassen Hände mit ihrem Batist-Taschentuch und seufzte. Sie war im Vergleich zu ihren Geschwistern so hoffnungslos untalentiert. Schon eine kleine Bemerkung von Sophie brachte die Augen ihres Vaters zum Strahlen, während er sie selbst hingegen kaum beachtete. Er wurde nicht müde, Sophies umfassendes Wissen und ihre Redegewandtheit zu loben, auch wenn er immer wieder betonte, dass sie zu klug sei für eine Frau. Und Georg? Sein Charme, sein Humor und sein glänzendes Aussehen brachten sogar ihre Mutter zum Lachen. Er war einfach unwiderstehlich. Sie hingegen – ein weiterer tiefer Seufzer entrang sich ihrer Brust – konnte nicht einmal ordentlich sticken. Natürlich hörte sie häufig, wie hübsch sie anzusehen sei, aber bisher hatte sie damit niemanden beeindruckt. Außer diesen Mann.

Wieder und immer wieder ging sie im Geiste ihre Begegnung auf dem großen Fest durch, jedes seiner Worte, jeder Blick, jede Geste stand ihr so lebhaft vor Augen, als stünde er hier neben ihr. Seit Tagen schon verzehrte sie sich nach ihm, betete sie darum, ihn wiederzusehen. Georg hatte sich seither zu Hause kaum blicken lassen – doch war von ihm, so wie er sich auf dem Fest verhalten hatte, ohnehin keinerlei Unterstützung zu erwarten. Mit Sophie konnte sie nicht darüber sprechen, weil sie mit ihrer Schwester eigentlich nie über die Dinge sprach, die sie beschäftigten. Abgehoben wie sie war, würde Sophie sie wahrscheinlich nur mit einem ihrer verachtungsvollen Blicke strafen. Mama – du lieber Himmel, nein. Die würde ihr wahrscheinlich damit drohen, sie sofort in das nächste Mädchenpensionat zu schicken.

Fanny widmete sich wieder dem komplizierten Kopfschmuck des Pfaus, der nicht annähernd der Vorlage ähneln wollte.

»Na, Fanny, du bist heute aber fleißig.« Zärtlich strich ihr Mathilde von Wohlleben übers Haar.

Fanny schloss die Augen. Er hatte so wunderschöne Hände. Sie seufzte.

»Ist dir heiß, Kind?«, fragte Mathilde besorgt und legte ihr die Hand auf die Stirn.

»Nein, nein, Mama.« Fanny fühlte sich ertappt. »Aber Ihr wisst ja, wie mich diese Arbeit anstrengt. Ich bin einfach nicht begabt darin.«

Ihre Mutter lächelte. »Was zählt, ist das unbeirrbare Streben. Nur das stete Bemühen bringt uns unseren Zielen näher. Hab Geduld, Fanny.« Sie betrachtete Fannys Arbeit eingehender. »Siehst du, diese Rose hier ist dir ganz nett gelungen.« Mathilde nickte ihr aufmunternd zu. »Mach so weiter. Wenn ich von Tante Louises Salon zurück bin, wünsche ich dich schlafend vorzufinden.«

Fanny sprang auf. »Nehmt mich mit, bitte! Mir fällt hier zu Hause die Decke auf den Kopf. Ich langweile mich so furchtbar. Ich möchte –«

»Genug!«, schnitt ihr die Mutter das Wort ab. »Du wirst dich gedulden müssen. In wenigen Wochen ist dein Debüt. Bis dahin wirst du brav Unterricht nehmen. Dein Französisch ist miserabel, auch in der Kunst der Konversation lassen deine Fertigkeiten zu wünschen übrig. Also sei fleißig, dann wird die Zeit schnell vergehen.« Sie drückte ihr einen Kuss auf die Stirn. »Vor allem aber solltest du lernen, dich wie eine Dame zu benehmen. Du weißt, der erste Eindruck hat keine zweite Chance. Du willst dir doch nicht selbst im Wege stehen wollen, oder?«

»Nein, Mama.« Fanny senkte den Blick und knickste gehorsam. »Ich verspreche, mich in Zukunft mehr zu bemühen.«

»Brav, Kind«, lobte sie die Mutter.

Mit finsterer Miene starrte Fanny ihr nach, bis sich die Tür hinter ihr schloss. Dann stampfte sie zornig auf. Geduld, Lernen, sich wie eine Dame benehmen – sie wollte Spaß haben, tanzen, flirten und einen Mann küssen, wie sie es bei Sophie gesehen hatte, damals, versteckt hinter einem Vorhang, kurz bevor Ludwig in die Schlacht zog.

Adele, die Kammerzofe, unterbrach Fannys düstere Gedanken: »Eine Frau von Altenburg wünscht Euch zu sprechen.«

»Mich? Wer …« Überrascht sah Fanny sie an. »Bist du sicher, dass …«

Da trat ihre Mutter an der Seite einer außergewöhnlich schönen, hochgewachsenen Dame ein. Sie schien etwas älter als Sophie zu sein.

»Stell dir vor, Fanny, die Baronin von Altenburg ist hier, um dir ihre Gesellschaft anzubieten. Elisabeth, es ist mir eine große Freude. Fanny ist bestimmt dankbar für etwas Zerstreuung. Sie wartet auf ihr Debüt. Ihr wisst, das ist eine schwierige Zeit.«

Elisabeth lächelte. »Ich kann mich gut erinnern. Man langweilt sich zu Tode, nicht wahr?«

Fanny nickte. Und jetzt erinnerte sie sich. Der Name der jungen Frau war des Öfteren in Gesprächen zwischen ihren Eltern gefallen. In welchem Zusammenhang bloß?

»Dann lasse ich die jungen Damen alleine.« Mathilde wandte sich zum Gehen. »Baronin, Ihr habt mein größtes Mitgefühl. So jung Witwe zu werden, muss schrecklich sein. Meinen Mann hat der frühe Verlust seines Freundes sehr mitgenommen. Wir denken oft an ihn, auch wenn mittlerweile mehr als ein Jahr vergangen ist.«

»Ich danke Euch«, nickte Elisabeth.

Nachdem Fannys Mutter das Haus verlassen hatte, herrschte langes Schweigen. Elisabeth betrachtete Fanny eingehend.

»Kann ich Euch etwas anbieten? Tee oder etwas Gebäck?«, fragte Fanny verlegen.

Elisabeth ignorierte ihre Frage. »Du bist wirklich so hübsch, wie er sagte.«

Ein Schwindel erfasste Fanny. »Wer?«, flüsterte sie.

»Baron von Trattenbach«, erwiderte Elisabeth. »Du hast ihn auf dem Fest im Prater kennengelernt. Seither spricht er von nichts anderem mehr.«

Fanny errötete. »Ihr kennt ihn?«

»Nicht so schüchtern, meine Liebe«, lachte Elisabeth. »Karl hat dich als durchaus selbstbewusste kleine Person beschrieben. Zumindest hat er bei eurer ersten Begegnung diesen Eindruck gewonnen.«

Fanny erschrak. »Weiß mein Bruder, dass Ihr hier seid?«

»Dummerchen, wo denkst du hin?« Elisabeth schüttelte den Kopf. »Das genau ist es doch, was wir vermeiden wollen. Oder?« Sie warf Fanny einen prüfenden Blick zu.

»Natürlich«, antwortete Fanny rasch.

»Nun, dann lass uns zur Sache kommen.« Elisabeth ließ sich mit einer anmutigen Bewegung auf dem Sofa nieder. »Karl möchte dich wiedersehen. Willst du das auch?«

Fannys Herz schien vor Glück zu zerspringen. »Natürlich«, hauchte sie, »lieber als alles andere auf der Welt.«

Elisabeth lächelte zufrieden. »Dann soll es so sein.«

In wenigen Worten erklärte sie Fanny ihren Plan. Elisabeth hatte Fannys Mutter gebeten, Fanny bei ihrer Einführung in die Gesellschaft begleiten zu dürfen. Ihre Mutter habe spontan zugestimmt. So könne Fanny sie jederzeit besuchen.

»In Begleitung selbstverständlich, ich werde möglicherweise nicht immer Gelegenheit haben, dich abzuholen«, fügte Elisabeth hinzu. »Du hast doch sicher eine Hausangestellte, die du mitnehmen kannst.«

Fanny nickte eifrig. »Ja, ein altes Dienstmädchen. Sie ist zwar schon ein wenig schwerhörig –«

»Wunderbar«, fiel ihr Elisabeth ins Wort. »Wir werden im Empfangssalon etwas plaudern und Tee trinken, dann ziehen wir uns zurück. Es gibt vieles, was ich dir zeigen und erzählen möchte, jetzt wo du in ein gesellschaftsfähiges Alter kommst.«

Fanny war irritiert. Was hatte das alles mit Baron von Trattenbach zu tun?

»Wie auch immer«, nahm Elisabeth den Faden wieder auf. »Im hinteren Salon wird uns Karl erwarten.« Sie lächelte maliziös. »Wenn du in Begleitung kommst, verschafft er sich seinen Zugang unauffällig über den Dienstbotentrakt.«

»Aber …« Fanny errötete.

»Keine Sorge.« Elisabeth scheuchte Fannys Bedenken mit einer Handbewegung weg wie eine lästige Fliege. »Er wurde bisher noch nie erwischt.« Sie betrachtete Fanny forschend. »Du wirst doch nicht kneifen, oder?« Ihre Stimme klang plötzlich samtweich, geradezu verführerisch. »Karl, ganz allein. Nur du und der Prinz deiner Träume. Das ist er doch, oder?«

Fannys Herz klopfte heftig. Es war, als würde Elisabeth ihr eine neue Welt eröffnen. Eine Welt der Wagnisse, der Freiheit, des Abenteuers. »Ja«, hauchte sie.

Zufrieden stand Elisabeth auf. »Dann sind wir uns einig, meine Liebe. Baron von Trattenbach wird sich freuen, das zu hören.« Sie schloss Fanny in die Arme. »Und hab keine Angst. Ich bin deine Freundin und werde alle deine Fragen beantworten.«

Fanny sah sie überrascht an.

»Nun«, führte Elisabeth aus, »ich denke, du wirst viele Fragen haben, die nur eine Frau beantworten kann. Karl ist keiner der wohlerzogenen Jünglinge, die Mütter gewöhnlich zum Debüt ihrer Tochter einzuladen gedenken. Er ist ein Mann, der weiß, was er will. Und du bist sehr jung – und unerfahren, nehme ich an.« Sie zog eine Augenbraue hoch.

Wieder errötete Fanny heftig.

»Du hast doch keine Angst, oder?« Elisabeth sah Fanny spöttisch an.

»Natürlich nicht«, entgegnete Fanny trotzig.

Elisabeth wandte sich zum Gehen. »Dann ist es ja gut. Baron von Trattenbach vergeudet seine Zeit ungern.«

»Warum macht Ihr das?«, fragte Fanny.

»Warum ich das mache?« Elisabeth lächelte. »Weil ich den Baron über die Maßen schätze und ihm gern diesen Gefallen erweise. Ich bin glücklich, wenn er glücklich ist. Und übrigens«, Elisabeth drehte sich noch einmal zu ihr um, »du kannst ruhig Du zu mir sagen. Jetzt, wo wir Freundinnen sind.«

Noch lange dachte Fanny über Elisabeths Worte nach. Sie vermochte sich keinen rechten Reim darauf zu machen, doch letztlich gab es nur eines, was zählte: Karl hatte sie wahrgenommen. Und mehr als das. Sie würde ihn wiedersehen. Fanny konnte ihr Glück kaum fassen.

❧

Aufgeregt lief sie auf und ab.

»Nun beruhige dich, Kind«, schalt ihre Mutter. »Deine Freundin lässt sicher nach dir rufen, wenn sie da ist.«

Fanny drückte sich ihre Nase am Fenster platt. »Aber sie ist zu spät. Du wirst sehen, sie hat mich vergessen«, klagte Fanny.

»So ein Unsinn.« Die Gräfin schüttelte den Kopf. »Elisabeth ist eine wohlerzogene junge Dame. Und wohlerzogene junge Damen können sich durchaus einmal verspäten, aber sie vergessen kein Versprechen, das sie gegeben haben. Du wirst sehen …«

Adele trat ein. »Baronin von Altenburg ist da, gnädiges Fräulein.«

»Da siehst du«, lächelte Mathilde. »Kein Grund, sich Sorgen zu machen.« Sie legte Fanny den Arm um die Schulter und begleitete sie die Treppen hinunter in den Innenhof, wo eine Pirutsche auf sie wartete. Mathilde runzelte die Stirn. Zum einen überkam sie angesichts des todschicken Zweisitzers mit dem halb offenen ledernen Klappverdeck ein gewisses Unbehagen – sie hegte gegenüber diesen modernen Gefährten ein gewisses Misstrauen –, darüber hinaus saß Elisabeth auch noch alleine in der Kutsche.

»Guten Tag, Elisabeth«, begrüßte Mathilde die junge Frau. Suchend sah sie sich um. »Ihr seid allein? Wo ist Euer Kutscher?«

Elisabeth lachte. »Vater hat mir beigebracht, den Wagen selbst zu lenken. Guten Morgen, Gräfin. Ich hoffe, Ihr habt keine Bedenken, mir Fanny anzuvertrauen. Vater lobt mich als besonders besonnene Fahrerin. Ihr braucht Euch nicht zu sorgen, ich bringe Fanny wieder sicher nach Hause.«

»Mama, bitte!« Fanny stellte mit Entsetzen fest, dass ihre Mutter zögerte. Sie würde doch nicht …

»Nun gut«, gab Mathilde nach. Sie hatte sich auf einen ruhigen Tag ohne ihre recht anstrengende Jüngste gefreut. Sollte sie Fanny diesen Ausflug verbieten, würde das ihrem aufziehenden Kopfschmerz nicht wohl bekommen. »Dann werde ich Eurem Vater Glauben schenken müssen.« Sie drückte Fanny einen Kuss auf die Stirn. »Sei schön artig, meine Liebe.«

»Mama«, protestierte Fanny errötend. Es war ihr furchtbar unangenehm, vor Elisabeth wie ein Kind behandelt zu werden.

»Das wird sie, Gräfin«, erwiderte Elisabeth mit einem schelmischen Lächeln. »Nicht wahr, Fanny, du wirst immer brav tun, was man dir sagt? Das hast du mir versprochen.«

Fannys Gesicht hatte bei diesen Worten die Farbe reifer Wassermelonen angenommen. »Natürlich«, stammelte sie und reichte Josef die Hand, der ihr galant in den Wagen half. Fanny war verstimmt. Sie hatte sich auf diesen Ausflug gefreut, stolz, Elisabeth und dem Erwachsenwerden damit näher zu kommen. Und nun benahm sich Elisabeth ihr gegenüber nicht anders als ihre Mutter, machte sich sogar lustig über sie. Sie zog eine Schnute. Mussten denn alle Erwachsenen so ekelhaft sein? Sie hatte gedacht, Elisabeth wäre anders.

Elisabeth sah ihr aufmerksam ins Gesicht, als könne sie ihre Gedanken lesen. »Nun schau nicht so finster drein, Fanny. Was soll ich denn tun? Sie muss mir doch vertrauen, deine Frau Mama. Oder?«

Fanny zuckte die Achseln.

»Hab dich nicht so, ein wunderschöner Tag liegt vor uns. Lass uns nicht streiten, sondern ihn genießen.«

Fanny verschränkte bockig die Arme.

Elisabeth lachte. »Wie auch immer. Ich fand's lustig. Und wenn du dich weiter so stur verhältst, verrate ich dir nicht, dass ich eine Überraschung für dich habe.«

Fanny schmollte weiter.

»Wir fahren nicht in den Prater.«

Überrascht sah Fanny auf. Kurz vergaß sie ihre schlechte Laune. »Wieso, was machen wir?«

»Na siehst du, es geht doch.« Elisabeth schüttelte den Kopf. »Da hat Karl sich ja eine ganz Widerspenstige ausgesucht.«

Schon die Erwähnung seines Namens genügte, um Fanny Schauer über den Rücken zu jagen. »Und? Was machen wir?«, wiederholte Fanny ihre Frage neugierig.

»Wir fahren nach Klosterneuburg«, antwortete Elisabeth bestimmt.

»Aber das ist doch weit. Ich mag nicht so weit fahren«, nörgelte Fanny, die sich auf das bunte Treiben im Prater gefreut hatte, auf die nach der neuesten Mode gekleideten Damen, die dort ihre aktuellen Kreationen zur Schau stellten, und auf die vielen attraktiven Männer, die vielleicht, wie bei dem großen Fest, auch Fanny hin und wieder bewundernde Blicke zuwerfen würden. Klosterneuburg hingegen war – langweilig. Fanny stand ihre Enttäuschung ins Gesicht geschrieben. »Ich mag aber in den Prater fahren«, brummelte sie leise.

Nun verlor Elisabeth die Geduld. Mit einem Ruck brachte sie das Gespann zum Stehen. »Jetzt hör mir mal genau zu, du störrisches kleines Ding.«

Erstaunt hob Fanny den Kopf. Elisabeth schien wirklich wütend zu sein.

»Ich bin hier nicht zu meinem Vergnügen. Wir fahren nach Klosterneuburg, und du wirst auf der Stelle dein freundlichstes Gesicht aufsetzen und mir nicht weiter den Tag verderben. Hast du verstanden?«

Fanny nickte kleinlaut. »Ist gut.«

Zufrieden brachte Elisabeth den Wagen wieder in Fahrt. »Du kannst ja schlafen, wenn du möchtest.«

Doch Fanny dachte nicht daran, sich auch nur einen Augenblick dieses aufregenden Tages entgehen zu lassen. Selbst wenn er sich nicht ganz nach ihren Vorstellungen entwickelte. Erst jetzt fiel ihr auf, wie viel Aufmerksamkeit sie erregten. Eine Frau, die ihre Kutsche selbst lenkte, bot offensichtlich einen äußerst ungewöhnlichen Anblick. Hoch aufgerichtet, die Zügel fest in der Hand, zog Elisabeth alle Blicke auf sich. Ein kleines Hütchen mit aufwendigem Federschmuck thronte auf ihrem Kopf, nur gehalten von dem kunstvoll aufgesteckten, leuchtend roten Haar, das hervorragend mit ihrem modischen braunen Reitkleid harmonierte. Perfekt dazu abgestimmt hatte sie ein bunt gemustertes Halstuch um den hohen Rüschenkragen ihrer weißen Leinenbluse geknotet, dessen Farben das intensive Grün ihrer Augen noch betonten. Sie sah einfach umwerfend aus, stellte Fanny neidlos fest.

Während sie ihren gemeinsamen Auftritt in vollen Zügen genoss, bemerkte Fanny, dass auch Elisabeth sich ganz offensichtlich amüsierte. Die empörten Blicke und das entrüstete Kopfschütteln, mit denen sie manche Dame bedachte, schienen ihr Vergnügen keineswegs zu beeinträchtigen. Im Gegenteil. Ihnen schenkte Elisabeth ein besonders huldvolles Nicken.

Alles in allem versprach es nun doch ein herrlicher Tag zu werden. Kein Wölkchen trübte den Himmel, eine leichte Brise ließ die würzige Herbstluft noch intensiver duften. Sie hatten die Stadt inzwischen hinter sich gelassen und rollten an Bürger- und Winzerhäusern vorbei ins Grüne. Die Blätter der Kastanien waren bereits rotgolden verfärbt, in den Gärten blühten Astern, Dahlien und Chrysanthemen in den üppigsten Farben, weiter draußen säumten Weingärten und die bleichen Stoppeln der abgeernteten Felder ihren Weg. Fuhrwerke kamen ihnen entgegen, grüßend lüfteten die Bauern ihre Mützen. Elisabeth beantwortete ihre freundlichen Gesten mit einem hoheitsvollen Nicken. Nur selten kreuzte eine Kutsche ihren Weg. Endlich tauchte die Silhouette des Stiftes Klosterneuburg vor ihnen auf. Da erst bemerkte Fanny, dass sie während der ganzen Fahrt kaum ein Wort gewechselt hatten.

»Bist du mir noch böse?«, fragte sie kleinlaut.

Elisabeth musterte sie und verzog keine Miene. Jetzt machte Fanny sich wirklich Sorgen. Elisabeth als Freundin zu gewinnen, war ihr vordringlichstes Ziel auf dem Weg zum Erwachsenwerden. Sie erschien ihr als der Schlüssel zum Tor dieser verlockenden großen Welt. Das wollte sie auf keinen Fall aufs Spiel setzen.

So schenkte sie Elisabeth ihr strahlendstes Lächeln. »Ich weiß, ich hab mich schlecht benommen. Bitte verzeih mir. Sei mir nicht böse. Bitte, bitte.« Fanny setzte ihren einschmeichelndsten Dackelblick auf, dem bisher keiner hatte widerstehen können. Nicht einmal die strenge Sophie.

Und Gott sei Dank – er zeigte auch bei Elisabeth Wirkung. Sie lachte hell auf. »Du bist ein echtes Biest, Kleines.« Elisabeth fasste sie kurz unterm Kinn. »Und hübsch bist du, das muss man dir lassen. Karl wird seine reine Freude an dir haben.«

Sie lenkte die Kutsche durch den kleinen Ort, vorbei am Stift in Richtung Donau. Endlich machte Elisabeth vor einer kleinen Gastwirtschaft Halt. Ein Knecht sprang heraus und übernahm die Zügel.

»Er gebe den Pferden Wasser. Nach dem Essen sind wir zurück.« Elisabeth drückte dem Mann eine Münze in die Hand und winkte Fanny zu sich. »Komm, wir gehen ein paar Schritte.«

Sie schlenderten, scheinbar ohne ein besonderes Ziel, die Donau entlang. Nach einer Weile blieb Elisabeth stehen und musterte Fanny kritisch. Fanny hatte sich nach allen ihr zur Verfügung stehenden Mitteln herausgeputzt und fühlte sich in ihrem fast bis zu den Knöcheln reichenden weißen Musselinkleid, dem blassblau gestreiften Wollschal und dem hellen Spitzenhäubchen, das ihre glänzenden schwarzen Haare vorteilhaft betonte, sehr erwachsen.

»Ganz allerliebst«, kommentierte Elisabeth ihre Bemühungen trocken. »Aber viel zu brav.« Sie nahm Fannys Haube ab und fuhr mit spitzen Fingern durch ihre sorgfältig zurechtgelegten Locken.

Fanny protestierte zaghaft. »Was machst du? Mama wird böse sein. Sie mag es nicht, wenn ich so unordentlich aussehe.«

Elisabeth lachte spöttisch auf. »Also, kleine Dame, so geht das nicht.« Sie sah Fanny tief in die Augen. »Erstens muss es dir in Zukunft gleichgültig sein, was andere Menschen – vor allem deine Mutter und deine Schwester – über dich sagen. Du möchtest doch erwachsen sein. Oder?«

Fanny nickte heftig.

»Zweitens«, fuhr Elisabeth fort, »mögen Männer im Allgemeinen – und Baron von Trattenbach im Besonderen – kleine Mädchen. Aber keine langweiligen kleinen Mädchen. Du bist anders, deshalb hat Karl ein Auge auf dich geworfen. Brave Kinder interessieren ihn nicht.« Sie machte eine wirkungsvolle Pause. »Also, du möchtest dem Baron doch gefallen, oder?«

Wieder nickte Fanny, diesmal etwas betreten.

»Dann vertrau mir und hör mir genau zu.«

Fanny sah sie erwartungsvoll an.

»Erste Regel: Zu Hause bist du artig. Damit niemand Verdacht schöpft. Oder möchtest du, dass deine Mutter dir den Umgang mit mir verbietet?«

Fanny schüttelte den Kopf.

»Zweite Regel: Wenn du mit Karl und mir zusammen bist, darfst du, ja musst du dich wild und ungehörig benehmen.«

»Aber«, entgegnete Fanny verwirrt, »du bist doch böse auf mich, wenn ich nicht tue, was du willst.«

Elisabeth nickte bedächtig. »Da hast du recht.« Sie dachte nach. »Wie soll ich dir das erklären?« Nach einer kurzen Pause fuhr sie fort. »Weißt du was, wir versuchen es einfach. Vertrau mir. Fürs Erste genügt es, wenn du deine Locken so trägst, wie sie von Natur aus sind.«

Fanny schaute noch immer ein wenig zweifelnd, fuhr sich dann aber entschlossen durch die Haare. Elisabeths aufmunternder Blick bestärkte sie. Sie beugte sich vor, schüttelte den Kopf heftig hin und her und richtete sich schließlich mit Schwung auf. Ihre Wangen waren von der Anstrengung gerötet, ihre Augen blitzten, als sie Elisabeth erwartungsvoll ansah.

»Du lernst schnell«, nickte die Baronin und wandte sich zum Gehen. Plötzlich strafften sich Elisabeths Schultern.

Fanny folgte ihrem Blick und traute ihren Augen nicht. Da, nur wenige Meter vor ihnen, zwischen den Bäumen, stand Baron von Trattenbach, größer und strahlender, als sie ihn in Erinnerung hatte. Und die Bewunderung, die sie in seinen Augen las, galt nicht Elisabeth.

»Seit wann steht Ihr schon da?« Elisabeths gereizte Frage störte den Zauber des Augenblicks empfindlich.

»Gerade lange genug.« Karl grinste. Er wandte Elisabeth sofort seine volle Aufmerksamkeit zu und küsste ihr die Hand. »Ihr seht wieder einmal unwiderstehlich aus.«

Elisabeth, etwas versöhnt, lächelte ihn an. »Schön, dass Ihr uns auf unserem kleinen Ausflug Gesellschaft leistet«, antwortete sie.

Sie gingen eine Weile nebeneinanderher, Trattenbach hatte Elisabeth den Arm angeboten. Fannys Herz klopfte bis zum Hals, sie brachte keinen Ton heraus.

»So schweigsam?«, neckte Karl sie. »Das ist man von jungen Damen gar nicht gewöhnt.«

»Was wohl an Eurer Gegenwart liegen dürfte, Baron«, antwortete Elisabeth. »Gerade die kleine Fanny ist sonst selten um eine Antwort verlegen.«

»Nun, wie auch immer, Eure Schönheit ist ohnehin beredt genug«, erwiderte Karl galant.

Elisabeth lachte auf. »Ihr schmeichelt meiner Eitelkeit. Ihr wisst es und ich weiß es auch. Dennoch«, sie warf ihm aus ihren grünen Augen einen verführerischen Blick zu, »scheint es zu funktionieren, das gebe ich zu. Unser Küken hier dagegen«, belustigt sah sie zu Fanny, »hat noch vieles zu lernen.«

Verlegen schaute Fanny zu Boden. Karls Anwesenheit verunsicherte sie zutiefst. In ihren Träumen hatte es sich ganz anders angefühlt. Sie selbst war sprühend und geistreich gewesen, er völlig verrückt nach ihr. Statt ihr jedoch Avancen zu machen, flirtete er ausschließlich mit Elisabeth. Mehr noch, die beiden schienen sich gemeinsam auf ihre Kosten zu amüsieren. Bittere Enttäuschung stieg in ihr hoch. Und plötzlich wünschte sich Fanny nichts mehr, als nach Hause zu fahren und wieder das Nesthäkchen zu spielen.

»Nun«, wandte Karl ein, »gerade das hat seinen Reiz.« Er blieb stehen, trat nah, ganz nah an Fanny heran, hob ihr Kinn und zwang sie, ihm in die Augen zu schauen. »Vorhin, da sah ich etwas in diesem unschuldigen Gesicht, das man äußerst selten findet.« Sein Mund näherte sich dem ihren. Unwillkürlich schürzte Fanny die Lippen. Ihr Herz hämmerte in ihrer Brust. Da ließ Karl sie unvermittelt los.

»Seht Ihr«, fuhr er zu Elisabeth gewandt fort, »das meine ich. Was kann ein Mann sich mehr wünschen als diese unerfahrene Hingabe, gepaart mit einem wilden, ungezähmten Geist.«

»Wie Ihr wisst, weiß ich nur zu gut, was Ihr meint«, antwortete Elisabeth trocken. »Leider verliert der Bereiter allzu oft das Interesse, wenn das Pferd endlich zugeritten ist. Ich denke, deshalb sind wir hier.«

Karl warf ihr einen scharfen Blick zu. »Erfahrung ist wie guter Wein, ein absolutes, zuverlässiges Vergnügen. Der Zauber der Jugend dagegen ein Feuer, das Herzen in Brand setzt. Unberechenbar, aufregend. Gefährlich. Beides zusammen bringt einen Mann um den Verstand.«

»Wie ich schon sagte«, gab Elisabeth ungerührt, aber sichtlich versöhnt zurück. »Deshalb sind wir hier.«

Fanny verstand kein Wort von dem, was sie sagten. Doch sie fühlte, dass sie in dem Spiel der beiden eine wesentlich wichtigere Rolle einnahm, als sie noch vor

Kurzem angenommen hatte, und war auf einmal sehr zufrieden.

»Wie auch immer«, tönte sie laut, »ich habe Durst.«

Karl lachte laut auf. »Nun denn, lasst uns zu der Gastwirtschaft zurückgehen, die Euch Eure Wünsche umgehend erfüllen wird.«

Der Bann war gebrochen. Er bot Fanny seinen zweiten Arm an und sie gingen plaudernd und scherzend weiter. Er hatte nicht zu viel versprochen. In dem urigen Gasthaus, dessen blank polierte Holztische nur von ein paar Fischern und Jägern besetzt waren, genossen sie den herrlichen Blick auf das Wasser und den sie umgebenden Auwald. Sie beobachteten die vorbeiziehenden Handelskähne und die Kaufleute, die mit ihren voll beladenen Karren zum nächsten Marktplatz unterwegs waren, unterhielten sich angeregt und griffen herzhaft zu, als ihnen die Wirtin ein riesige Schlachtplatte mit Sauerkraut, Brot und Kartoffeln kredenzte. Fanny hatte Limonade bestellt, doch dann schenkte der Baron ihr, wie Elisabeth auch, ein Glas Wein ein. Neugierig kostete Fanny. Mutter hatte ihr den Genuss alkoholischer Getränke strikt verboten. Nicht, dass ihr der herbe Geschmack des Weins zugesagt hätte, aber schon nach ein paar Schlucken fühlte sich Fanny ganz großartig, schwerelos beinahe. Und sehr erwachsen. Ihre Bemerkungen, die Mama immer als frech und unerzogen rügte, brachten, wie sie mit großem Stolz feststellte, den Baron und auch Elisabeth zum Lachen. Fanny war glücklich.

Sie schwankte ein wenig, als sie aufstand. An Bord des Bootes, das der Wirt seinen Gästen großzügig zur Verfügung stellte, verwandelte sich dieses anfangs durchaus prickelnde Gefühl in einen fürchterlichen Schwindel. Obwohl Karl, der strengen Anweisung des vierschrötigen, untersetzten Mannes gehorchend, den Fluss mit seinen Wirbeln und Stromschnellen mied und stattdessen einen relativ ruhigen Seitenarm der Donau entlangruderte, kämpfte Fanny mit heftiger Übelkeit. Diese verschwand jedoch sofort, als Karl ihr den Arm um die Hüfte legte. »Ist dir nicht gut?«, fragte er besorgt.

»Doch, doch«, beeilte sie sich zu erwidern und schmiegte sich näher an ihn heran.

Er sieht mich ganz seltsam an, stellte Fanny noch fest, dann fühlte sie seine Lippen auf den ihren. Sie hörte auf zu denken, spürte nur das leichte Schaukeln des Bootes, den immer fordernder werdenden Kuss des Geliebten und Elisabeths Blicke, die sich wie Pfeile in Fannys umnebeltes Bewusstsein bohrten. Als Karl sie losließ, sah sie direkt in Elisabeths grüne Augen, deren Ausdruck sie nicht zu deuten wusste.

Der Baron jedenfalls war ein wenig außer Atem, wie Fanny mit kindlichem Stolz feststellte. Er rückte von ihr ab und schwang sich wortlos in die Ruder. Fanny lehnte sich zurück, genoss die Sonne auf ihrem Gesicht und ließ ihre Hand sanft durchs Wasser gleiten. Sie war noch nie glücklicher gewesen als in diesem Augenblick.

Eine schiere Ewigkeit später legten sie an. Elisabeth war schweigsam, doch sie schien ihr nicht länger zu zürnen.

Als sie wieder festen Boden unter den Füßen hatte, stellte Fanny erleichtert fest, dass die Wirkung des Weins nachgelassen hatte. Sie breitete die Arme aus und drehte sich übermütig im Kreis.

»Ist es nicht schön hier? Was machen wir jetzt?«, fragte sie und warf sich dem überraschten Karl in die Arme. Er umfing sie und begann mit ihr zu tanzen. Sie legte den Kopf zurück und gab sich ganz dem Augenblick hin.

»Du bist bezaubernd«, flüsterte Karl ihr ins Ohr.

Fanny lächelte und bot ihm ihre Lippen zum Kuss.

Doch zu ihrer Enttäuschung blieb Karl stehen, verbeugte sich und küsste ihr nur die Hand. »Für heute ist es genug, meine Liebe«, entgegnete er, sodass nur sie es hören konnte. »Du musst dich ein wenig gedulden.« Und lauter fuhr er fort: »Meine Damen, es wird Zeit. Weniger amüsante Verpflichtungen rufen.« Er verabschiedete sich mit einer formvollendeten Verbeugung.

Die beiden sahen ihm nach, bis er hinter einer Wegbiegung verschwand.

»Wir sollten nach Hause fahren, Fanny, es wird spät«, sagte Elisabeth.

Schweigend gingen sie zurück zum Wagen.

Fanny schlief sofort ein.

Als sie sich der Stadt näherten, weckte sie ein sanfter Kuss auf die Wange. Erstaunt sah sie auf.

Elisabeth lächelte sie an: »Du siehst wirklich herzig aus, wenn du schläfst.«

»Dann bist du nicht böse auf mich?«, fragte Fanny erleichtert.

»Warum sollte ich böse sein? Du warst sehr brav. Hast den Baron regelrecht verzaubert. Ich sagte dir schon, ich bin glücklich, wenn er glücklich ist.«

Wieder war Fanny verwirrt. »Aber willst du denn nicht auch von ihm geküsst werden?«, fragte sie vorsichtig.

Elisabeth gab ihr einen kleinen Klaps auf die Wange. »Das werde ich doch, Dummerchen.«

Fanny verstand nun gar nichts mehr. Eigentlich wollte sie so schnell wie möglich nach Hause, um all diese verwirrenden Gedanken in der Abgeschiedenheit ihres Zimmers in Ruhe zu ordnen und die magischen Augenblicke dieses Tages wieder und wieder zu erleben.

Bei der Ankunft warf sie sich ihrer Mutter stürmisch in die Arme. »Mama, es war wunderschön, und ich bin so froh, wieder bei Euch zu sein.«

Gerührt drückte Gräfin Wohlleben ihrer Jüngsten einen Kuss auf die Stirn, um sie jedoch umgehend prüfend zu mustern. »Aber Fanny, wie derangiert du aussiehst. Wo ist denn deine Haube geblieben? Und dein Haar …«

»Ach, Gräfin, verzeiht«, ergriff Elisabeth das Wort, bevor Fanny antworten konnte. »Die Rückfahrt war ein wenig stürmisch. Fannys Haube ist dem starken Wind zum Opfer gefallen, ebenso ihre entzückende Frisur. Ich verspreche Ihnen, das nächste Mal besser auf sie aufzupassen.« Befriedigt beobachtete sie den

Seufzer der Erleichterung, den ihre Worte bei Gräfin Wohlleben hervorriefen. »Fanny war eine angenehme Gesellschafterin«, fuhr sie fort. »Ich würde sie wirklich gern regelmäßig zu mir nach Hause einladen.«

»Bitte, Mama, sagt ja«, bettelte Fanny eifrig.

»Das habe ich doch schon gesagt. Ich bin froh, wenn Ihr uns dabei unterstützt, unser Nesthäkchen salonfähig zu machen. Dass sie Euch nur nicht zur Last fällt«, antwortete die Gräfin.

»Da besteht keinerlei Gefahr«, erwiderte Elisabeth mit einem schmalen Lächeln. »Nicht wahr, Fanny? Wir wissen uns stets gut zu unterhalten.«

Fanny errötete leicht und machte einen kleinen Knicks. »Ja, und danke für diesen herrlichen Tag.«

Elisabeths Lachen war bis zum Tor hinaus zu hören.

Langsam ging Fanny mit ihrer Mutter die Treppen hinauf.

»Eine reizende Dame, die Baronin, nicht wahr«, bemerkte Mathilde leichthin. »Ich bin froh, dass sie dich unter ihre Fittiche nimmt.«

»Ja, Mama«, antwortete Fanny und nickte zufrieden. »Ich auch. Sogar sehr.« Dass sie ihre Mutter sträflich hinterging, bereute sie keine Sekunde. Nichts auf der Welt würde ihr diesen Tag verderben. Schon gar nicht ein schlechtes Gewissen.

❦

Georg verschränkte die Arme unter seinem Kopf. Noch war er völlig außer Atem. Stanzi verstand ihr

Geschäft. Und wie. Heute hatte sie sich ganz besonders bemüht. Dabei hatte ihn direkt das schlechte Gewissen gepackt, als er unangemeldet vor ihrer Tür gestanden war. Dass er ihr damals den Franz geschickt hatte, statt wie versprochen selbst zu kommen, war nicht anständig von ihm gewesen. Anfangs sei sie rasend vor Wut gewesen, doch nach ein paar Gläsern Wein habe sie sich hingebungsvoll dafür gerächt. Der Franzl erzählte ihm Tage später mit einem schmutzigen Grinsen jedes Detail von Stanzis erotischem Rachefeldzug. Allerdings hatte er verschwiegen, dass sie ihm die Tür vor der Nase zugeknallt hatte, als er es am nächsten Tag wieder bei ihr versuchte. Das hatte die Mitzi dem Stanislaus verraten.

Eigentlich hatte Georg damit die kleine Affäre als beendet betrachtet. Er hatte ohnehin schon angefangen, sich mit Stanzi zu langweilen. Wie immer, wenn Frauen sich in ihn verliebten. Auch mit Stanzi war es so weit: Sie machte ihm Vorwürfe, wenn er sich einige Tage nicht meldete. Ihre freche Frivolität war kuhäugiger Zärtlichkeit gewichen. Zeit zu gehen, hatte er für sich beschlossen. Also war ihm das Fest bei Metternich gerade recht gekommen. Doch nach dem Fest hatte die Fürstin sich in Schweigen gehüllt. Nachdem er sich einige Nächte mit verheirateten Frauen seines Standes vergnügt hatte, verlangte es ihn nach etwas Unkomplizierterem. Also hatte er sein Glück bei Stanzi versucht. Zuerst hatte sie ihm eine Szene gemacht, doch dann ... Versteh einer die Frauen.

»Du?«

»Hm?« Georg regte sich nicht. Er wollte schlafen, um Kraft für einen neuerlichen Angriff zu starten. Immerhin war er nicht zum Plaudern gekommen.

»Die Mitzi hat sich verliebt.«

Unwillig schlug Georg die Augen auf und starrte zur Decke. »Das bringt nichts, sag ihr das«, antwortete er gleichmütig.

Stanzi lachte übermütig und küsste ihn auf den Mund. »Sag so was nicht. Vor ein paar Tagen schickst mir noch deinen Freund. Und jetzt schau dich an. Kannst nicht genug kriegen von mir.«

Georg war plötzlich hellwach – da lief eindeutig etwas schief. »Hör mir mal gut zu, Stanzi.« Er setzte sich auf und maß das Mädchen mit kaltem Blick. »Dass ich hier bei dir lieg, heißt nur eines: dass du gut bist im Bett und es mir Spaß macht mit dir. Und genau so ist es beim Stani.«

Doch Stanzi ließ sich nicht beirren. »Dass dich nicht täuschst«, entgegnete sie triumphierend. »Er hat ihr gesagt, dass er sie liebt.«

»Geh, erzähl keine G'schichten. Das hat sie erfunden.«

»Hat sie nicht«, entgegnete sie trotzig. »Ich hab's gehört. Ich bin daneben g'legen.«

»Der Depp!« Georg schüttelte den Kopf.

»Nur weil er die Mitzi liebt, ist er noch lange kein Depp«, fuhr sie ihn an.

»Doch, ist er«, entgegnete Georg ungerührt. »Was glaubt denn das Mädel, was er tun wird? Sie heiraten? Sicher nicht. Er wird sie verlassen, früher oder später.

Egal, was er jetzt zu ihr sagt. Und ein Depp ist er, weil er ihr Hoffnungen macht.«

»Das wird er nicht!«, fauchte sie ihn an. »Er wird sie nicht sitzen lassen. Im Gegensatz zu dir ist er nämlich ein anständiger Mann.«

»Ach was!« Stanzis Temperament brachte ihn auf angenehme Art in Rage. Er zog sie an sich. »Außerdem, was willst mit einem anständigen Mann? Glaub mir, mit dem hast nicht so viel Spaß wie mit mir.« Nach ein paar atemlosen Küssen schmolz Stanzis Widerstand dahin.

Wenig später stand Georg auf. »Ich muss gehen.« Er stieg in seine Uniformhose.

»Kommst wieder?«, flüsterte sie kleinlaut.

Irgendwie süß ist sie schon, dachte er und beugte sich zu ihr hinunter. »Wenns d' mir versprichst, keine solchen Dummheiten zu machen wie die Mitzi ...«

Stanzi nickte eifrig. »Versprochen. Weißt, ich bin nicht so eine wie sie. Die Mitzi, die ist in sich gekehrt, die denkt viel zu viel nach und oft ist sie traurig. Ich glaub, sie hat Heimweh. Aber sie red't nicht drüber. Meistens red't sie überhaupt nicht. Ich weiß gar nix von ihre Familie oder warum sie weggegangen ist. Und fragen mag ich sie auch nicht, weil wozu? Wir arbeiten eh immer, also heimfahren können wir sowieso nicht. Außerdem kost das viel zu viel Geld. Aber was red ich denn? Ich, ich bin jedenfalls ganz anders als die Mitzi, du kennst mich doch. Ich ...«

Georg lachte laut auf. »Ja du, du kleines Luder, du bist ganz anders.« Er verschloss ihr den Mund mit einem Kuss. »Wär besser, du würdest nicht so viel reden.«

Kichernd schlang sie die Arme um ihn und zog ihn wieder ins Bett.

»Was soll's?«, dachte er. Seine Freunde konnten warten.

～∾～

Der Ansturm der Gäste schien nicht enden zu wollen. Wieder einmal waren die Apollosäle hoffnungslos überfüllt. Obwohl der Dienstagabend offiziell dem hohen Adel vorbehalten war, mischten sich wohlhabende Bürger, Handwerker und Grisetten unter Fürsten und Generäle, um einen unvergesslichen Abend im größten Vergnügungsetablissement der Stadt mit seinen riesigen Tanzsälen und den schier endlosen Fluchten von Kammern und Gemächern zu verbringen. Wasserfälle, Springbrunnen, romantische Grotten, Alleen von Tannen, Kastanien und blühenden Obstbäumen, duftende Blumen, fliegende Adler und hell erleuchtete Engel, getaucht in das flackernde Licht riesiger Kristallluster, verfehlten ihre Wirkung nicht. Hier wurde fast ausschließlich Wein getrunken und Walzer getanzt, schneller und enger als anderswo, um sich danach erhitzt hinter die schützenden Baumreihen zurückzuziehen, aus denen da und dort wohlige Seufzer ertönten. Gleich mehrere Küchen sorgten für das leibliche Wohl der Gäste, die sich gerne auch zu einem zärtlichen Tête-à-Tête in die romantisch dekorierten Gemächer zurückzuziehen pflegten.

Doch Georg, der sich als Stammgast – vorbei an Kutschen und Kaleschen, respektvoll begrüßt von den Kameraden der abgestellten Kavallerie- und Infanterieposten – virtuos den Weg durch die Menge bahnte, würdigte seine Umgebung keines Blickes.

»Sag, Stani, bist jetzt völlig überg'schnappt?«, herrschte er seinen Freund an, der, eine rassige Brünette mittleren Alters im Arm, am Rand des großen Tanzsaales stand und genüsslich ein Glas Rotwein leerte. Stanislaus starrte ihn verständnislos an. Sein stierer Blick zeigte Georg, dass er wohl nicht seinem ersten Glas zusprach. Statt zu antworten, vergrub Stanislaus sein Gesicht im Dekolleté der Schönen der Nacht, die wiederum Georg taxierte und ganz offensichtlich für besser befand. Sie befreite sich aus der Umarmung ihres Begleiters, stolperte – ebenfalls nicht mehr ganz nüchtern – auf Georg zu und warf sich ihm an den Hals.

»Na, du Hübscher, wie wär's mit uns zwei?«, knurrte sie mit etwas schwerer Zunge und überraschend tiefer Stimme. Ihren kleinen Damenbart direkt vor Augen, drehte Georg angewidert von ihrem sauer riechenden Atem den Kopf zur Seite und schubste sie zurück in die Arme seines verdutzt dreinblickenden Freundes.

»Schau, dass du deine holde Maid anbringst, Stani, ich geh derweil zur Schank.« Er wandte sich zum Gehen. »Nüchtern ist das hier ja nicht zum Aushalten«, schimpfte er.

»Was ist nicht zum Aushalten?«

Ein apartes Geschöpf, deren kupferrote Locken weit über ihre Schultern fielen, verstellte ihm den Weg. Ihre zarte biegsame Gestalt zeigte Georgs routiniertem Blick, dass sie Tänzerin war. Und eine besonders hübsche obendrein, bemerkte er im Stillen.

»So ein schöner Mann und so schlechte Laune?« Kokett tippte sie ihn auf die Schulter. »Magst mir nicht sagen, was dir den Abend verdirbt?«

Georg lachte auf. Herzig, die Kleine. »Wer will das wissen?«

»Ich bin die Susette. Normalerweise tanz ich im Sperl, manchmal auch im Theater, wenn ich a Glück hab, aber heut bin ich da.« Sie lächelte und entblößte dabei eine winzige Zahnlücke zwischen ihren Schneidezähnen. »Und wer bist du?«

»Ich bin der Georg«, antwortete er, durchaus geneigt, seinen Unmut für eine Weile zu vergessen.

»Ah, der Oberleutnant Schorsch«, Susette kicherte und salutierte. »Schneidig bist und g'fallen tust ma auch. Ladst mich ein auf ein Glas?«

Entwaffnet von ihrer überraschenden Direktheit bot Georg dem Mädel seinen Arm an.

Da tauchte Stanislaus vor ihnen auf. »Und, was is, gemma was trinken?«, fragte er, sichtlich erleichtert, Georg deutlich besserer Laune zu sehen.

»Ja, aber nicht mit dir, Stani. Ich hab was Angenehmeres vor.« Und bevor sein Kamerad protestieren konnte, wirbelte er Susette auf die Tanzfläche. Sie war fantastisch, stellte er fest. Zart wie eine Feder, gespannt wie ein Bogen. Ganz anders als das Stanzerl, die ihm zwar immer weich und gefügig, jedoch wesentlich schwerer im Arm lag. Und einen langen Atem hatte sie auch. Leichtfüßig tanzte sie einen Walzer nach dem anderen mit ihm, scheinbar ohne zu ermüden. Äußerst vielversprechend, befand er und zog Susette an den Rand der Tanzfläche, um sie zu küssen. Stanislaus konnte er auch später noch die Leviten lesen. Überrascht fuhr er zurück. Der kleine Teufel hatte ihn tatsächlich gebissen.

»So leicht kriegst mich nicht.« Trotzig schob Susette das Kinn vor und verschränkte die Arme. »Hast mir ein Glas Wein versprochen. Und Hunger hab ich auch. Was glaubst außerdem, was ich für eine bin?«

Georg zog Susette an sich. Das Mädchen war steif wie ein Brett. »Eine ganz Süße bist du. Und eine ganz Abgedrehte«, lachte er. »Na komm«, er schlang ihr den Arm um die Schulter, »holen wir dir was zu essen und zu trinken. Sonst fallst ma noch vom Fleisch. Und vielleicht bist ja nachher nicht mehr so widerspenstig.«

»Das wer' ma erst sehen«, blitzte sie ihn aus grünen Augen an.

Georg lachte schallend. Die Kleine hatte Feuer. Und eine Ausdauer, die der seinen um nichts nachstand, wie er später bemerkte, als sie seine Avancen, satt und ein wenig betrunken, nicht mehr zurückwies.

Erschöpft verließ er eine Stunde später – oder waren es zwei? – das mit dunkelrotem Damast ausgekleidete

Boudoire, Georgs Lieblingsgemach an Abenden wie diesen. Susette schlief endlich tief und fest in dem riesigen, aus dunklem Holz geschnitzten Himmelbett. Rasch entfernte er sich, bevor sie aufwachte. Er hatte keine Lust auf endloses Gezänke oder enttäuschte Mädchentränen und schon gar nicht, wie er bei der temperamentvollen Susette befürchtete, auf ein zerkratztes Gesicht.

In einer der dunklen Grotten entdeckte er Stanislaus, ebenfalls schlafend, in den Armen der schwarzhaarigen Schönheit, die deutlich nüchterner wirkte als zu Beginn des Abends.

»Hol ihn dir ruhig«, brummte sie, sichtlich schlecht gelaunt. »Einen schönen Freund hast du. Schläft mir unter den Fingern weg. Und das nennt sich Offizier im Dienst unsres Kaisers. So werden wir keinen Krieg gewinnen.« Kopfschüttelnd stand sie auf und rückte ihren Ausschnitt zurecht. »Den ganzen Abend hab ich mit ihm verschwendet. Und für was? Für nix.«

Georg drückte ihr eine Münze in die Hand. »Nimm dir einen Mietwagen und schlaf dich aus. Vielleicht hast ein andermal mehr Glück.«

Überrascht sah sie auf. »Dankschön. Bist ein netter Kerl.« Sie legte den Kopf schief. »Kommst Donnerstag wieder?«

Georg lachte laut auf. »Vergiss es. Geh nach Haus.« Grinsend sah er ihr nach, wie sie schweren Schrittes in der Menge verschwand.

Wie auf Befehl rappelte Stanislaus sich auf. Er kratzte sich am Kopf. »Wo ist sie hin?«

»Weg«, antwortete Georg. »Und das ist gut so. Was denkst du dir dabei?«

Stanislaus schluckte schwer. »Wobei genau?« Er runzelte die Stirn. »Ich kann mich an ihren Namen nicht erinnern.«

»Ich red nicht von der da.« Georg fühlte schon wieder Wut in sich aufsteigen. »Wie kannst du der Mitzi sagen, dass du sie liebst?«

Verblüfft starrte Stanislaus ihn an. »Weil es stimmt«, antwortete er schwerfällig. »Ich hab sie wirklich gern, die Mitzi. Sie ist ein liebes Mädel. Und sie greift sich so gut an.« Er kniff die Augen zusammen. »Aber jetzt tut mir der Schädel weh. Können wir über was anderes reden?«

Seinen Freund derart angeschlagen zu sehen, stimmte Georg ein wenig versöhnlich. Er klopfte ihm auf die Schulter. »Komm, lass uns heimgehen. Ich mein's ja nur gut mit dir. Und mit dem Mädel. Die Mitzi hat sich was Besseres verdient, als deine Mätress zu sein, bis sie so alt ist, dass kein anderer sie mehr anschaut. Und solang sie sich Hoffnungen macht, wird sie sich in keinen sonst verlieben.«

»Wahrscheinlich hast recht, Schorsch«, erwiderte Stanislaus nachdenklich. »Vielleicht sollt ich mit ihr reden.«

»Es ist nur zu ihrem Besten«, bestätigte Georg zufrieden. »Jetzt lass uns einen Wagen nehmen. Es ist schon spät.«

»Bist ein guter Freund, Schorsch«, lallte Stanislaus wenig später schlaftrunken. Grinsend schob Georg

seinen Freund in die andere Ecke der Kutsche, bevor
Stani den Kopf an seine Schulter fallen lassen konnte.

Eine knappe Stunde Fußmarsch vom Vergnügungs-
tempel im Brillantengrund entfernt, wälzte sich Fanny
in ihrem Bett unruhig hin und her. Sie konnte nicht
schlafen. Ihr erstes Rendezvous im Palais Altenburg
lief wieder und immer wieder wie ein Film in ihrem
Kopf ab. Ach, wie aufgeregt sie gewesen war, als ihr
Elisabeths Einladung auf einem Silbertablett über-
reicht worden war. Mama hatte sich hocherfreut darüber gezeigt, dass Fanny offensichtlich einen so guten
Eindruck hinterlassen hatte. Wenige Tage waren seit
ihrer Ausfahrt vergangen und schon bat die Baronin
von Altenburg Fanny zum Tee! Nur Sophie hatte,
wie immer, etwas daran auszusetzen. Was eine Frau
in Elisabeths Alter an der Gesellschaft ihrer erheb-
lich jüngeren kleinen Schwester finde, könne sie
nicht verstehen, hatte sie gemeint. Fannys Herz hatte
wie wild zu klopfen begonnen. Sophie hatte doch
nicht etwa Verdacht geschöpft? Aber Mama hatte
den Einwand zu Fannys großer Erleichterung sofort
vom Tisch gewischt und Fanny in Schutz genommen. »Das war taktlos von dir, Sophie«, hatte sie
ihre Schwester gescholten. »Sieh doch, wie stolz sie
ist.« Dabei hatte Mama sie sogar in den Arm genommen. Sophie hatte nur den Kopf geschüttelt und das
Zimmer verlassen.

Fanny seufzte glücklich. Denn es war noch besser gekommen. Als Elisabeth sie abgeholt hatte, war ihre Vorfreude grenzenlos gewesen. Fanny hatte ihr schönstes Kleid angezogen, aus elfenbeinfarbener Baumwolle mit einem hohen Kragen aus weißer Spitze, kleinen Puffärmeln – der neueste Schrei, wie die Schneiderin Mama gegenüber betont hatte – und gleich zwei Rüschen am Saum. Sie musste keine Haube tragen und Mama hatte ihr Haar in der Mittel gescheitelt, sodass ihr herzförmiges Gesicht besonders gut zur Geltung kam. Fanny konnte nicht aufhören, sich im Spiegel zu bewundern. Auch Elisabeth schien zufrieden zu sein. »Allerliebst«, stellte sie lächelnd fest, als Fanny in die Kutsche stieg.

Das Altenburgsche Palais war weitläufiger und prächtiger als das ihrer Familie, wenn auch nicht ganz so gut gelegen. Im Dienstbotentrakt, in dem sie Dorothea ablieferten, versorgt mit einer großen Tasse Kaffee und einem noch größeren Stück Kuchen, summte es geschäftig wie in einem Bienenstock. Kästen und Kommoden, Töpfe und Pfannen, alles blitzte und blinkte. Elisabeths Gemächer gehörten zu den schönsten Wohnräumen, die Fanny je gesehen hatte. Die gesamte Einrichtung war in dunkles Blau und Gold getaucht, das Mobiliar – vom Kanapee bis zum Schreibtisch – feminin und glamourös. In ihrem Schlafzimmer hingen große Spiegel an den Wänden, Fanny kam aus dem Staunen nicht heraus. Wie traditionell und nüchtern nahm sich dagegen ihr Elternhaus aus. Von ihrer eigenen Kleinmädchenkammer ganz zu schweigen.

Elisabeth war freundlich zu ihr, wenn auch nicht so herzlich wie bei ihrem ersten Ausflug. Sie erschien Fanny sogar ein wenig angespannt. Wie sie ihre Zofe anherrschte, nur weil sie etwas von Fannys heißer Schokolade auf dem Tablett verschüttet hatte! Elisabeth selbst trank Tee, nahm aber kaum von den Keksen, denen Fanny heißhungrig zusprach. Und danach sah sie ständig auf die Uhr, die auf einer zierlichen Kommode neben dem weißen Kachelofen stand. Als ihre Zofe Baron von Trattenbach ankündigte, sprang sie auf. Fanny glaubte, auf der Stelle in Ohnmacht zu fallen, als die Tür aufging und ihr Angebeteter plötzlich im Raum stand. Er begrüßte Elisabeth mit einem formvollendeten Handkuss, wechselte ein paar höfliche Worte mit ihr und wandte sich dann Fanny zu.

»Das ist ja mein kleiner Wildfang.« Er hob ihr Kinn, sah ihr tief in die Augen und berührte ihre Lippen sanft mit seinem Mund. Es war kein richtiger Kuss, so wie damals, eher ein Hauch, doch es lag ein süßes Versprechen darin. Karl nahm sie an der Hand und geleitete sie wortlos in Elisabeths Schlafgemach.

Fannys Herz klopfte heftig, als er die Tür hinter sich zuzog. »Aber …«

Er schloss Fannys Mund mit einem Kuss, der jetzt jedoch härter wurde, als ihr lieb war. Fanny setzte sich zur Wehr. »Na, du kleine Raubkatze, wer wird denn so widerspenstig sein«, murmelte er, den Mund noch an ihren Lippen.

Fanny wandte den Kopf. »Ich möchte wieder zu Elisabeth gehen«, erklärte sie entschieden.

Da schob Karl sie von sich. »Jetzt pass mal auf, Kleine. So läuft das nicht. Du machst mir nicht erst schöne Augen und hältst mich dann zum Narren. Ich bin keiner von deinen wohlerzogenen Spielgefährten.« Er holte tief Luft. »Hör gut zu«, setzte er etwas sanfter an, als er sah, dass Fannys Augen groß wurden wie Wagenräder. »Du brauchst dich nicht zu wehren«, er hielt kurz inne und lächelte seltsam. »Bisher hat es noch allen Mädchen gefallen. Vertraust du mir?«

Fanny sah in an – er war so wahnsinnig schön, und er wollte sie, Fanny. Natürlich vertraute sie ihm. Sie nickte zögernd.

»Na siehst du«, sagte er und lächelte versöhnlich. »Es tut mir leid, wenn ich dich erschreckt habe. Ich werde ganz lieb zu dir sein.« Er setzte sich aufs Bett. »Komm zu mir.«

Fanny zögerte.

Karl stand auf, fasste sie sanft im Nacken und küsste sie. Liebevoll diesmal und ganz zart. Dann zog er sie zu sich hinunter.

Selbst jetzt noch stieg Schamesröte in ihr auf, wenn sie in der schützenden Dunkelheit ihrer kleinen Kammer daran dachte, was dann passiert war. Es hatte sich zwar ganz und gar nicht so angefühlt, wie sie es sich in ihren Kleinmädchenträumen vorgestellt hatte, aber Karl war nach einiger Zeit ganz außer sich gewesen. Und als er später auf Elisabeths Frage geantwortet hatte: »Das Kind ist ein Naturtalent. Noch hab ich sie verschont, aber sie hat sich sehr gut gemacht«, war sie beinahe vor Stolz geplatzt.

Aufgewühlt hatte sie sich zu Hause gleich in ihr Zimmer zurückziehen wollen, um ungestört zu träumen und neugierigen Fragen zu entgehen. Doch Mama hatte sie besorgt gemustert und ihr die Hand auf die Stirn gelegt. »Du bist ja ganz heiß, Kind. Sag, hast du Fieber?« Fanny war erschrocken. Ihre Mutter durfte keinesfalls Verdacht schöpfen. Deshalb hatte sie auf ihre Frage so leichthin wie möglich entgegnet, ihr sei ein wenig übel, aber das läge wahrscheinlich daran, dass sie wahnsinnig viel gelacht und dabei zu viele Kekse gegessen hätten.

Fanny seufzte in ihre Kissen. Elisabeth hatte schon wieder eine Einladung geschickt. Sie konnte es kaum erwarten.

3. Kapitel

Sophie rückte das Strumpfband zurecht und schlüpfte in ihre Beinkleider. Diese neueste modische Errungenschaft war zwar bei den Damen ihrer Familie auf großen Widerstand gestoßen, Sophie jedoch liebte sie heiß, vor allem jetzt, in der kalten Jahreszeit. Mama hatte verständnislos den Kopf geschüttelt, als sie gleich drei Stück bei ihrer Weißnäherin in Auftrag gegeben hatte, und auch bei Tante Louise war sie auf blankes Unverständnis gestoßen. »Wo kommen wir hin, wenn nun sogar die Damen der Gesellschaft Hosen tragen!«, hatte sie entrüstet ausgerufen und sich geweigert, das spitzenbesetzte, bis unters Knie reichende Baumwollteilchen auch nur anzusehen.

Zufrieden prüfte Sophie das schlichte Nachmittagskleid, das über ihrem Bett lag. Heute endlich hatte Tante Louise sie in ihren Salon eingeladen. Auch wenn Sophie keineswegs zu Eitelkeit neigte wie ihre kleine Schwester, hatte sie ihre Garderobe diesmal mit Bedacht gewählt. Abendtoilette fand sie übertrieben, also hatte sie sich für ein hellblaues Baumwollkleid mit eckigem Ausschnitt entschieden, über den sie ein weißes Batist-Tüchlein drapieren würde. Keine Biesen, keine Spitze, nur eine kleine Rüsche um den Ausschnitt und an den Ärmeln – Sophie liebte dieses Kleid, das die Farbe ihrer Augen betonte und mit ihrem hellen Haar gut harmonierte. Einziges Zugeständnis an die Putzsucht, die seit Beginn des Kongresses in der Stadt um sich griff wie eine aggressive Erkältung, war Mamas bunt gemusterter Kaschmirschal.

»Du wirst aussehen wie eine Taube unter lauter Paradiesvögeln. Mein Kind, das kann ich nicht zulassen.« Mit diesen Worten hatte Mathilde Sophie ihr Lieblingsstück in die Hand gedrückt. »Ich weiß, du willst es nicht hören, aber du solltest an deine Zukunft denken. Und wenn du es nicht tust, muss ich es. Also nimm den Schal und sei nicht so très discret.« Sophie kannte ihre Mutter und wusste, dass in diesem Fall jeder Widerspruch zwecklos war.

Nun stand sie da in Hemdchen und Hose und wartete auf Adele, die ihr beim Anlegen des Korsetts behilflich sein würde. Stattdessen trat ihre Mutter ein – wahrscheinlich, um ihr noch letzte gute Ratschläge auf den Weg mitzugeben, wie Sophie halb amüsiert, halb unwillig vermutete. Doch diesmal täuschte sie sich.

»Sophie, ich mache mir Sorgen um Fanny«, eröffnete Mathilde das Gespräch, während sie die Korsage festzuschnüren begann.

»Warum?« Sophie hielt sich am Bettpfosten fest. »Elisabeth hat sie ja gerade erst abgeholt, um mit ihr im

Augarten zu flanieren und nachher mit ihr ins Theater zu gehen. Sie ist also in besten Händen.«

»Das ist es nicht«, entgegnete ihre Mutter. »Ich meine, dass Fanny sich seit einigen Wochen sehr verändert hat.«

»Fanny wird erwachsen«, antwortete Sophie bestimmt. »Natürlich verändert sie sich. Ihr wisst, ich war am Anfang äußerst skeptisch, doch mittlerweile bin ich ganz Eurer Meinung. Was kann ihr Besseres passieren als eine reiche Gönnerin, die ihr die Welt zeigt und ihr nebenbei auch noch die Flügel stutzt. Ihr habt sie ohnehin viel zu sehr verwöhnt.« Sie wandte sich zu ihrer Mutter um. »Ehrlich, Mama, ich habe Fanny noch nie so handzahm erlebt. Das ist doch gut. Und Elisabeth kommt ganz offensichtlich auch auf ihre Kosten, sie scheint jedenfalls sehr angetan zu sein von Fanny.«

Sophie brauchte eine kurze Verschnaufpause. Wie sehr sie diese fischbeinernen Folterinstrumente hasste! Selbst wenn sie weniger versteift waren als früher, wie Mama nicht müde wurde zu betonen. Sie waren sicher von Männern erfunden worden, um Frauen das Denken zu erschweren. Wie soll man nur einen klaren Gedanken fassen können, wenn man die ganze Zeit damit beschäftigt ist, auf möglichst damenhafte Weise nach Luft zu schnappen? Sophie verzog das Gesicht. Wieder einmal haderte sie mit sich und der Welt und der Tatsache, dass sie kein Mann war. Was sie als Frau alles über sich ergehen lassen musste. Und wofür? Um Kinder auf die Welt zu bringen und sich danach wie ihre Mutter in ihr luxuriöses Heim zurückzuziehen? Oder um sich wie Elisabeth eine überdrehte und verzogene Protegé zu suchen, wenn gerade kein Mann zur Ehelichung in Sicht war?

»Sie braucht dringend einen Zeitvertreib, sonst würde sie in ihrer eigenen Fadesse ersticken«, sprach sie ihre Gedanken laut aus.

»Wie sprichst du denn über Baronin von Altenburg!«, tadelte ihre Mutter kopfschüttelnd.

»Ich konnte sie noch nie leiden, das wisst Ihr doch«, erwiderte Sophie gereizt. »Zuerst heiratet sie aus reiner Berechnung einen um vieles älteren, zufällig außerordentlich wohlhabenden Mann, den sie nicht liebt, der ihr aber ihren verschwenderischen Lebensstil finanziert, ohne mit der Wimper zu zucken. Dann tut er ihr den Gefallen und stirbt im ersten Jahr ihrer Ehe. Er hinterlässt ihr ein Vermögen und sie hält es nicht einmal der Mühe wert, zumindest nach außen hin die trauernde Witwe zu mimen. Soviel ich weiß, hatte sie schon zwei Monate nach dem Tod ihres Mannes ein Verhältnis mit ...«

Mathilde zog das Korsett so fest zu, dass Sophie beinahe in Ohnmacht fiel. »Jetzt ist es aber genug«, rief sie empört. »Wie kannst du das Andenken an den besten Freund deines Vaters derart respektlos beschmutzen?«

Ehrlich erstaunt drehte sich Sophie zu ihrer Mutter um. »Was hat denn das damit zu tun?«, fragte sie, schwer nach Atem ringend. »Mama, ich bitte Euch, er kann doch nichts dafür«, setzte sie mit unwiderlegbarer Logik hinzu. »Und was Fanny betrifft – für sie ist es gut, dass sie aus dem Haus kommt. Ihr geht ja nie aus, und ich hätte nicht die Geduld, mich mit dem kleinen Quälgeist herumzuschlagen. Es wurde höchste Zeit, sie war geradezu unausstehlich.« Langsam beruhigte sich ihr Atem und sie erinnerte sich an den Ausgangspunkt ihres Gespräches. »Aber warum macht Ihr Euch Sorgen um sie?«

»Ich kann es dir nicht genau sagen.« Ihre allwissende Mutter wirkte tatsächlich ratlos. »Es ist eher so ein Gefühl.«

Sophie musterte sie interessiert. Wann hatte ihre Mutter je über Gefühle gesprochen, noch dazu über ihre eigenen? »Ist dir nicht auch aufgefallen, wie seltsam sie sich benimmt? Einmal ist sie ungewöhnlich folgsam, fast zahm, dann verhält sie sich unmöglich oder träumt mit offenen Augen vor sich hin und schreckt hoch, wenn ich sie anspreche. Sie ist reizbar, launisch, manchmal kindlich, fast kindisch, dann furchtbar erwachsen und überheblich. Ich erkenne sie nicht wieder.«

Sophie fand das alles nicht besonders beunruhigend. »Ach, Mama, so ist sie halt, die Fanny. Deshalb müsst Ihr Euch noch lange nicht um sie sorgen. Fragt sie doch einfach, was mit ihr los ist.«

»Das habe ich schon«, entgegnete ihre Mutter. »Aber sie sagte nur schnippisch, sie wisse nicht, was ich meine, es gehe ihr ausgezeichnet.«

Sophie runzelte die Stirn. Und wieder tanzte ihre kleine Schwester Mama auf der Nase herum. Was Fanny betraf, war ihre Mutter wirklich blind. »Mama, bitte verzeiht, aber ich sollte mich jetzt ankleiden«, stellte sie sachlich fest, um das Thema nicht weiter zu vertiefen. »Adele muss unbedingt noch mein Haar in Ordnung bringen.«

Ihre Mutter straffte die Schultern, nickte und zwang sich zu einem Lächeln. »Du hast recht, meine Liebe. Heute ist ein wichtiger Abend für dich, und ich belaste dich mit meinen Sorgen. Wie wenig einfühlsam von mir.« Mathilde zog das Kleid vom Bett und reichte es Sophie. »Lass mich dir helfen.«

Beide hingen ihren Gedanken nach, während Mathilde die zahllosen winzigen Knöpfe schloss, die in einem kleinen Rückendekolleté endeten. Sophie nahm sich vor, Fanny in Zukunft ein wenig auf den Zahn zu fühlen. Aber heute hatte sie keine Lust mehr, darüber nachzudenken. Zu lange hatte sie sich schon auf diesen Abend gefreut.

»Mama«, brach Sophie schließlich das Schweigen, »Ihr müsst Euch wirklich große Sorgen machen. Ihr habt Euch gar nicht mehr über mein Kleid mokiert.« Das schwache Lächeln ihrer Mutter sagte mehr als tausend Worte.

∽✥∾

Sophie war verstimmt. Sie liebte es, zu Fuß zu gehen. Doch nicht genug, dass sie mit ihrer gedrückten Stimmung Sophies Vorfreude gedämpft hatte, hatte Mama auch noch ihren Plan durchkreuzt, sich ihre gute Laune mit einem ausgiebigen Spaziergang zurückzuholen. Natürlich hatte sie recht, in der Stadt lebten Fußgänger gefährlich. Immer mehr Fuhrwerke waren unterwegs, Kutschen wurden mit stark überhöhter Geschwindigkeit durch die Innenstadt dirigiert und wichen – wie Ochsenkarren, Handwagen und Sänften – aus Platzgründen rücksichtslos von den schmalen Straßen auf die Gehsteige aus. Aber das war noch lange kein Grund, fand Sophie, sie zu zwingen, den kurzen Weg zur Wohnung ihrer Tante in der elterlichen Kalesche zurückzulegen. Den Tod würde sie sich holen, und nicht auszudenken, wie derangiert sie bei Louise ankommen würde, hatte Mathilde ungeachtet Sophies trotziger Miene hinzugefügt. Damit kam sie der Sache schon viel näher. Sophie kannte ihre Mutter. Mathilde fand es schlicht und ergreifend unelegant, ja unpassend, wenn eine Dame von Stand zu Fuß unterwegs war. Sophie seufzte. Ihre Mutter war einfach hoffnungslos altmodisch. Doch wollte sie nicht riskieren, den Abend zu Hause verbringen zu müssen, musste sie sich wohl oder übel fügen. Dorothea hatte es wieder in den Knochen, also beschloss Sophie, Adele als Begleitung mitzunehmen.

Das junge Mädchen war sehr aufgeregt. Über die Stadtwohnung der Baronin von Lilienthal wurde in Dienstbotenkreisen viel getratscht – nicht nur aufgrund der jüngsten, aufsehenerregenden Möbellieferung aus Paris, sondern auch der prominenten Gäste wegen, die ihren Salon an jedem ersten Montag des Monats besuchten. Sophie hatte ihr eingeschärft, sich nicht länger als eine Stunde im Dienstbotentrakt aufzuhalten und dann nach Hause zu gehen. Doch wer sollte das kontrollieren? Adele hatte andere Pläne. Da war Giovanni, der junge Kutscher der Hausherrin, auf den Adele schon lange ein Auge geworfen hatte. Wer weiß, vielleicht würde sie an diesem Abend mehr als ein paar der üblichen Worte mit ihm wechseln? Da der junge Herr Graf sich überraschenderweise bereit erklärt hatte, die Komtesse nach Hause zu bringen – und er würde sicher nicht allzu bald gehen wollen –, blieb Adele jede Menge Zeit. Sie musste lediglich vor den beiden wieder zu Hause sein.

Schon hatte sich eine beeindruckende Schlange von Kutschen vor dem Haus am Hohen Markt gebildet. Man sah moderne Landauer wie den der Wohllebens neben traditionellen zweisitzigen und viersitzigen Stadtwägen und den dunkelgrün lackierten kaiserlichen Hofequipagen mit ihrem eleganten Dekor. Das Oberststallmeisteramt und die Wagenremisen in den kaiserlichen Hofstallungen am Ballhausplatz und am Josefsplatz versahen, wie Friedrich Graf von Wohlleben bei einem Abendessen im Kreis der Familie erzählt hatte, rund um die Uhr ihren Dienst, damit die neuen, komfortablen Kutschen mit den vergoldeten Doppeladlern den Teilnehmern des Kongresses und ihren Gästen zu jeder Tages- und Nachtzeit zur Verfügung standen.

Adele bekam vor Staunen den Mund nicht mehr zu, und selbst Sophie spürte, wie ihr Herz schneller schlug. Vor allem als dem Hofwagen vor ihnen ein hochgewachsener Mann entstieg, dessen fast nachlässige Kleidung in deutlichem Widerspruch zu seiner vornehmen Haltung und den aristokratischen Gesichtszügen stand. Kurz bereute Sophie, Mamas Rat, ihr blaues Seidenkleid oder zumindest etwas Schmuck anzulegen, nicht befolgt zu haben. Sie zupfte ihr aufgestecktes Haar zurecht – wenigstens ihre Frisur wurde dem Anlass gerecht und betonte, wie Mama beim Abschied lobend erwähnt hatte, ihren langen Hals, die zarten Gesichtszüge und ihre aufrechte Haltung –, korrigierte den Sitz ihres Busentuchs und schlang den Schal enger um sich. Sie atmete tief durch, reckte das Kinn vor und nahm die Schultern zurück. Was für ein Unsinn, sich von dem Aufmarsch hier verunsichern zu lassen. Vielleicht war sie wirklich zu einer Einsiedlerin geworden, bemerkte sie flüchtig. Doch dann dachte sie an die weiten Reisen, die sie noch zu unternehmen gedachte, und die vielen Bücher, die sich auf der Kommode in ihrem Zimmer stapelten. Das war ihre Welt, die ihr so viel mehr zu bieten hatte als der trügerische Schein des Standes, in den sie zufällig hineingeboren worden war.

Da drehte der Mann sich zu ihr um – und für einen Moment stand das hektische Treiben um sie herum still.

»Würdet Ihr bitte weitergehen!« Eine schrille Stimme bereitete der Magie dieses Augenblicks ein unsanftes Ende. Eine dralle Dame mittleren Alters raschelte unmittelbar hinter Sophie aufgeregt mit ihren schweren schwarzen Taftröcken.

»Natürlich, Gräfin«, lächelte Sophie freundlich, noch immer ein wenig entrückt. »Verzeiht.« Es handelte sich, wie konnte es anders sein, um eine Freundin ihrer Tante, die sie von Kindheit an kannte.

»Ach, die kleine Wohlleben.« Der Unmut der gestrengen Dame schien im Nu verflogen zu sein. »Wie die Zeit vergeht. Hübsch bist du geworden«, bemerkte sie.

Den nun folgenden Wortschwall ließ Sophie wortlos über sich ergehen. Sie musterte währenddessen aufmerksam die auf der Treppe wartenden Gäste. Der Mann schien wie vom Erdboden verschluckt.

»Du solltest mich einmal besuchen kommen«, fuhr ihre aufdringliche Begleiterin fort, als sie den Empfangssalon betraten. »Alfred würde sich sicher freuen, dich zu sehen.«

Mit Schrecken erinnerte sich Sophie vage an den wenig aussichtsreichen Sohn des Hauses, der zumindest an körperlichem Gewicht seinen Eltern um nichts nachstand.

»Es wäre mir ein Vergnügen, Gräfin«, erwiderte Sophie artig. »Jetzt bitte ich Euch aber, mich zu entschuldigen, ich muss meine Tante suchen«, fügte sie rasch hinzu, bevor die bekannt redselige Dame sich ihrer mit an Sicherheit grenzender Wahrscheinlichkeit für den Rest des Abends bemächtigen konnte.

Da kam ihr Tante Louise bereits mit offenen Armen entgegen. »Sophie, mein Kind, wie schön dich zu sehen.« Sie umarmte sie herzlich. »Ach, Mädchen, du siehst aus wie eine Nonne«, flüsterte sie Sophie ins Ohr. »Ich muss dringend ein Wörtchen mit deiner Mutter sprechen.«

»Sie ist ganz Eurer Meinung, Tante.« Sophie löste sich mit einem strahlenden Lächeln aus ihren Armen.

Louise lachte laut auf. »Da bin ich aber froh.« Sie sah sich um, schien jedoch keine passende Begleitung für Sophie zu finden. »Komm, bleib an meiner Seite«, forderte sie ihre Nichte kurz entschlossen auf. »Ich werde dich einigen meiner besonderen Freunde vorstellen, bevor unsere erste musikalische Darbietung beginnt.«

Während sie durch die Reihen der Gäste flanierten, die, in angeregte Gespräche vertieft, in kleinen Gruppen zusammenstanden – fast ausschließlich Aristokraten, die meisten von ihnen Diplomaten, Künstler oder Gelehrte – und mit dem einen oder anderen ein paar Worte wechselten, sah Sophie sich um.

»Suchst du jemanden?«, fragte ihre Tante irritiert.

Sophie fühlte sich ertappt und errötete. »Nein«, antwortete sie rasch. »Ich bewundere nur Euer neues Mobiliar.«

»Danke, mein Kind«, entgegnete Louise. »Bei meinem letzten Besuch in Paris konnte ich der Versuchung einfach nicht widerstehen.« Sie strich über den zierlichen Konsolentisch mit den ägyptisch anmutenden, schwarz-goldenen Statuetten. »Stell dir vor, Fürstin Katharina Pawlowna Bagration hat ihr Kommen angekündigt«, fuhr sie fort. »Noch nie waren so viele einflussreiche Männer in meinem Salon wie heute. Und die Damenwelt wird angesichts ihres berühmten Dekolletés erst vor Eifersucht vergehen und sich dann tagelang darüber echauffieren«, bemerkte sie, als Sophie seiner endlich gewahr wurde.

Louise folgte ihrem Blick. »Kennst du diesen Herrn?«, fragte sie überrascht.

»Nein, ganz und gar nicht«, entgegnete Sophie verlegen.

Ihre Tante musterte sie aufmerksam. »Du errötest ja, meine Liebe.« Sie lächelte. »Ganz exquisit, in der Tat. Edward Baines, Engländer und Afrikaforscher. Offiziell hält er sich auf Einladung des Kaisers in Wien auf, es wird jedoch gemunkelt, dass er als Berater der preußischen Delegation am Kongress teilnimmt. Wenn du mich fragst, ist er aber wie immer auf der Durchreise. Ihn hält es nie lange an einem Ort. Nicht einmal, wenn die ganze Welt sich ein Stelldichein gibt wie jetzt in Wien. Soviel ich weiß, wird er schon bald wieder aufbrechen.« Sie nickte einem der gerade angekommenen Gäste zu und registrierte aus den Augenwinkeln, wie ihre Nichte versuchte, ihre Enttäuschung zu verbergen. »Über ihn kursieren zahllose Gerüchte«, fuhr sie leichthin fort. »Das macht ihn auch so überaus interessant und geheimnisvoll. Vor allem für die Damen der Gesellschaft. Angeblich wurde er erst vor Kurzem in den Adelsrang erhoben und ist keineswegs vermögend.«

Baines, der Sophie mittlerweile entdeckt hatte, bewegte sich zu deren Schrecken langsam auf die beiden Damen zu.

»Sei vorsichtig, Kind!«, flüsterte Louise ihrer Nichte zu. »Er hat schon viele Herzen gebrochen. Und es heißt, die Bagration habe ein Auge auf ihn geworfen.«

Mit einer formvollendeten Verbeugung blieb Baines

vor seiner Gastgeberin stehen und küsste ihr die Hand, die sie ihm huldvoll entgegenstreckte.

»Sir Baines, was für ein Vergnügen«, strahlte Louise ihn an.

Er warf ihr ein schmales Lächeln zu, ehe er Sophie unverhohlen musterte.

»Sophie, ich möchte dir Sir Edward Baines vorstellen. Er wird unsere Stadt leider nur kurz mit seiner Anwesenheit beglücken. Umso mehr freue ich mich, Euch in meinem Salon begrüßen zu dürfen. Und diese reizende junge Dame neben mir ist meine Nichte, Sophie Komtesse von Wohlleben.«

Sophie hielt kaum seinem Blick stand, der auf ihrer Haut brannte wie Feuer. Sie nickte ihm zu. »Was, saget Ihr, steht heute auf dem Programm, Tante?«

»Herr Schubert ist hier, um einige seiner Klavierstücke und seine ersten Lied-Kompositionen zum Besten zu geben. Sie wurden noch nie gespielt«, antwortete Louise.

»Ich habe von ihm gehört«, nickte Sophie. »Er soll aussichtsreiches Talent besitzen, sagt man. Seine erste Messe wurde kürzlich uraufgeführt und sehr gelobt.« Sie sah Edward direkt ins Gesicht. »Stellt Euch vor, der junge Mann ist Schulgehilfe, gerade erst siebzehn Jahre alt, und hat schon seine erste Sinfonie komponiert. Sogar eine Oper soll er geschrieben haben. Erstaunlich, findet Ihr nicht?«

Edward neigte seinen Kopf zu ihr hinunter. »Gewiss.« Seine Stimme klang tief und warm. »Noch erstaunlicher ist meiner Meinung nach allerdings, dass Ihr ihn und seine Werke kennt. Ihr müsst wissen, meine Erfahrung hat mich gelehrt, dass man Bildung, Schönheit und Geist nur selten auf so vorteilhafte Weise vereint findet.« Er sprach nahezu ohne Akzent.

»Ich habe die Stücke nicht geschrieben«, entgegnete Sophie, »das Lob gebührt also nicht mir. Wartet ab, wie Ihr persönlich Schuberts Musik empfindet.«

»Wenn Ihr mir versprecht, mir beim Konzert Gesellschaft zu leisten, weiß ich schon jetzt, dass mir gar nichts anderes übrig bleibt, als begeistert zu sein.«

Sophie lachte auf. »Ich denke, Sir Baines, ich habe Euch überschätzt. Ihr seid ganz offensichtlich ein Schmeichler, kein Kenner der Musik.«

»Touché, Mademoiselle«, parierte Baines. »Doch noch habt Ihr mir Eure Gesellschaft nicht ausgeschlagen. Es besteht also weiter Hoffnung für mich.«

»Man hat mich vor Euch gewarnt.« Sophie wandte sich zum Gehen. »Nun weiß ich auch, warum.« Ohne ein weiteres Wort ließ sie den verdutzten Mann stehen.

»Sophie!« Ihre Tante folgte ihr entrüstet. »Wie kannst du nur so unhöflich sein. Mister Baines hat dir die entzückendsten Komplimente gemacht.«

»Eben deshalb«, erwiderte Sophie unwirsch. »Tante, Ihr habt mir geraten, mich vor ihm in Acht zu nehmen. Ich habe lediglich Euren Rat befolgt. Ihr habt sicher nichts dagegen, wenn ich jetzt ein Glas Eurer hervorragenden Limonade nehme und mich mit Eis und etwas Gebäck in ein ruhigeres Zimmer zurückziehe.«

»Dies ist ein geselliger Abend, mein Kind, und du wolltest unbedingt daran teilhaben. Ja, ich habe dir zur

Vorsicht geraten, aber das heißt nicht, dass du ihn derart vor den Kopf stoßen solltest. Etwas mehr Diplomatie, mein Kind! So etwas spricht sich herum. Was ist denn bloß in dich gefahren?« Louise wirkte ratlos und ein wenig konsterniert.

»Ach, Tante, warum glauben selbst gebildete Männer, sie könnten mich mit billigen Schmeicheleien erobern? Ist es vermessen, etwas mehr Geist und persönliche Zuwendung statt alberner Floskeln zu erwarten?« Wütend und, wie sie sich selbst ungern eingestand, enttäuscht darüber, dass sich ihr erster Eindruck nicht bewahrheitet hatte, wandte sie sich ab und steuerte zielstrebig auf eines der Dienstmädchen zu, das auf einem Silbertablett Limonadegläser herumreichte.

Da stellte sich ihr ausgerechnet Baines in den Weg. »Ein sprödes Reh auf der Flucht.«

»Endlich kommen wir der Wahrheit näher«, antwortete Sophie schnippisch. »Entschuldigt mich, ich habe vor, mich mit einem Glas Limonade bis zum Beginn des Konzerts zurückzuziehen.«

»Meine Ruh ist hin. Mein Herz ist schwer. Ich finde sie nimmer und nimmermehr.«

»Ihr zitiert Goethe?« Überrascht hielt Sophie inne.

»Was verwundert Euch daran? Aber um Eure Frage zu beantworten: Ja und nein. Ich hatte vor meiner erstaunlichen Begegnung mit Euch mit Eurem Herrn Schubert gesprochen. Und er hat mir von einem seiner Lieder erzählt. Ihr dürft gespannt sein. Es klingt vielversprechend. Darf ich Euch Limonade reichen?« Galant verbeugte er sich und nahm zwei Gläser vom

Tablett, das das Dienstmädchen ihm heftig errötend entgegenstreckte.

»Danke«, meinte Sophie und ließ ihren Blick auf der Suche nach einem ruhigeren Raum herumschweifen.

»Ihr werdet hier und heute wohl keine Möglichkeiten finden, Euch zurückzuziehen«, meinte er leichthin.

»Woher wollt Ihr das wissen?«

»Weil ich selbst seit geraumer Zeit an diesem Versuch gescheitert bin. Geselligkeiten wie diese gehören nicht gerade zu meinem liebsten Zeitvertreib.«

»Ach«, antwortete Sophie spöttisch, »womit vertreibt Ihr denn Eure Zeit, wenn Ihr die Damenwelt nicht mit Euren charmanten Komplimenten umgarnt?«

»Komtesse, ich hatte vorhin noch keine Ahnung, dass Ihr Eurerseits bevorzugterweise die Männerwelt mit Eurer spitzen Zunge abzuschrecken gedenkt«, meinte Baines mit einem süffisanten Grinsen. »Hätte ich das geahnt, was Eure engelsgleiche Gestalt mir allerdings nie verraten hätte, so hätte ich Euch erzählt, dass ich mich aus dem eben genannten Grund recht bald wieder auf Reisen begeben werde. Genau genommen in knapp zehn Tagen. Zuerst nach Ägypten und dann ins Innere des afrikanischen Kontinents. Dorthin, wo das Leben seinen Puls nicht nach dem richtet, was genehm und schicklich erscheint. Ich schätze es, frei atmen und aufrecht gehen zu können. Und das ist in unseren Breiten nur selten möglich. Außerdem möchte ich Euch sagen, dass mir Euer Kleid gefällt. Es scheint zu sein wie Ihr. Hell, klar, einfach und wunderschön. Vielleicht aber irre ich mich. Nun entschuldigt mich, bevor ich

Euch langweile und Ihr mich erneut falscher Schmeicheleien bezichtigt.« Ohne sich noch einmal nach ihr umzudrehen, verließ Baines den Raum.

Sophie sah ihm nach. Was zum Teufel war das?

»Na, Schwesterherz, wieder erfolgreich einen Kavalier in die Flucht geschlagen?«

»Möglicherweise«, antwortete sie.

»Du wirkst nicht glücklich darüber«, bohrte Georg nach.

»Möglicherweise.« Sophie zuckte die Achseln.

»›Grüß dich, Georg, schön, dass du da bist‹, wäre auch eine Variante«, neckte er sie.

»Du hast recht.« Sophie umarmte ihn. »Trinkst du Limonade mit mir?«

»Aber sicher, Schwesterchen. Jedoch nur so lange, bis die Fürstin auftaucht.«

Interessiert sah Sophie ihn an. »Die Bagration? Du kennst sie?«

»Kann man so sagen«, antwortete er gedehnt.

»Du hast doch nicht etwa …«

»Möglicherweise«, erwiderte er.

»Natürlich«, lachte Sophie amüsiert. »Würdest du mir bis dahin Gesellschaft leisten, nachdem ich die Chance auf einen Kavalier für den Rest des Abends verspielt zu haben scheine?«

Mit einer theatralischen Verbeugung reichte Georg ihr den Arm.

Sophie entdeckte Baines, der soeben mit der Fürstin den Raum wieder betrat. Die Bagration schenkte ihm ihr hinreißendstes Lächeln. Sophie versuchte, den

Anflug von Eifersucht zu ignorieren, der plötzlich in ihr aufstieg, und wandte sich entschlossen ihrem Bruder zu. »Lass mich heute Abend nicht im Stich, versprochen?«

Georg, sichtlich ein wenig verstimmt, schenkte ihr ein etwas gezwungenes Lächeln. »Versprochen, Schwesterherz. Zumindest solange dein Kavalier meine Herzdame umgarnt.«

»Mir erscheint es eher genau umgekehrt zu sein«, entgegnete Sophie zunehmend erbost.

In diesem Moment wurden die großen Flügeltüren zum Konzertsaal geöffnet und ihre Tante erschien. »Meine Damen und Herren, darf ich bitten? Herr Franz Schubert möchte uns einige seiner Kompositionen zu Gehör bringen. Seine Lieder werden von Charlotte Born vorgetragen.«

»Ist das nicht deine Soubrette?«, flüsterte Sophie in den Applaus der Gäste hinein.

»Möglicherweise«, grinste ihr Bruder gequält.

»Möglicherweise wird dieser Abend ein wenig delikat. Zumindest für dich«, bemerkte Sophie leise.

»Du triffst den Nagel auf den Kopf, Schwesterchen«, antwortete Georg. Die Sängerin warf Georg eine Kusshand zu. Plötzlich hatte er es sehr eilig. »Komm«, drängte er, »lass uns einen Platz weiter hinten suchen, bevor es kompliziert wird.«

Sie waren mit ihrem Plan nicht alleine. Auch Baines hatte offensichtlich beschlossen, sich dem Gedränge zu entziehen, und steuerte mit der Fürstin geschickt die letzte Stuhlreihe an. So blieb dem Geschwisterpaar nichts anderes übrig, als neben ihnen Platz zu nehmen. Sophie nickte steif, als sie sich niederließ, die Fürstin schenkte Georg ein huldvolles, aber deutlich distanziertes Lächeln.

Glücklicherweise trat in diesem Augenblick Franz Schubert unter dem Applaus der Zuhörer auf die Bühne. Etwas linkisch verbeugte sich der junge Maestro und setzte sich ans Klavier. Er räusperte sich kurz, stand noch einmal auf und kündigte zwei kleine Stücke fürs Klavier zum Pläsir des Publikums an. Leicht, fast fröhlich kamen die Noten daher, hie und da sah man eine zuckende Fußspitze oder ein rhythmisches Nicken des Kopfes, fast allen Gästen stand nach Ende der Darbietung ein Lächeln ins Gesicht geschrieben. Entsprechend großzügig fiel der Applaus der Gäste aus, als Charlotte Born Aufstellung neben dem Klavier nahm.

»*Thekla. Eine Geisterstimme,* nach den Worten von Friedrich Schiller«, kündigte Schubert nun an.

Sophie fühlte sich eigentümlich berührt, als die ersten wehmütigen Klänge des Liedes den Saal erfüllten.

»*Hab ich nicht beschlossen und geendet, hab ich nicht geliebet und gelebt?*« Edward Baines' eindringliche Blicke brannten auf ihrer Haut.

»*Ob ich den Verlorenen gefunden? Glaube mir, ich bin mit ihm vereint, wo sich nicht mehr trennt, was sich verbunden. Dort, wo keine Träne wird geweint.*«

Verwirrt senkte Sophie den Blick.

Es war die Fürstin, die dem Zauber dieses Augenblicks ein jähes Ende bereitete. Als die Gäste den

Künstlern stürmisch Beifall zollten, beugte sie sich vor, eine kaum merkliche Bewegung, die allerdings den Ausschnitt ihres Kleides geradewegs an die Grenzen seiner Belastbarkeit stoßen ließ und damit Baines' Aufmerksamkeit ebenso wie Georgs gebannte Blicke auf sich zog.

Doch schon kündigte der Maestro, der seiner Solistin nur eine kurze Pause gönnte, das nächste Lied an: *Gretchen am Spinnrade* nach Johann Wolfgang von Goethe. Das Klavier begann seinen sanften Lauf, dem Spinnrad gleich, das sich drehte und drehte. Zärtlich und sehnsuchtsvoll begleitete Charlottes Gesang Schuberts virtuoses Spiel.

»Wo ich ihn nicht hab, ist mir das Grab. Die ganze Welt ist mir vergällt. Mein armer Kopf ist mir verrückt, mein armer Sinn ist mir zerstückt.«

War es Zufall oder Absicht, als Baines' Hand leicht die ihre streifte? Widerwillig registrierte Sophie, dass ihre Sinne zu vibrieren begannen. Seine Nähe verwirrte sie ebenso wie sein undefinierbares Lächeln. Rasch verschränkte sie die Arme.

»Sein hoher Gang, sein' edle Gestalt, seines Mundes Lächeln, seiner Augen Gewalt, und seiner Rede Zauberfluss, sein Händedruck, und ach, sein Kuss!«

Sophie konnte sich der Wirkung des Liedes nicht länger entziehen und schloss die Augen, bis es leise verklang. Mitten in den tosenden Beifall hinein spürte sie plötzlich den Hauch seines Atems, seine Lippen streiften ihr Haar.

»Ich wusste es.« Wieder lag leichter Spott in Baines'

grauen Augen, doch auch etwas anderes, äußerst Verwirrendes. »Die Eiskönigin ist ein Mensch aus Fleisch und Blut.«

Bevor Sophie etwas erwidern konnte, erhob er sich und nickte der Fürstin zu, die ihm mit einem energischen Wink ihres Fächers bedeutete, ihr seinen Arm anzubieten.

»Sieht ganz so aus, als hätte da jemand der hinreißendsten Erscheinung der Wiener Gesellschaft den Rang abgelaufen.« Georg kniff seine Schwester recht unziemlich in die Seite. »Und als wären meine Chancen soeben wieder deutlich gestiegen«, fügte er fröhlich hinzu.

Sophie, noch etwas benommen, sah ihn fragend an.

»Schwesterherz, all deiner Bemühungen zum Trotz scheint es dir nicht gelungen zu sein, deinen Kavalier dauerhaft zu vergrämen.«

Etwas verloren strich Sophie ihren Schal glatt, während sie versuchte, einen klaren Gedanken zu fassen.

»Du scheinst dich nicht im Geringsten darüber zu freuen«, stellte er fest. »Was ist mit dir?«

»Nichts.« Sie schüttelte den Kopf. »Gar nichts. Kannst du mir etwas zu essen bringen? Mir ist nicht ganz wohl.«

Wenig später steuerte Georg mit einem Glas Mandelmilch und etwas Gebäck auf sie zu. »Es geht gleich weiter«, drängte er. »Dein Kavalier scheint übrigens verschwunden zu sein.«

Sophie hob den Kopf und sah die Bagration umringt von einer Gruppe Herren, die um ihre Gunst buhlten.

Friedrich von Gentz, Protokollführer des Kongresses und Metternichs engster Berater, umwarb sie ebenso ungeniert wie die jungen Grafen Schönfeld und Schulenburg. Selbst der stets streng dreinblickende deutsche Gesandte Wilhelm von Humboldt schien nicht immun gegen ihren prickelnden Charme zu sein. Edward Baines jedoch war nirgends zu sehen.

Er ist weg – der Stich, den ihr diese Erkenntnis versetzte, kam für Sophie ebenso unerwartet wie heftig. Zu ihrer Erleichterung wurde wie von Zauberhand eine weitere Tür geöffnet. »Verehrte Gäste, ich bitte in den Tableausaal«, vernahm sie die Stimme ihrer Tante.

Ein beifälliges Raunen ging durch die Menge. Schon drängte man in den abgedunkelten Raum. Sophie hatte nun auch Georg verloren und ließ sich treiben. Als sie sich niederließ, spürte sie Baines' Gegenwart, bevor sie ihn sah.

»Ihr gestattet?« Er setzte sich mit einer kleinen Verbeugung auf den wie durch ein Wunder frei geblieben Platz neben sie.

Sophies Herz raste. Was ist bloß los mit dir, schalt sie sich. Wie eine Närrin benimmst du dich. »Natürlich«, bemerkte sie kühl. Sie wandte den Kopf zur Seite. »Habt Ihr meinen Bruder gesehen?«

»Ach, Euer Bruder«, er lächelte kaum merklich. »Unsere bezaubernde Solistin scheint im Moment seine ganze Aufmerksamkeit zu beanspruchen.«

Da sah sie Georg, der weiter hinten im Saal im Schutz der Dunkelheit die Hand der jungen Sängerin an seine Lippen führte. Sophie schüttelte den Kopf. »Manchmal wünschte ich mir, er würde das Leben etwas ernster nehmen.«

»Nun, das wird er«, entgegnete Baines, »sobald er sein Gretchen gefunden hat.«

»Das arme Ding«, spottete Sophie, »wo man doch weiß, wohin das führt.«

Bevor er etwas erwidern konnte, öffnete sich der Vorhang und gab den Blick auf die Bühne frei.

Wie auf ein Stichwort tat sich vor ihren Augen eine Szene aus Goethes *Faust* auf. Ein Soldat, offenbar Gretchens Bruder Valentin, wartete vor der Tür eines Hauses. In geringer Entfernung näherten sich zwei Männer, einer davon trug eine Zither in der Hand und hatte einen Pferdefuß – es waren Faust und Mephisto. Am anderen Ende der Bühne stand, den Kopf abgewandt, ein junges Mädchen. Es wirkte gleichzeitig unschuldig und bräutlich in ihrem weißen langen Kleid und trug einen Myrthenkranz im Haar. Sophie erkannte in der Figur des Gretchens Marie von Schönfeld, deren Bruder neben der Fürstin Bagration Platz genommen hatte. Sie mochte in Fannys Alter sein, es war bestimmt ihr erster Auftritt in der Gesellschaft. Die drei Männer hingegen waren Sophie gänzlich unbekannt.

Das Publikum belohnte die aufwendigen Kostüme und das opulente Bühnenbild mit lautem Beifall, bis sich langsam der Vorhang senkte. Man vernahm reges Treiben auf der Bühne, dann Stille. Und wieder öffnete sich der Vorhang. Dieselbe Szene, doch jetzt sah man Gretchens Bruder in einer Blutlache am Boden liegen. Faust, den blutigen Degen noch in der Hand, stand neben ihm. Mephisto bedeutete ihm, bereits halb vom Vorhang verdeckt, ihm zu folgen. Gretchens Myrthenkranz lag zertreten auf dem Boden, ihr Kleid war blutgetränkt, sie raufte sich verzweifelt ihr Haar.

Die Darstellung wirkte so realistisch, der Ausdruck in den Gesichtern derart lebendig, dass die Gäste in Begeisterungsstürme ausbrachen. Auch Sophie applaudierte und wandte sich spontan ihrem Sitznachbarn zu. »Ich kann gut verstehen, warum unsere Kaiserin Tableaux vivants so liebt. Und diese hier sind ganz meisterlich gelungen, findet Ihr nicht auch?«

Baines antwortete nicht. Er musterte sie nur aufmerksam.

»Wie auch immer«, sie wandte verlegen ihren Blick ab, »Liebe bringt doch nur Unglück. Das ist es wohl, was Meister Goethe uns sagen will. Und ich muss ihm recht geben. Ohne sie ist man bedeutend besser dran. Was ist es bloß, was alle daran finden?«

»Dann habt Ihr wohl noch nie geliebt.« Er sah sie forschend an.

Wieder wich sie seinem Blick aus. Sie zuckte die Achseln. »Ich wüsste nicht, was Euch das angeht«, antwortete sie leichthin. »Im Übrigen versteigt Ihr Euch in reine Spekulation«, setzte sie hinzu.

»Da habt Ihr recht«, erwiderte er.

Sophie vermochte seinen Gesichtsausdruck nicht zu deuten.

Inzwischen schienen die Künstler ein neues Bild vorzubereiten und sie wandte ihre Aufmerksamkeit wieder der Bühne zu. Kurz darauf hob sich der Vorhang erneut, mit einer Szene aus Schillers *Wallenstein*. Doch Sophie konnte diesmal nicht dieselbe Begeisterung für das Tableau aufbringen wie für den *Faust* vorhin. Marie von Schönfeld mimte die Thekla, der Darsteller des Faust Max Piccolomini, der ehemalige Mephisto war in die Rolle des Wallenstein geschlüpft, Valentin spielte dessen Schwager Terzky. Höflich applaudierte sie und wandte sich, als die Gäste sich erhoben, zum Gehen.

»Ein Wort noch«, Baines fasste sie sanft am Ellbogen. »Darf ich Euch später zum Tanz bitten? Natürlich nur, wenn meine Gegenwart Euch nicht gänzlich zuwider ist.«

Erstaunt sah Sophie ihn an. »Wie kommt Ihr darauf?« Sie schüttelte den Kopf. »Wir wurden einander doch gerade erst vorgestellt.«

»Ihr habt meine Frage nicht beantwortet.« Wieder brachte sein intensiver Blick ihr Blut in Wallung.

»Doch«, erwiderte sie und folgte ihrer Tante aus dem Saal, um ihr zu dem erfolgreichen Abend zu gratulieren.

»Wisst Ihr, Baines, worüber ich die ganze Zeit nachgedacht habe?«

Edward Baines wandte den Kopf. Die Fürstin stand hinter ihm, so nahe, dass er ihren Atem im Nacken spüren konnte. »Was habt Ihr nur an Euch, dass Ihr mir, obwohl Ihr augenscheinlich keinerlei Interesse an mir zeigt, einfach nicht aus dem Kopf geht?«

Er drehte sich um und fühlte, wie ihre notdürftig bedeckten Brüste seine Jacke streiften. Kurz kam er nicht umhin, sie mit einem wohlwollenden Blick zu mustern, den wiederum die Fürstin mit einem maliziösen Lächeln beantwortete. »Da ich wohl der einzige Mann sein dürfte, der Eurem legendären Charme zu widerstehen scheint, liegt es möglicherweise genau daran, Fürstin«, erwiderte er galant und bot ihr seinen Arm an. »Wisst Ihr übrigens, dass man Euch den ›nackten Engel‹ nennt?«

Amüsiert nahm er zur Kenntnis, dass sie für kurze Zeit um Fassung rang, um gleich darauf in schallendes Gelächter auszubrechen. »Ihr seid in der Tat ganz und gar unmöglich.« Sie drückte seinen Arm fest an sich, was ihr namensgebendes Dekolleté umgehend in arge Bedrängnis brachte. »Und Ihr habt keine Ahnung, wie sehr mir das gefällt«, flüsterte sie ihm zu.

Allmählich begann Sophie sich zu langweilen. War das wirklich das aufregende Leben, nach dem sie sich so gesehnt hatte? Sie blickte um sich. Ihre Tante ging völlig in der Rolle der perfekten Gastgeberin auf – das heißt, sie war überall und nirgends. Georg flirtete etwas leidenschaftslos mit seiner Soubrette. Die Bagration schien die Einzige zu sein, die das Geschehen vollauf genoss. Mit einer inzwischen beachtlichen Schar von Anhängern war sie der Mittelpunkt der Gesellschaft und unzweifelhaft die Königin des Abends. Edward Baines war nirgendwo zu sehen. Sophie vermutete ihn im Spielzimmer, wohin die Männer sich zurückzuziehen pflegten, um eine Zigarre zu rauchen und ein Glas Whisky zu trinken, während manche von ihnen, ohne mit der Wimper zu zucken, ein kleines Vermögen verloren. Wie gern wäre sie jetzt dort. Schon allein um den spannenden Gesprächen über Politik und Wirtschaft zu lauschen, statt sich, wie gerade eben, mit einer Freundin ihrer Mutter über den unschätzbaren Wert zuverlässigen Personals unterhalten zu müssen und am gezählten sechsten – und, wie sie sich vornahm, absolut letzten – Glas Mandelmilch zu nippen. Ihr Korsett kniff an allen Ecken und Enden und wies sie unbarmherzig darauf hin, dass sie das Mädchen tunlichst ignorieren sollte, das ihr ein Tablett mit köstlich nach Butter duftendem Gebäck entgegenstreckte. Vorsichtig zog sie sich aus der ohnehin verebbenden Unterhaltung mit der strengen Dame in Dunkelgrün zuerst in den Empfangsraum und dann ins Treppenhaus zurück.

Während Sophie die kühle, frische Luft in tiefen Zügen genoss, herrschte im ersten Halbstock reges Treiben. Hier, schräg unterhalb der Suite ihrer Tante, die sich über die gesamte Beletage des großzügig angelegten Prachtbaues erstreckte, lag der Dienstbotentrakt. Kutscher, Lieferanten, Zofen und Dienstmädchen liefen ein und aus, es war ein ständiges Kommen und Gehen. Als sich Sophies erhitztes Gemüt und ihre wirren Gedanken langsam beruhigt hatten, beobachtete sie das Geschehen mit wachsendem Interesse. Plötzlich sah sie Adele eng umschlungen mit einem jungen Mann die Treppen hinaufsteigen. Ihr Gesicht war gerötet, sie kamen offensichtlich von einem Spaziergang zurück. Sie küssten sich, Adele kicherte, dann blieben sie stehen. Sophie erkannte Giovanni, den italienischen Kutscher ihrer Tante. Die beiden waren so mit sich beschäftigt, dass sie Sophie erst bemerkten, als diese sich lautstark räusperte. Adele fiel vor Schreck beinahe die Stufen hinunter, Giovanni schaffte das Unmögliche, indem er gleichzeitig das Mädchen hielt, während er sich den Hut vom Kopf riss und sogar eine etwas linkische Verbeugung zuwege brachte. Sophie musterte Adele streng und überlegte eine angemessene Zurechtweisung, als sie Edward Baines' dunkle Stimme unmittelbar hinter sich hörte.

»Ihr werdet doch dem jungen Volk nicht den Spaß verderben?«

Adele riss die Augen auf und knickste so tief, wie es ihre leicht derangierte Toilette und der Treppenlauf erlaubten. Giovanni wiederum grinste breit und verbeugte sich noch einmal, diesmal – wieder ganz Herr der Lage – weniger ungeschickt.

Sophie drehte sich um und warf ihm einen finsteren Blick zu. »Und Ihr werdet mir nicht sagen, was ich zu tun habe. Was macht Ihr überhaupt hier draußen?«

»Dasselbe könnte ich Euch fragen«, entgegnete Baines unbeeindruckt. »Ich für meinen Teil gab meinem dringenden Bedürfnis nach, der dicken Luft im Herrenzimmer zu entkommen. Es wurde zu viel geraucht und viel zu viel Geld verspielt. Auf der vergeblichen Suche nach Euch bin ich nun endlich fündig geworden.«

»Ihr habt mich gesucht?«, fragte Sophie, sichtlich friedlicher gestimmt. »Und ihr bleibt gefälligst hier!«, rief sie Adele und ihrem Verehrer zu, die die Gelegenheit beim Schopf ergreifen wollten, um sich unauffällig aus der Affäre zu ziehen.

»Wartet!«, befahl sie Baines und stieg die Treppen hinunter. Sie maß Adele mit strengem Blick. »Geh nach Hause«, sagte sie. »Und zwar gleich. Alleine!«, fügte sie hinzu, als sie sah, wie Adele dem Kutscher zuzwinkerte. »Ich sage umgehend meiner Tante Bescheid, und sollte mir zu Ohren kommen, dass dein Kavalier sich noch einmal derart unschicklich in deine Nähe wagt, wirst du die Konsequenzen zu tragen haben. Hast du mich verstanden?«

Adele nickte eingeschüchtert. Sie verabschiedete sich mit einem artigen Knicks und ging. Giovanni nickte kurz – eine Verbeugung mochte seine gekränkte Männlichkeit wohl nicht zulassen – und verschwand im Dienstbotentrakt.

»Schade, dass Damen die Aufnahme beim Militär verwehrt ist. Ihr würdet einen hervorragenden Feldwebel abgeben!«, scherzte Baines.

»Es ist zu ihrem Besten«, verteidigte sich Sophie. »Der hübsche Italiener macht ihr erst schöne Augen und dann lässt er sie stehen. Im besten Fall nur mit einem gebrochenen Herzen.«

»Ihr habt aber keine besonders hohe Meinung von uns Männern.« Baines' aufmerksamer Blick strafte seinen leichtfertigen Tonfall Lügen.

»Wie kommt Ihr darauf?«, entgegnete Sophie schroff. Sein widersprüchliches Verhalten verwirrte sie. »Ich sehe es als meine Aufgabe, meine Zofe vor derlei Übergriffen zu schützen. Eure Schlussfolgerung ist erneut spekulativ, um nicht zu sagen völlig aus der Luft gegriffen.«

»Wie Ihr meint«, gab Baines friedfertig zurück.

Sophie, überrascht, dass er sich so rasch geschlagen gab, strich ihr Kleid glatt. »Dann gehe ich jetzt wieder hinein«, verkündete sie.

Unerwartet trat er einen Schritt auf sie zu, hob ihr Kinn und sah ihr tief in die Augen.

»Da seid Ihr ja«, ertönte die Stimme der Fürstin. »Ihr wart wie vom Erdboden verschluckt, Sir Baines. Das Orchester spielte vorhin den ersten Walzer. Und den habt Ihr mir versprochen, nicht wahr?« Sie lächelte schmal. »Ich bin es übrigens nicht gewohnt zu bitten«, setzte sie, deutlich schärfer, hinzu.

Baines beugte sich vor und küsste Sophie die Hand. »Verzeiht mir«, flüsterte er. Lauter fuhr er fort: »Dann erlaube ich mir, die Damen zurück in den Salon zu geleiten, bevor hier noch jemand erfriert.«

Wortlos wandte sich die Fürstin zum Gehen.

Baines reichte Sophie den Arm und stieg mit ihr die Treppen hinauf.

Im Empfangssalon bat er die Bagration um den nächsten Tanz. Sie nickte huldvoll, streifte Sophie mit einem eiskalten Blick und belohnte Baines mit einem verführerischen Lächeln. Als das Orchester prompt ein Menuett anstimmte, lichtete sich die Tanzfläche. Ein wenig schadenfroh beobachtete Sophie, wie sich die Paare gemessenen Schrittes und mit mehr oder weniger Anmut, allesamt aber völlig unambitioniert, über das Parkett bewegten. Selbst die Fürstin wirkte gelangweilt, auch wenn sie ihre hinreißende Figur gekonnt in Szene zu setzen verstand und sich nach Kräften bemühte, Baines aus der Reserve zu locken, der als perfekter Gentleman seiner Tanzpartnerin zwar seine volle Aufmerksamkeit widmete, jedoch keineswegs geneigt schien, mit ihr zu flirten.

»Nun, Schwesterchen, du wirkst sehr zufrieden.« Georg gesellte sich zu ihr.

»Das bin ich in der Tat, mein lieber Bruder«, entgegnete Sophie. »Wo ist deine Begleitung?«

»Ach, Charlotte war ein wenig verstimmt«, antwortete Georg ausweichend.

»Weil du deine Augen nicht von einer gewissen Dame wenden konntest. Habe ich recht?«

»Wer könnte dir etwas vormachen. Du bist einfach zu klug für eine Frau«, neckte ihr Bruder sie.

»Was ihr nur immer habt«, Sophie schüttelte ein wenig unwillig den Kopf. »Das war ja nicht zu übersehen.«

Auf das Menuett folgte eine Gavotte. Danach verbeugte sich Baines formvollendet und steuerte mit der Fürstin gezielt auf Sophie zu. Georg strahlte und beeilte sich, die Fürstin zum Tanz zu bitten, als die ersten Walzerklänge ertönten.

Wortlos nahm Baines Sophie in die Arme, und schon nach wenigen Schritten war klar: Dieser Mann tanzte himmlisch. Georg galt als fabelhafter Tänzer – nicht umsonst wurde er von seinen Kameraden als Walzerkönig tituliert –, und Sophie liebte es, mit ihm über das Parkett zu wirbeln. Doch in den Armen dieses Mannes glaubte sie zu schweben. Sie lehnte ihren Kopf zurück, schloss die Augen und hoffte, dass die Musik nie aufhören würde.

Nach dem dritten Walzer jedoch blieb Baines abrupt stehen. Enttäuscht öffnete Sophie die Augen. Ein heftiger Schwindel erfasste sie. Sie rang nach Luft, doch ihr enges Korsett schnürte ihr den Atem ab. Alles um sie herum begann sich zu drehen, ihre Beine gaben nach. Da hob Baines sie hoch, als wäre sie leicht wie eine Feder, und trug sie aus dem Saal. Sophie vernahm da und dort erstauntes Gemurmel. Aber es war ihr gleichgültig. Sie spürte nur die starken Arme, die sie umfingen.

Vor der Récamiere im Empfangssalon blieb er stehen. Sanft ließ er sie auf das äußerst unbequem wirkende Möbel sinken, zog einen Stuhl heran und nahm neben ihr Platz. Er ergriff ihre Hand und führte sie an seine Lippen. »Bitte verzeiht mir, ich habe Euch über die Gebühr beansprucht. Doch ich habe diesen Tanz noch nie so genossen«, murmelte er. Er musterte sie besorgt.

Sophie lächelte schwach. »Dann ging es Euch wie mir.« Sein Blick traf sie mitten ins Herz.

In diesem Augenblick trat Georg mit der Fürstin am Arm auf sie zu. »Was treibst du denn, Schwesterchen? Das war ja ein äußerst spektakulärer Auftritt. Beinahe habe ich mir Sorgen um dich gemacht«, neckte er sie.

»Nun, jeder kämpft mit seinen Waffen«, bemerkte die Fürstin spitz.

Das war zu viel. Sophie hatte endgültig genug. »Würdest du mich bitte nach Hause bringen?«, bat sie ihren Bruder.

Georg sah sie überrascht an.

Bevor er etwas erwidern konnte, legte die Fürstin in einer besitzergreifenden Geste die Hand auf Baines' Schulter. »Jetzt könnt Ihr die Gute getrost der Obhut ihres Bruders überlassen, mein lieber Baines. Ihr seid mir ohnehin noch einen Walzer schuldig. Ich kann Euch sagen, mich zwingt Ihr nicht so schnell in die Knie.«

Sophie ignorierte diese taktlose Bemerkung und lächelte Baines zu. »Danke, dass Ihr Euch um mich gekümmert habt. Ich denke, ich sollte jetzt gehen.« Langsam stand sie auf. Der Boden um sie herum schien zu schwanken, doch entschlossen straffte sie ihre Schultern, hob den Kopf und nickte Baines zu. Sie ergriff Georgs Arm und verließ den Saal, ohne die Fürstin auch nur eines Blickes zu würdigen.

»Du hast dir soeben eine mächtige Feindin gemacht, Schwesterherz«, bemerkte Georg besorgt. »Ich hoffe, er ist es wert.«

»Ich weiß nicht, was du meinst, Georg«, erwiderte Sophie kühl. »Ich habe nur zu lange Walzer getanzt.«

Schweigend fuhren sie in Louises Kutsche nach Hause.

❧

Katharina Pawlowna Bagration stand, einen Briefumschlag in der Hand, am Fenster ihres Boudoirs und starrte in den nebelgrauen Tag. Sie war, wie meistens des Morgens, schlecht gelaunt. Heute aber besonders. Dieses kleine Biest. Sah mit ihren großen blauen Augen in die Welt, als könnte sie kein Wässerchen trüben, und fischte dabei ungerührt in ihren Gewässern. Edward

Baines. Katharina lachte bitter auf. Was für eine Farce. Sie wusste genau, wer er war und welches Geheimnis er hinter dieser lächerlichen Fassade verbarg. Und genau deshalb begehrte sie ihn mehr als jeden anderen Mann auf diesem Jahrmarkt der Eitelkeiten.

Achtlos legte sie den Brief auf ihren Schminktisch. Alexander wünschte sie zu sehen. Schon jetzt wusste sie, was er von ihr wollte. Nicht das, was die meisten Delegierten auf diesem bisher weitgehend erfolglosen Kongress hinter vorgehaltener Hand munkelten. Sie war nicht seine Mätresse. Natürlich hatten sie sich das eine oder andere Mal miteinander vergnügt, doch verband sie deutlich mehr mit dem launischen und verwöhnten russischen Zaren. Wie immer, wenn er nicht bekam, was ihm seiner Meinung nach zustand, war er empört und schickte sie aus, um seine Verbündeten günstig zu stimmen und seine Gegner auszuhorchen. Auf einem der vielen Bälle oder zahllosen Diners, manchmal auch auf wesentlich intimeren Schauplätzen, vorzugsweise – ihre Hand glitt über die zerknitterten Laken – hier, nach einem ihrer beliebten Empfänge, die mittlerweile einen sehr eindeutigen Ruf genossen. Das, und nicht ihre Liaison mit dem Zaren, war der Grund dafür, dass Alexander ihren feudalen Lebensstil, der ihre eigenen Mittel bei Weitem überschritt, großzügig unterstützte.

Und jetzt dieser seit Wochen andauernde Streit in der leidigen Polenfrage. Katharina seufzte. Stunden hatte sie mit Alexander verbracht, um zwischen ihm und Metternich zu vermitteln – ohne Erfolg. Auch was Sachsen betraf, war noch lange keine Einigung in Sicht. Abgesehen davon, dass es ihr im letzten Moment wenigstens gelungen war, Alexander davon abzubringen, Metternich zum Duell zu fordern, hatten ihre Bemühungen bisher wenig Erfolg gezeitigt. Nicht besonders förderlich war dabei sicher die Rolle ihrer Nachfolgerin, Wilhelmine von Sagan. Katharina verzog das Gesicht. Auch sie war längst Alexanders Leidenschaft erlegen und zog sein Bett dem Metternichs mittlerweile vor. Dass dieser Verbindung eine raffinierte Erpressung vorausgegangen war – Wilhelmine hing, wie Katharina angenommen hatte, sehr an ihren russischen Besitzungen –, machte die Sache besonders pikant. Eine brillante Idee, Katharina war immer noch stolz auf sich.

Wieder schweiften ihre Gedanken zurück zu dem vergangenen Abend. Unfassbar, Baines hatte bereits so gut wie angebissen, als dieses unscheinbare Wesen auf der Bildfläche erschien. Was Edward an dem Mauerblümchen fand, war ihr ein Rätsel. Und dann die vorgetäuschte Ohnmacht. Derlei billige Tricks wendeten nicht einmal mehr Gouvernanten an. Doch sie wusste, was zu tun war.

Entschlossen klingelte sie nach ihrer Zofe. Der junge Offizier, der vorteilhafterweise der Bruder dieser lästigen Person war, würde nicht nur einen amüsanten, sondern obendrein recht passablen Liebhaber abgeben. Auch wenn sie ursprünglich eine Fortsetzung dieses unbedeutenden Flirts nicht vorgesehen hatte, kam ihr der verliebte Oberleutnant jetzt durchaus gelegen. Er würde einen willigen Postillion abgeben. Informationen und Gerüchte waren ihr Geschäft – das Komtesserl hatte sich eindeutig mit der Falschen angelegt. Sie würde Edward nicht kriegen. Koste es, was es wolle.

Sophie wusste nichts mit sich anzufangen. Seit dem frühen Morgen zog sie rastlos durch das Haus, rückte hier ein Bild gerade, verschob dort eine Figurette oder begann in einem Buch zu blättern, um es wenig später zerstreut wegzulegen. Jetzt stand sie vor dem Spiegel im grünen Salon und spielte gedankenverloren mit einer Haarsträhne, als ihre Zofe plötzlich vor ihr stand.

Sophie zuckte zusammen. »Mein Gott, hast du mich erschreckt.«

Adele senkte den Kopf. »Verzeiht, Komtesse.«

»Was willst du?« Sophies Tonfall klang schärfer, als beabsichtigt. Was war heute bloß mit ihr los? Sophie erkannte sich selbst nicht wieder. Zu allem Überfluss sah sie auch noch eine Träne über Adeles Wange laufen. Sophie atmete tief durch. »Aber was hast du denn?«, fragte sie ihre Zofe, schon sehr viel freundlicher.

Zögernd streckte Adele ihre Hand vor. »Sucht Ihr dieses Buch? Ihr habt es im Ankleidezimmer vergessen.«

Sophie unterdrückte ein Lächeln. »Deshalb weinst du doch nicht, oder?«

Ein tiefer Seufzer entrang sich Adeles Brust. Sie schüttelte den Kopf.

»Willst du mir nicht erzählen, was dich bedrückt?«

Schweigend sah Adele sie an, tiefe Trauer spiegelte sich in ihren dunklen Augen. Entweder ist das Mädchen eine grandiose Schauspielerin oder sie hat wirklich Kummer, dachte Sophie und übte sich in Geduld, obwohl ihr das gerade heute besonders schwerfiel.

»Also«, sie zog ihre Zofe zu dem tiefen Sofa an der Wand neben dem Kachelofen und zwang sie, neben sich Platz zu nehmen, »was ist los?«

Noch einmal seufzte Adele tief, dann gab sie sich einen Ruck. »Ich liebe Giovanni«, stieß sie hervor. »Und ich darf ihn nie wiedersehen, habt Ihr gesagt.«

Ach du meine Güte, Sophie stöhnte auf. Nicht genug, dass sie nicht wusste, wie sie ihr eigenes in Aufruhr geratenes Herz beruhigen sollte. Jetzt saß auch noch die Kleine neben ihr wie ein Häufchen Elend und hatte Liebeskummer. Am liebsten wäre sie in die Bibliothek ihres Vaters geflüchtet, um sich der schwierigen Übersetzung von Sallusts *De bello Iugurthino* zu widmen. Das funktionierte prächtig bei Gefühlswallungen jeder Art, reinigte den Kopf und beruhigte die Nerven. Sie bezweifelte allerdings, dass es im Moment das Mittel der Wahl war, denn Adele begann herzzerreißend zu schluchzen.

»Was ist denn hier los?«

Sophie fiel ein Stein vom Herzen, als ihre Mutter den Salon betrat. Mama wusste immer Rat. Kurz brachte sie die missliche Lage ihrer Zofe auf den Punkt:

»Adele hat sich in Tante Louises Kutscher Giovanni verliebt. Doch der ist ein Schürzenjäger und würde sie nur unglücklich machen. Deshalb habe ich ihr gestern jeden Kontakt zu ihm untersagt.«

Die trockene Darstellung des Sachverhalts schien Adele auf wundersame Weise zu beruhigen, denn sie hörte zu Sophies großer Erleichterung plötzlich auf zu schluchzen.

Mathilde setzte sich neben die beiden jungen Damen. Es folgte eine lange Pause. Adele war die ganze Szenerie spürbar unangenehm, Sophie unterdrückte ihr starkes Bedürfnis, den Raum umgehend zu verlassen, um sich etwas Vernünftigem zu widmen, weiterhin nur mit größter Mühe und ihre Mutter rang sichtlich nach den passenden Worten.

Mathilde räusperte sich. Erwartungsvoll sahen Sophie und Adele sie an. Es folgte wiederum eine ratlose Pause, die Mathilde zu überbrücken versuchte, indem sie aufstand und im Salon auf und ab ging. »Das Zimmermädchen sollte die Bilderrahmen abstauben«, bemerkte sie.

Adele nickte. »Ich werde es ihr sagen.« Sie stand auf und knickste, dankbar, eine Möglichkeit gefunden zu haben, der peinlichen Situation zu entkommen. »Dann gehe ich wieder an meine Arbeit, wenn es Frau Gräfin recht ist. Und Euch, Komtesse«, fügte sie mit einem raschen Seitenblick auf Sophie hinzu.

Doch das passte Sophie ganz und gar nicht. So einfach kam Adele nicht davon. »Mama, nun sagt doch etwas!«, rief sie leicht verärgert aus. »Wir können nicht einfach zusehen, wie unsere Zofe sich leichtfertig in ein amouröses Abenteuer mit diesem unsoliden Italiener stürzt.«

»Aber ich liebe ihn. Und Ihr könnt mir nicht verbieten, ihn zu sehen«, platzte Adele heraus.

Mathilde maßregelte das unpassende Benehmen der Zofe mit ihrem strengsten Blick, Adele lief puterrot an.

»Adele, setz dich!«, befahl Mathilde.

Kleinlaut nahm das Mädchen neben Sophie Platz. Allerdings in gebührendem Abstand und nicht ohne ihr einen scheuen Seitenblick zuzuwerfen.

Mathilde schien jetzt ganz in ihrem Element zu sein. »Du hast recht, Sophie. Allerdings wird es uns nicht möglich sein, Adele den Umgang mit diesem Kutscher zu verbieten. Wir können sie schließlich nicht einsperren.«

Sophie nickte. So lebensfremd ihre Mutter oft wirkte, legte sie doch in vielen Dingen – vor allem was Fragen der Etikette und Gefühlsbelange betraf – eine erstaunlich pragmatische Denkweise an den Tag.

Adele sah sie erwartungsvoll an.

»Mein Kind«, Mathilde schritt vor dem Sofa auf und ab, »du musst wissen, dass dir aus deiner gesellschaftlichen Stellung heraus gewisse Möglichkeiten erwachsen.«

Adele sah drein wie ein einziges Fragezeichen.

»Du bist Zofe in einem gräflichen Haushalt«, erklärte Mathilde geduldig, »und schon bald in heiratsfähigem Alter. Du solltest dich mit einem Mann über deinem eigenen Stand verbinden. Mit einem soliden Handwerker, einem Beamten oder einem Kaufmann. Du möchtest doch eine Familie, Kinder, einen Mann, ein eigenes kleines Zuhause.« Mathilde warf Adele einen prüfenden Blick zu.

»Ich weiß nicht«, erwiderte Adele achselzuckend.

»Wie auch immer.« Mathilde ging großzügig über diesen Einwurf hinweg. »Ein Kutscher hat dir nichts zu bieten – außer vielleicht eine flüchtige Romanze. Nicht auszudenken, wenn aus dieser unpassenden Verbindung ...« Sie machte eine theatralische Pause. »Wir könnten dich nicht länger bei uns behalten, wie du dir vorstellen kannst. Und dein Liebhaber? Er könnte dir nicht helfen, selbst wenn er wollte. Wovon würdet ihr leben?«

»Aber ...«, warf Adele vorsichtig ein.

Mathilde schnitt ihr sofort das Wort ab. »Kein Aber! Es mag durchaus sein, dass du jetzt noch nicht so weit denkst. Oder glaubst du, dass alles möglich ist, solange man nur verliebt ist? Doch Männer, vor allem dieses Standes und in jungen Jahren, handeln ohne jedes Verantwortungsgefühl. Ich rate dir also dringend, diesem Francesco –«

»Giovanni«, unterbrach Sophie sie.

»... oder wie immer er heißt, nicht weiter schöne Augen zu machen. Du hast ein hübsches Gesicht, es wird dir nicht schwerfallen, einen passenderen Verehrer zu finden.«

Adele senkte den Kopf und schwieg.

»Schau Mädchen«, tröstete sie Mathilde, »es ist ausschließlich zu deinem Besten. Wir meinen es nur gut mit dir.«

Die Zofe schien das durchaus anders zu sehen. Ihre

Lippen bildeten eine feine Linie und sie wagte es nicht, Mathilde ins Gesicht zu sehen. Zögernd stand sie auf, unsicher, was sie tun sollte.

»Darf ich jetzt gehen, Frau Gräfin? Ich würde gern meine Arbeit weitermachen.«

Mathilde seufzte. »Ist gut, du kannst gehen.«

Blitzschnell verließ Adele das Zimmer und stieß dabei auf Fanny, die hinter der Tür stand.

»Fanny, mein Kind.« Mathilde trat überrascht auf sie zu. »Ich hab dich gar nicht gesehen. Seit wann stehst du da?«

»Schon lange«, antwortete Fanny grinsend.

»Aber Fanny«, rügte Mathilde ihre Jüngste entrüstet. »Es ist unschicklich, Erwachsene bei ihren Gesprächen zu belauschen.«

»Wieso?«, entgegnete Fanny spitz. »Die Tür stand doch offen.«

»Fanny!«, fiel nun auch Sophie ein. »Sei gefälligst nicht so frech!«

»Ach, hört auf, mich wie ein kleines Kind zu behandeln«, protestierte Fanny empört. »Außerdem wollte ich euch nur sagen, dass Elisabeth bald kommen und mich abholen wird. Sie hat mich zum Mittagessen eingeladen.« Fanny wandte sich zum Gehen.

Mathilde fasste sie an der Schulter. »Hiergeblieben, kleine Dame. Wenn du dich so benimmst, werde ich mir sehr genau überlegen, ob ich das gestatte.« Sie zog erzürnt die Augenbrauen zusammen. »Ich weiß nicht, Kind … Du hast dich sehr verändert in letzter Zeit. Das gefällt mir gar nicht. Ganz und gar nicht. Vielleicht ist Elisabeth doch nicht der richtige Umgang für dich.«

Fannys Gesicht färbte sich puterrot. Wütend stampfte sie auf. »Doch, das ist sie. Sie versteht mich wenigstens – im Gegensatz zu Euch.«

Empört schnappte Mathilde nach Luft. »Nun, in diesem Fall werde ich ihr wohl sagen müssen, dass du unpässlich bist.«

»Das könnt Ihr nicht machen!«, rief Fanny aus. Jetzt war ihr klar, dass sie zu weit gegangen war. »Bitte, Mama, verzeiht mir. Ich werde mich bessern. Aber tut mir das nicht an. Ich habe mich schon so darauf gefreut.« Fanny drehte Mathilde ihr Gesicht zu. Ihre Augen schwammen in Tränen.

»Mama!«, mahnte Sophie. Sie hatte bemerkt, dass ihre Mutter beim Anblick von Fannys Tränen weich zu werden drohte. Doch Sophie war nicht bereit, Fannys schlechtes Benehmen zu pardonieren. »Fanny, du gehst sofort auf dein Zimmer!«, befahl sie.

»Du hast mir gar nichts zu sagen!«, erwiderte Fanny erbost, ihren wirkungsvollen Tränenausbruch damit Lügen strafend. Ein schwerer Fehler, der ihre Mutter unvermittelt wieder auf den Boden der Realität brachte. »Deine Schwester hat vollkommen recht. Du gehst jetzt auf dein Zimmer, und dort bleibst du. Stubenarrest, bis auf Weiteres. Hast du mich verstanden?«

Zornig starrte Fanny von einer zur anderen. Da erkannte sie, dass sie verloren hatte. Theatralisch aufschluchzend rannte sie auf ihr Zimmer und schlug die Tür hinter sich zu.

Mathilde sah ihr ratlos hinterher. »Was ist bloß in sie gefahren?« Sie schüttelte den Kopf. »Ich werde ein ernstes Wort mit Baronin von Altenburg sprechen müssen.« Damit ließ sie Sophie stehen.

Sophie seufzte. Zuerst Adele, dann Fanny. Dazu noch ihre eigenen verwirrenden Gefühle. Sie musste hier weg. Sie ahnte, dass es nur einem Menschen gelingen würde, ihre emotionalen Wogen zu glätten. »Mama!«, rief sie.

Ihre Mutter drehte sich zu ihr um.

»Ich werde Tante Louise besuchen. Es ist schönes Wetter, und ich würde gerne zu ihr hinausfahren.«

»Bist du sicher, dass sie nicht in der Stadt ist?«, fragte Mathilde.

»Ganz sicher, sie fährt nach ihrem Salon immer aufs Land«, antwortete Sophie. »Du weißt doch, die Unordnung und ihre Nerven …«

Sofort machte sie sich auf die Suche nach Josef und bat ihn anzuspannen. In der Zwischenzeit holte sie Dorothea, die sich bereits auf ein ordentliches Mittagessen mit dem obligaten Verdauungsschläfchen eingestellt hatte und, äußerst ungnädig, nur unter Inaussichtstellung eines großen Stücks von Louises legendärem Kuchen zu diesem spontanen Aufbruch zu bewegen war.

Abgesehen davon, dass ihr eine Flucht als der einzig passable Ausweg aus diesem um sich greifenden emotionalen Aufruhr erschien, konnte Sophie es kaum erwarten, den gestrigen Abend mit ihrer Tante ausgiebig zu beplaudern. Louise versorgte sie immer gern mit aktuellem Klatsch und Tratsch. Und diesmal würde sie sogar mitreden können.

Als der prunkvolle Hofwagen an ihrem Landauer vorbei die Einfahrt zum Palais passierte, vermutete sie ihren Vater als Fahrgast, der, wie es selten, aber doch hin und wieder vorkam, auf dem Weg zu einer offiziellen Verpflichtung die Gelegenheit nutzte, das Mittagessen zu Hause einzunehmen. Sie sollte sich irren.

∽◎∾

Das opulente Mittagsmahl bei ihrer Tante trug ebenso wie das angeregte Gespräch während des darauffolgenden ausgiebigen Spaziergangs dazu bei, Sophies Nerven zu beruhigen. Auch wenn Louise sie wiederholt vor Baines warnte, konnte sie nicht umhin, anerkennend zu bemerken, dass es ihr trotz der unglücklichen Wahl ihrer Toilette und ihres absolut undamenhaften Benehmens gelungen war, ihn ganz offensichtlich zu beeindrucken. Und sogar der Bagration den Rang abzulaufen. Zumindest für diesen Abend, wie sie mit einer hochgezogenen Augenbraue hinzufügte.

»Er hat sich fast unmittelbar nach deinem Aufbruch verabschiedet. Aber, Kind, ist dir klar, worauf du dich da einlässt?« Sie betrachtete ihre trotzig schweigende Nichte aufmerksam, dann lächelte sie. »Nun, zweifellos sind wir gleichen Blutes«, bemerkte sie, und der Stolz in ihrer Stimme war nicht zu überhören.

Auf dem Heimweg fiel Sophie, begleitet von Dorotheas sonoren Schnarchgeräuschen, in einen friedlichen Schlummer. Sie fühlte sich angenehm erfrischt, als sie zu Hause ankam. Doch ihr neu erworbener Seelenfrieden wankte, als ihre Mutter sie mit undurchdringlicher Miene empfing. Das hatte nichts Gutes zu bedeuten. Mathilde forderte Sophie auf, ihr unverzüglich in ihre Gemächer zu folgen. Was nun kam, war eine Moralpredigt – die zweite an diesem Tag –, wie Georg sie bereits des Öfteren, Sophie aber noch nie zu hören bekommen hatte. Langsam versuchte sie sich auf die höchst leidenschaftlich vorgetragenen »Grundregeln von Sitte und Anstand«, wie ihre Mutter wiederholt betonte, einen Reim zu machen. Erst als ihre Mutter sich einigermaßen beruhigt hatte, drang Sophie zum eigentlichen Stein des Anstoßes vor. Und der ließ ihr Herz höherschlagen.

Nicht ihr Vater war es nämlich gewesen, der dem Hofwagen am späten Vormittag entstiegen war, sondern Edward Baines. Er wollte Sophie seine Aufwartung machen. Und nicht nur das. Er habe es sogar gewagt, sie zu dem am heutigen Abend stattfindenden Maskenball im Stadtpalais des Fürsten Metternich einzuladen. Eine Tatsache, die ihre Mutter ganz besonders empörte. »Das sind doch keine Manieren. Man bittet eine Dame von gräflichem Stand nicht ein paar Stunden vorher zu einem Ball wie eine gewöhnliche …« Mathilde fehlten die Worte. Ihre Entrüstung wurde durch die Tatsache, dass Sophie über das ganze Gesicht strahlte, nicht gemildert. Im Gegenteil. »Du wirst doch nicht etwa darüber erfreut sein, dass dieser Mann, dessen Karte ihn als Herumreisenden ohne festen Wohnsitz ausweist –«

»Er ist von Stand, Mama, und Wissenschaftler«, warf Sophie ein, goss damit aber nur noch mehr Öl ins Feuer.

»Jetzt verteidigst du ihn auch noch? Dieser Herr – nun, er sieht recht passabel aus und war auch ausnehmend gut gekleidet ...« Mathilde schien den Faden zu verlieren, fuhr aber rasch fort: »Das gibt ihm jedoch noch lange nicht das Recht, dir auf diese billige Weise den Hof zu machen, obwohl du im Rang so weit über ihm stehst.«

»Ach, Mama.« Sophie versuchte sie zu besänftigen. »Ihr sagtet selbst, ich solle neuen Mut fassen und mich ein wenig umsehen.«

»Aber, Sophie, du warst einem Prinzen versprochen! Dieser Maines oder wie auch immer er heißt –«

»Er heißt Baines, Sir Edward Baines«, kam Sophie ihr zu Hilfe.

»Also dieser Baines ist nicht die passende Partie für dich.« Damit schien ihre Mutter alles gesagt zu haben und verfiel in düsteres Schweigen.

Sophie wusste, dass jede Widerrede zwecklos war. Sie seufzte. »Ist das Euer letztes Wort, Mama?«

»Ja, das ist es.« Mathilde war nicht geneigt, das Gespräch weiterzuführen.

»Dann entschuldigt mich bitte, ich würde mich gern zurückziehen.«

Mathilde nickte stumm. Sophie stand auf und versuchte, zum zweiten Mal an diesem Tag, Ordnung in ihre Gedanken zu bringen.

∼⁕∼

Die Welt drehte sich. Nur ihre eigene nicht. Während Sophie sich in den geräumigen Lehnstuhl ihres Vaters kuschelte, sah sie zu, wie der Globus wieder und wieder um seine eigene Achse rotierte. Eine Woche war seit Louises Salon vergangen, und sie konnte Edward Baines nicht vergessen. Unzählige Male war sie jedes Detail des Abends in Gedanken durchgegangen, hatte sie die Magie ihrer Begegnung in ihr Gedächtnis gerufen, in der Hoffnung, dass sich der Zauber verflüchtigen, ihr Herz beim Gedanken an ihn irgendwann ruhig weiterschlagen würde, statt in wilden Galopp zu verfallen. Sie musste ihn vergessen. Doch langsam wich ihr eifriges Bemühen, ihn aus ihrem Leben hinauszudenken, der nüchternen Erkenntnis, dass ihr das nicht gelingen würde. Im Gegenteil. Mit jedem Tag wurde es schwieriger. Sophie seufzte tief. Wenn sie nur mit jemandem darüber sprechen könnte. Ihre Mutter hatte ihren Standpunkt klar dargelegt. Und selbst Louise hatte offensichtlich ihre Vorbehalte. Dumpf brütete sie vor sich hin, als plötzlich die Tür ruckartig aufgestoßen wurde.

»Na, Schwesterherz, wieder einmal im Exil? Schmiedest du Reisepläne?« Erschrocken sprang sie auf. Georg machte einen Satz auf sie zu, umarmte sie und wirbelte sie herum.

»Du liebe Güte, Georg«, rief sie, »hast du mich erschreckt!« Lachend stellte er sie auf die Füße. Sie musterte ihn misstrauisch: »Warum bist du so unverschämt gut gelaunt?«

»Warum schaust du drein wie zehn Tage Regenwetter? Schwesterchen, das Leben ist schön.«

»Und was, mein lieber Bruder, bringt dich zu dieser allen Regeln der Vernunft widersprechenden Erkenntnis?«, seufzte sie.

»Ach, sei kein solcher Miesepeter. Frag mich einfach, wie der Maskenball im Palais unseres Ministers war.«

Sophie hob den Kopf.

»Dein Kavalier war nämlich auch da. Und vielleicht möchtest du wissen, ob er eine neue Herzdame gefunden hat?«

Ihr Puls begann zu rasen. »Warum sollte mich das interessieren?« Sie versuchte gelangweilt dreinzuschauen.

»Mir kannst du nichts vorspielen.« Georg tätschelte ihre Wange. »Ich hab dich mit meinem lieben Freund Ludwig erlebt. Und ich kann dir nur sagen: Ihn hast du nie so angehimmelt wie diesen Beau Baines.«

»Er ist kein Beau!«, widersprach sie heftig und hätte sich am liebsten auf die Zunge gebissen.

»Ha! Ich wusste es! Meine vernünftige Schwester hat es endlich so richtig erwischt.« Georg grinste schadenfroh. »Wurde aber auch Zeit. Ich dachte schon, du wärst kalt wie eine Hundeschnauze.«

Sophie schossen Tränen in die Augen. »Was ihr nur alle glaubt«, schluchzte sie.

»Aber, aber.« Georg nahm sie in die Arme. »Davon geht die Welt nicht unter. Ist doch gut, dass du auch einmal menschliche Regungen zeigst. Ich mag dich auf jeden Fall so viel lieber.«

Jetzt, da sie angefangen hatte, konnte Sophie nicht mehr aufhören zu weinen.

Geduldig hielt Georg sie fest und reichte ihr ein Taschentuch. »Ich kann dich beruhigen. Die Damen umschwärmten Baines den ganzen Abend wie die Motten das Licht. Mit Ausnahme der Fürstin Bagration«, fügte er mit einem selbstgefälligen Lächeln hinzu. »Die hatte ich ganz und gar für mich.« Er räusperte sich. »Und wenn ich sage ganz und gar, dann meine ich ganz und gar.«

Sophie putzte sich geräuschvoll die Nase. »Und er?«

»Er schien sich zu langweilen. Obwohl derzeit die schönsten Frauen der Welt in Wien versammelt sind – und alle, wirklich alle dem Ruf des Fürsten gefolgt waren.«

»Tatsächlich?« Sophie errötete leicht. »Und die Bagration, was empfindest du für sie?«

Georg verzog das Gesicht und richtete den Blick gen Himmel. »Ich gedenke natürlich sie in Kürze zu ehelichen. Sie ist einfach himmlisch, ein Gedicht. Süß wie eine Rose – oder ein Veilchendessert.«

Sophie betrachtete ihn stirnrunzelnd, dann lächelte sie unter Tränen. »Ja, verspotte mich nur! Aber ich bin nicht so naiv, wie du glaubst.«

Er legte den Kopf schief. »Das habe ich auch nie behauptet, meine liebe Sophie. Du denkst zu viel.

Und das macht den Menschen in den seltensten Fällen glücklich.«

Sophie verzog das Gesicht. »Das Gegenteil aber auch nicht.«

»Sie hat sich sogar nach dir erkundigt«, erwiderte er ungerührt.

»Wie meinst du das?«, fragte Sophie.

Georg überlegte kurz. »Die Fürstin wollte alles Mögliche über unsere Familie wissen, unter anderem auch, ob du jemandem versprochen bist, da du ja längst das heiratsfähige Alter erreicht hast.«

»Wie reizend«, bemerkte Sophie trocken.

Georg ließ sich nicht beirren. »Ich habe ihr von dir und Ludwig erzählt und davon, dass er wahrscheinlich bei Leipzig gefallen ist. Das hat sie besonders interessiert.«

»Warum das?« Sophie konnte sich keinen rechten Reim darauf machen.

»Ich fand es auch seltsam«, antwortete Georg. »Aber man redet viel Unsinn, wenn man danach so richtig entspannt ist.«

Sophie errötete. »Das ist mehr Information, als ich gebraucht hätte, mein Lieber.«

»Entschuldige, wie konnte ich das nur vergessen. Ludwig hat es erwähnt und sich des Öfteren ...« Georg unterbrach sich. »Nun, das wäre eindeutig wieder zu viel Information.«

»Was hat Ludwig des Öfteren?«, hakte Sophie nach.

»Des Öfteren ist wohl übertrieben«, lenkte Georg gedehnt ein.

Sophie forderte ihn auf, weiterzusprechen.

»Nun ja«, stotterte Georg, »Ja! Er hat sich beschwert. Ein Mal. Und da hatte er zu viel getrunken. Er hätte halt gerne …« Er gab sich einen Ruck. »Du warst nicht besonders entgegenkommend. Und das hat ihn nach der langen Verlobungszeit schon ein wenig gestört.«

Sophie schüttelte empört den Kopf. »Eine Frau soll gefügig, aber gleichzeitig stolz sein, ehrlich, aber diplomatisch, tugendhaft, aber freigiebig. Wie soll das funktionieren? Würdet ihr Männer euch bitte endlich entscheiden? Oder noch besser, uns so nehmen, wie wir sind!«

»Meine Schwester, der Blaustrumpf«, spottete Georg. »Solltest du in naher Zukunft vorhaben, dich zu binden, wäre ich an deiner Stelle mit derlei Äußerungen sehr vorsichtig. Du verschreckst den Beau, bevor du ihn an der Angel hast.«

»Er ist kein Beau«, begehrte Sophie auf.

»Das sagtest du bereits«, grinste Georg. »Er scheint ja gewaltig in deinem klugen Kopf herumzuspuken.«

Sophie seufzte tief. »Aber alle sind dagegen. Mama und selbst Tante Louise.«

»Ach Unsinn«, widersprach Georg. »Lass dich nicht entmutigen. Wenn du ihn wirklich willst, kriegen wir das schon hin!« Georg gab ihr einen Kuss auf die Wange. »Ich werde meine Fühler ausstrecken. Wäre doch gelacht, wenn meine guten Kontakte nicht einmal zu etwas Nutze wären.«

»Da ist allerdings noch etwas«, warf Sophie mutlos ein. »In drei Tagen reist er ab.«

Georg stieß einen Pfiff aus. »Das, Schwesterherz, ist allerdings ein echtes Problem.«

Sie schwiegen eine Weile. Plötzlich hörten sie die aufgeregte Stimme ihrer Mutter. »Sophie? Georg?«

»Da sind sie!«, rief Fanny, die ihre Geschwister im Arbeitszimmer ihres Vaters entdeckt hatte. »Schnell, kommt! Vater wird gleich da sein – und einen Gast zum Abendessen mitbringen«, verkündete sie atemlos.

Es kam in letzter Zeit selten vor, dass ihr Vater rechtzeitig vor dem Essen zu Hause war, noch seltener aber brachte er einen Gast mit.

Völlig außer Atem trat Mathilde in die Bibliothek. »Er hat erst vor zwei Stunden eine Depesche geschickt. Was für ein Chaos. Die Köchin ist ganz außer sich. Sie müssen jeden Augenblick kommen. Sophie«, sie warf einen kritischen Blick auf ihre Tochter, »ich bitte dich, zieh dir etwas Gefälligeres an. Du siehst aus wie eine Nonne.«

Hatte sie das nicht schon einmal gehört? Sophie schüttelte verärgert den Kopf. So unterschiedlich die beiden Schwestern auch waren, Mama und Tante Louise hatten doch einiges gemeinsam.

Fanny tänzelte aufgeregt um sie herum. »Hast du das schon gesehen, Sophie? Elisabeth hat es für mich machen lassen.«

Sophie sah ihre Mutter fragend an. Fannys neues rosa Kleid sah tatsächlich entzückend an ihr aus, doch war der Ausschnitt für ein junges Mädchen eindeutig zu gewagt. Mama schien daran allerdings ebenso wenig

Anstoß zu nehmen wie an der Tatsache, dass Elisabeth Kleidung für Fanny bezahlte. Überhaupt schien Mathilde seit ihrer klärenden Aussprache Baronin Altenburg noch stärker zugetan zu sein als vorher. Sie hatte geradezu von ihr geschwärmt. Wie sehr sie in der Lage sei, sich in die Gefühlswelt ihrer Jüngsten hineinzuversetzen. Und, ja, Fanny sei bei ihr in der Tat sehr gut aufgehoben. Fanny selbst benahm sich seit ihrem Stubenarrest wahrhaft mustergültig.

»Fanny, so darfst du das nicht sagen. Das wäre überaus unpassend«, rügte Mathilde in diesem Moment ihre Tochter. Zu Sophie gewandt fuhr sie erklärend fort: »Die Baronin hat Fanny selbstverständlich nur zu meiner Schneiderin begleitet. Ich dachte, sie ist in modischen Belangen eine bessere Beraterin als ich. Und das Kleid ist tatsächlich ganz allerliebst geworden. Fanny ist jetzt eine junge Dame. Du solltest sie dir zum Vorbild nehmen, Sophie, und deine Weiblichkeit ruhig ein wenig unterstreichen.«

Das saß. Grollend zog sich Sophie in ihr Ankleidezimmer zurück. Sich ein Beispiel an ihrer kleinen Schwester zu nehmen! So weit kam es noch. Heute Abend würde sie sich garantiert nicht kleiden wie eine Nonne.

Fanny hingegen strahlte wie ein frisch gestrichenes Schaukelpferd. Sie sonnte sich unter den anerkennenden Blicken ihrer Mutter. Endlich hatte sie erreicht, wonach sie sich so sehr verzehrt hatte – Sophie zu übertrumpfen. Nie hatte sie geglaubt, dass ihr das gelingen könnte. Dabei war es so einfach. Sie streckte ihren

Rücken durch und zupfte ihren Ausschnitt zurecht. Wohlgefällig musterte sie die Rundungen ihrer kleinen Halbkugeln. Wenn Mama wüsste …

～ॐ〜

Etwas Rot noch auf Wangen und Lippen – und die kostbare Haarspange. Mit ein paar geübten Handgriffen steckte Sophie die glitzernde Brosche am Hinterkopf fest. Für eine komplizierte Frisur blieb keine Zeit, aber ihr helles Haar war frisch gebürstet und glänzte im Licht wie poliertes Messing. Sie trat zurück und betrachtete sich im Spiegel. Der Ausschnitt ihres hellgrünen Kleides war nicht so gewagt wie Fannys Dekolleté, aber er präsentierte auf, wenn auch dezentere, so doch äußerst verlockende Weise ihre um einiges volleren Brüste und die wohlgerundeten Schultern. Kleine Puffärmel und die mit cremefarbener Spitze besetzten Biesen des Oberteils betonten den äußerst femininen Charakter des Kleides, das, unter der Brust kunstvoll gerafft, locker über ihre schmalen Hüften bis zu den Knöcheln fiel. Farblich perfekt darauf abgestimmt lenkten die lindgrünen, mit kleinen Maschen besetzten Seidenschuhe den Blick auf Sophies zarte Fesseln.

Während sie durchaus zufrieden ihr Spiegelbild betrachtete, platzte Fanny ins Zimmer. »Schön siehst du aus!« Sie warf sich aufs Sofa, musterte ihre Schwester und grinste breit. Ihre Wangen waren gerötet, ihre Augen glänzten.

Sophie drehte sich zu ihr um: »Und du tätest gut daran, Mama nicht immer wieder zu reizen. Sie hat sich schon Sorgen um dich gemacht.«

»Weiß ich.« Fanny nickte. »Aber ich bin jetzt eh brav.« Sie sprang auf. »Ich soll dich holen, Papa ist da. Also komm, lass uns hinuntergehen. Ich hab einen Bärenhunger.«

Als sie den Speisesalon betraten, spürte Sophie, dass etwas nicht stimmte. Papa legte seinem Gast, der ihr den Rücken zuwandte, gerade die Hand auf die Schulter. Er war, soviel konnte Sophie auf den ersten Blick erkennen, ein groß gewachsener Mann, hervorragend gekleidet in einer langen Jacke aus feinem blauen Tuch und hellen Hosen. Georg stand daneben und grinste diabolisch, während Mama den vornehmen Herrn anstarrte, als hätte er die Masern. Als der Gast sich umdrehte, wurde Sophie schlagartig klar, warum. Sie fiel aus allen Wolken.

»Sophie, Fanny, da seid ihr ja!« Friedrich von Wohlleben trat auf sie zu und küsste sie auf die Stirn. »Wir haben heute einen Gast aus England, der Wien leider viel zu selten einen Besuch abstattet. Sir Edward Baines, geschätzter Freund der Familie von Trauttmansdorff und, wie ich hoffe, bald auch ein Freund unserer Familie.«

»Vielmehr ein Freund des Sohnes unseres verehrten Reichsfürsten«, ergänzte Baines, während er sich formvollendet vor den beiden jungen Damen verbeugte. »Ich hatte das Vergnügen, mich auf meinen Reisen bereits zweimal an Johanns Begleitung zu erfreuen.«

Er schien sich über Sophies fassungsloses Gesicht und die versteinerte Miene der Gräfin glänzend zu amüsieren. »Komtesse Sophie! Komtesse Fanny! Es ist mir ein Vergnügen.« Seine grauen Augen blitzten, während er Sophie überaus wohlwollend musterte.

Sophie errötete heftig und senkte den Kopf. Wie sehr hatte sie sich nach einem Wiedersehen mit Baines gesehnt. Und jetzt? Ihr Herz klopfte, als würde es zerspringen. Mein Gott, war dieser Mann schön. Wie er so vor ihr stand, aufrecht, gekleidet wie ein Fürst, mit seinen markanten Gesichtszügen, der hohen Stirn, dem dichten schwarz gewellten Haar, der aristokratischen Nase, dem undurchdringlichen Grau seiner Augen und den perfekt geschwungenen, sinnlichen Lippen, wäre sie ihm auch verfallen, hätte er weniger Geist, als er am Abend bei Louise unter Beweis gestellt hatte.

Ihr Vater, dem ihr innerer Aufruhr vollkommen entging, nahm seine Rolle als Gastgeber routiniert wahr. »Sir Baines, würdet Ihr bitte meine Frau zu Tisch geleiten?«

»Selbstverständlich!«, erwiderte Baines. »Gräfin?« Er trat auf Mathilde zu, verbeugte sich und bot ihr seinen Arm an.

Wie konnte ein Mann seiner Herkunft über derart geschliffene Manieren verfügen? Und darüber hinaus auch noch das Wohlwollen ihres Mannes gewinnen? Mathilde war ratlos. Sie musterte ihren Tischherrn verstohlen, während er sie mit seiner angenehmen tiefen Stimme in eine angeregte Konversation verstrickte.

Und je mehr sie von ihm hörte, umso weniger vermochte sie ihn in eine ihrer bewährten Schubladen zu stecken. Sie beobachtete Baines, wie er geschickt etwas Lachs mit Sardellensauce auf seinem Teller arrangierte. Elsa, die Köchin, war wieder einmal über sich selbst hinausgewachsen. Nach der Wild-Consommé wurde der Kapaun mit Austernsauce nur noch vom Lachs übertroffen. Und auch Anni, das neue Dienstmädchen, das mittlerweile immer öfter für die gute Dorothea einspringen musste, hatte brav ihre Arbeit getan und servierte jetzt in ihrem hübschen dunklen Kleid mit der weißen Schürze, als hätte sie in ihrem Leben noch nie etwas anderes gemacht.

Das Licht der vergoldeten Kerzenleuchter spiegelte sich im Goldrand des feinen weißen Porzellans, die mit Monogramm bestickten Servietten waren ebenso wie das Tischtuch aus schwerem Leinen perfekt geglättet. Auch die Gläser blitzten und blinkten und bildeten den perfekten Rahmen für den schweren französischen Rotwein, den ihr Mann nur bei besonderen Anlässen öffnete.

Während sie Baines Erzählungen über seine letzte Reise nach Ägypten lauschte, fühlte sich Mathilde angenehm belebt. Und als zuletzt die Schalen mit Marillenkompott zum Guglhupf kredenzt wurden, begann sie Sophie beinahe zu verstehen. Umso mehr würde sie als Mutter darauf achten müssen, dass ihre Tochter nicht den Kopf verlor, beschloss sie für sich.

»Ich habe gehört, Eure nächste Reise ist schon geplant«, mischte sich Graf Wohlleben in das Gespräch.

»Das ist richtig«, antwortete Baines. »Ich hatte vor, in drei Tagen abzureisen. Aber«, er warf Sophie einen langen Blick zu, »es ist etwas Unerwartetes dazwischengekommen. Ich werde wohl erst kurz vor Weihnachten aufbrechen.«

Sophie erstarrte. Er blieb. Ihretwegen. »Aua!« Ihr lauter Schmerzensruf war nicht zu überhören. Da sah sie Georgs vielsagendes Grinsen. Er hatte sie unter dem Tisch getreten. Sie schüttelte den Kopf.

»Alles in Ordnung? Was macht ihr da?«, fragte ihre Mutter irritiert.

»Es ist alles bestens«, antwortete Georg und sah dabei drein, als könnte er kein Wässerchen trüben. »Findest du nicht, Sophie?«

»Natürlich«, bestätigte Sophie eilig.

»Nun, dann sind wohl alle zufrieden«, warf Baines mit wahrer Unschuldsmiene ein.

Sophie versuchte, ihr aufkeimendes Lachen in ihrer Serviette zu ersticken.

Mathilde sah verwirrt von einem zum anderen. »Sehr schön«, meinte sie schließlich, was bei Sophie prompt einen erneuten Hustenanfall auslöste.

Nachdenklich musterte Friedrich Graf von Wohlleben seine älteste Tochter, dann huschte ein Lächeln über sein Gesicht und er erhob sein Glas. »Es ist sichtlich nicht nur mir, sondern auch meiner Familie ein Vergnügen, Euch bei uns zu haben, Baines.«

Sophie sah auf, direkt in Edwards Augen.

»Ich danke Euch, Graf«, erwiderte er.

Sein Blick brachte ihr Gesicht zum Erglühen.

Der Rest des Abends verging wie im Flug. Die Männer unterhielten sich blendend bei einem Glas Portwein, Georg verstand sich auf Anhieb mit Edward. Beim Kaffee lauschten alle gebannt Baines' Erzählung von einer besonders gefährlichen Reise nach Marokko, den Wundern von Marrakesch und seinem Empfang im königlichen Palast. Lediglich Fanny benahm sich daneben. Sie begann auf unpassende Weise mit Edward zu flirten und wurde von Mathilde kurzerhand ins Bett geschickt.

Sophie wechselte kaum ein Wort mit Edward, doch sie haderte nicht damit, sondern gab sich mit seiner bloßen Gegenwart zufrieden. Zum Abschied bat er Mathilde, bald wieder seine Aufwartung machen zu dürfen.

»Selbstverständlich, Baines«, antwortete der Graf rasch, als er unwillig feststellte, dass seine Frau zögerte.

Sophie strahlte über das ganze Gesicht, als er ihr zum Abschied die Hand küsste.

»Dann auf bald«, sagte er nur.

»Auf bald.« Die Zuversicht, die in diesen einfachen Worten lag, machte sie unfassbar glücklich.

～◦～

Mathilde war bereits zu Bett gegangen, als es leise an der Tür klopfte. Ihr Mann, in seinen seidenen Hausmantel gehüllt, trat ein.

»Friedrich, ist dir nicht gut?«, fragte sie verschlafen.

»Ich würde gern mit dir über unseren heutigen

Gast sprechen«, antwortete er. »Selbstverständlich nur, wenn du dich nicht zu müde fühlst«, fügte er höflich hinzu.

Mathilde setzte sich auf und bedeutete ihm, zu ihr zu kommen.

»Als Sir Baines dich um deine Erlaubnis gebeten hat, Sophie seine Aufwartung zu machen …«

Mathilde unterbrach ihn. »Du hast ihm deine Einwilligung ja gegeben. Was soll ich dazu noch sagen.«

»Hast du bemerkt, wie glücklich Sophie heute war? Ich habe sie selten so gesehen.« Der Graf zögerte. »Sie fühlt sich zu Baines hingezogen. Oder irre ich mich?«

Mathilde seufzte. »Ach, es ist ein Unglück. Sie ist ihm schon einmal begegnet, bei Louise. Ich habe ihr den Umgang mit ihm verboten.«

Verblüfft sah Friedrich seine Frau an. »Aber warum denn? Der Mann hat tadellose Manieren und ist umfassend gebildet. Er hat Zutritt zu den höchsten Häusern und macht auch sonst einen formidablen Eindruck.«

»Aber Friedrich, bedenke doch nur, dieser Abstieg. Erst ein Prinz aus einer der ältesten Familien des Landes und jetzt … Wir wissen nichts über diesen Mann. Woher kommt er? Wer sind seine Eltern? Du weißt, ich bin immer auf deiner Seite, aber in diesem Fall verstehe ich dich einfach nicht!«

Der Graf schüttelte missbilligend den Kopf. »Mathilde«, rügte er sie, »diese Art zu denken ist obsolet. Wir gehen neuen Zeiten entgegen, alles verändert sich. Sophie ist eine außergewöhnliche junge Frau mit außergewöhnlichen Anlagen. Warum sollte sie sich nicht für einen Mann wie Baines entscheiden? Er kennt die Welt, er reist viel – das war schon von Kindheit an ihr Traum. Sophie ist für ein Leben wie du es führst – verzeih – nicht geschaffen.«

Mathilde betrachtete ihren Mann erstaunt. Selten sprach er so offen mit ihr.

»Sophie ist nun einmal anders, und sie ist klug«, fuhr er fort. »Sie verdient einen Mann, der das zu schätzen weiß. Der gute Ludwig – Gott hab ihn selig – hat nie zu ästimieren gewusst, was er an ihr hatte. Warum also sollen wir den jungen Leuten nicht die Möglichkeit geben, einander besser kennenzulernen?« Friedrich betrachtete damit das Gespräch als beendet. Er drückte seiner Frau einen Kuss auf die Stirn und erhob sich. »Ich muss morgen sehr früh im Amt sein. Schlaf gut, meine Liebe.«

Mathilde seufzte. Sie würde sich dem Willen ihres Mannes beugen müssen. Auch wenn sie ganz und gar nicht seiner Meinung war.

❧

Schon am nächsten Tag wurde Mathildes Loyalität auf eine harte Probe gestellt. Der Graf hatte, wie angekündigt, bereits kurz nach sechs Uhr morgens das Haus verlassen. Danach nahm sie ihre üblichen Pflichten wahr, trommelte die Hausangestellten in der Küche zusammen, um sie für ihre Leistungen am Vorabend zu loben, und besprach mit Toni, der Dienstmagd, die vormittäglichen Erledigungen. Ein Redingote und zwei Kleider mussten von der Schneiderin abgeholt, Tisch- und Mundtücher in die Wäscherei gebracht werden. Man solle den Gemüsehändler dazu anhalten, seine Bestellung wieder pünktlich um zehn Uhr zu liefern und nicht dreißig Minuten zu spät wie in den letzten Tagen. Und auch der Geflügelhändler habe Anlass zu einer Rüge gegeben – der Kapaun sei nicht so zart gewesen, wie er hätte sein sollen. Dass er dennoch genießbar war, sei ausschließlich den Künsten der Köchin zu verdanken gewesen, solle Toni ihm ausrichten.

Nach dem Frühstück, das Mathilde wie immer mit ihren Töchtern im kleinen Teesalon einnahm, war plötzlich laut und deutlich eine angenehme Männerstimme mit unverwechselbarem Akzent zu vernehmen. Mathilde runzelte unwillig die Stirn, Sophie errötete und Fanny begann wie ein Füllen ausgelassen auf und ab zu hüpfen. »Sophie, dein Angebeteter ist da«, krähte sie, als Adele mit einem Silbertablett eintrat und Mathilde die darauf liegende Visitenkarte reichte.

»Sei still!«, zischte Sophie.

»Geh sofort auf dein Zimmer!«, fügte ihre Mutter ärgerlich hinzu. »Was ist denn das für ein Benehmen?«

Aufreizend langsam schlenderte Fanny zur Tür. »Immer, wenn es interessant ist, muss ich gehen«, schmollte sie.

Sophie sprang auf, um sich vor dem Spiegel zurechtzumachen. Sie kniff sich in die Wangen, biss sich auf die Lippen und strich eine widerspenstige Strähne aus dem Gesicht. Der lockere Knoten, zu dem sie ihr Haar wie jeden Tag zusammengefasst hatte, war zwar nicht unbedingt der neueste Schrei, sah aber zumindest ordentlich aus. Leider hatte sie ihr altes, hellgelbes Hauskleid an, das sie ein bisschen blass erscheinen ließ. Doch daran war in der Eile wohl nichts zu ändern.

»Sir Baines soll im Empfangssalon Platz nehmen«, ordnete Mathilde an. »Muss er dir denn schon heute die Aufwartung machen?«, fügte sie verärgert hinzu, nachdem Adele das Zimmer verlassen hatte. »Das ist in hohem Maße unmanierlich.«

Sophie warf den Kopf zurück. »Mama, ich weiß, dass Ihr nicht viel von ihm haltet. Aber als Papas Gast verdient er eine gewisse Wertschätzung, nicht wahr?« Sie sah ihre Mutter herausfordernd an.

Zu Sophies großem Erstaunen strich ihre Mutter einfach ihr Kleid glatt und nickte. Was war in sie gefahren? Derart zurückzustecken entsprach sonst nicht ihrer Art. Umgehend wurde Sophie eines Besseren belehrt.

»Es bleibt mir nichts anderes übrig, als mich in das Unvermeidliche zu fügen«, fuhr Mathilde in spitzem Ton fort. »Dieser Engländer ist und bleibt für mich eine unpassende Partie. Aber ich beuge mich dem Willen deines Vaters. Der Mann hat zu viele Geheimnisse, er wird dich unglücklich machen, glaube mir, meine Liebe. Wenn du dir jedoch unbedingt einbildest, um jeden Preis deinen Kopf durchsetzen zu müssen, werde ich dich nicht weiter daran hindern können.«

Sophie zuckte die Achseln. Ihre Mutter streckte also die Waffen. Das bedeutete zwar noch lange keinen Frieden, zumindest aber auch keinen Krieg. Erleichtert versuchte sie, ihr tobendes Herz zu beruhigen, atmete tief durch und nickte ihrem Spiegelbild wohlwollend zu, das ihr überraschenderweise entspannt entgegenlächelte.

Doch ihre Gelassenheit löste sich umgehend in Luft auf, als Baines seinen Kopf über ihre Hand beugte und sein Atem ihre Haut streifte. Als er ihr schließlich in die Augen sah, brachte sie kein vernünftiges Wort mehr hervor. Sie konnte ihren Blick nicht von seinen Lippen wenden, die mit jedem Wort, das er sprach, ihren Puls höher trieben.

»Sophie?« Der fragende Blick ihrer Mutter brachte sie in die Wirklichkeit zurück.

»Ja, natürlich«, antwortete sie rasch, zuversichtlich, damit den richtigen, leichten Ton getroffen zu haben.

»Nun, das bedaure ich zutiefst«, erwiderte Baines, ohne eine Miene zu verziehen.

Himmel, was hatte sie gerade verpasst?

»Ich habe nämlich meiner Befürchtung Ausdruck verliehen, dass mein Besuch so früh am Morgen unpassend erscheinen könnte, da ich Euch doch erst vor ein paar Stunden verlassen habe.«

Gut. Nein, nicht gut. Was sollte sie jetzt erwidern? »Natürlich verstehe ich Eure Sorge.« Sophie rang nach Worten. »Das wollte ich damit sagen.«

»Und ist meine Sorge begründet?«

Machte er sich lustig über sie?

Ihre Mutter blickte befremdet von einem zum anderen.

Nein, das lief nicht so, wie Sophie sich das vorgestellt hatte. Abrupt stand sie auf. »Ich denke, ich habe etwas auf meinem Zimmer vergessen.« Sie räusperte sich. »Eine Handarbeit, ich meine – ein Buch.« Majestätisch rauschte sie aus dem Zimmer und schloss geräuschvoll die Tür hinter sich. Dabei konnte sie die verdutzten Blicke der beiden förmlich in ihrem Rücken spüren.

Sophie stürzte zum Fenster, massierte ihren plötzlich schmerzenden Nacken und dachte angestrengt nach. So geht das nicht, schalt sie sich schließlich, straffte die Schultern und marschierte zurück. Energisch drückte sie die Türklinke hinunter. Hoch erhobenen Hauptes schritt sie geradewegs auf Baines zu, der aus seinem Sitz hochschnellte. »Es ist mir eine große Freude, Euch wiederzusehen, Sir Baines. Auch wenn die Zeitspanne seit unserem Abschied denkbar gering ist, darf ich Euch versichern, dass Eure Anwesenheit mir durchaus angenehm ist.« Und fast trotzig fügte sie hinzu: »Mehr noch, Ihr habt damit meinem Bedürfnis entsprochen, Euch nur wenige Stunden vermissen zu müssen.«

Erst lachte Baines schallend auf, dann beugte er sich über sie, strich ihr zärtlich eine Haarsträhne aus dem Gesicht und murmelte: »Ihr ahnt nicht, wie sehr ich Euch vermisst habe.«

Zu ihrer Mutter gewandt setzte er laut hinzu: »Gräfin, Euer Einverständnis vorausgesetzt, würde ich Eurer Tochter gern die Welt zu Füßen legen. Doch mir ist klar, dass ich mich damit etwas gedulden muss. In der Zwischenzeit werde ich ihr regelmäßig meine Aufwartung machen, wenn Ihr gestattet.«

Er sah Sophie fragend in die Augen.

Sie strahlte ihn an.

Mathilde seufzte. Die jungen Leute heutzutage, dachte sie verärgert. So stürmisch und unüberlegt. Zu ihrer Zeit wäre eine derart offene Rede undenkbar gewesen. »Was soll ich dazu sagen?«, antwortete sie zögernd. »Sophie, es ist der ausdrückliche Wille deines Vaters, dem ich mich zu beugen habe. So sei es denn.« Sie richtete ihren strengen Blick auf Edward. »Sir Baines, ich verlasse mich darauf, dass Ihr in Eurem Werben die Grenzen der Schicklichkeit wahren und den Ruf meiner Tochter nicht schädigen werdet.« Sie seufzte wiederum. »Und ich sehe mich verpflichtet, Euch darauf aufmerksam zu machen, dass Sophie bereits versprochen war. Der Sohn des Fürsten von Mansfeld galt lange Zeit als verschollen. Mittlerweile wurde uns sein heldenhafter Tod auf dem Schlachtfeld von Leipzig zur Gewissheit, weshalb wir diese Verlobung als gelöst betrachten.«

Baines küsste Mathilde die Hand. »Ich danke Euch, Gräfin, und gebe Euch mein Wort, dass Eurer Tochter durch mich keinerlei Unbill widerfahren wird. Es ist, im Gegenteil, mein größter Wunsch, sie glücklich zu machen.«

In das folgende Schweigen platzte Fanny, die ungestüm die Tür aufriss, eine Karte in der Hand: »Da seid Ihr ja. Mama, stellt Euch vor ...« Verblüfft sah sie von einem zum anderen. »Oh, Sir Baines, Ihr seid noch da ...« Kurz wusste sie nicht weiter, doch dann gingen wieder die Pferde mit ihr durch. »Elisabeth hat mich eingeladen, das nächste Wochenende mit ihr in Baden zu verbringen. Bitte, bitte darf ich mitkommen?«, sprudelte sie heraus.

Mathilde verzog gequält das Gesicht und hielt sich die Hand an die Stirn. »Kinder, was ist das heute bloß für ein Tag! Fanny, weißt du denn überhaupt, wo ihr in Baden nächtigen werdet?«

»Ja, natürlich«, antwortete die Kleine eifrig. »Elisabeths Freundin, die Frau von Scholl, hat dort ihren Sommersitz und stellt ihr das Gutshaus für das Wochenende zur Verfügung.«

Mathilde dachte nach. Der Bankier Adrian von Scholl beriet ihren Mann seit geraumer Zeit bei seinen Finanzangelegenheiten, und zwar sehr zu seiner Zufriedenheit. Sie hatten die Familie in Baden sogar einmal gemeinsam besucht. Ein außerordentlich schönes Anwesen, soweit sie sich erinnern konnte.

Sophie, die ihr Glück kaum fassen konnte und Edward die ganze Zeit über verstohlen betrachtet hatte, bemerkte, wie seine Miene sich verfinsterte. Sie sah ihn fragend an. Zu ihrem Erstaunen wich er ihrem Blick aus.

»Mama?«, drängte Fanny ungeduldig.

»Nun gut, Kind, dann sag ihr in Gottes Namen zu.« Mathilde, sichtlich froh, auch dieser Konfrontation mit gutem Gewissen aus dem Weg gehen zu können, küsste sie auf die Stirn. »Bis dahin haben wir aber noch ein wenig Zeit. Beruhige dich also und lass uns allein.«

Jubelnd stürmte Fanny aus dem Zimmer.

Sophie beugte sich zu Baines hinüber. »Ist etwas nicht in Ordnung?«, fragte sie leise.

Er schüttelte den Kopf. Dass besagtes Anwesen unter Gentlemen einen gewissen Ruf genoss, würde er geflissentlich für sich behalten. Hatte er doch selbst bereits das zweifelhafte Vergnügen gehabt, ein Wochenende dort zu verbringen. Adrian von Scholl war nicht nur ein gewiefter Bankier, er wusste seine Kunden auch durchaus wirksam an sich zu binden. Er hatte die schönsten Kurtisanen Wiens engagiert, Champagner floss in Strömen und auch die opulenten kulinarischen Genüsse mit ihren starken exotischen Gewürzen verfehlten bei keinem der anwesenden Herren ihre Wirkung. Erschöpft und mit brummendem Schädel war Baines nach Wien zurückgekehrt und musste Tage später zu seinem Leidwesen feststellen, dass der Kopfschmerz nicht das einzige Problem war, das er sich an diesem Wochenende eingehandelt hatte.

Er gedachte jedoch keineswegs, sein dunkles Geheimnis preiszugeben. Da nicht Adrian, sondern seine Frau Henriette als Gastgeberin auftrat, könnte es sich tatsächlich um eine harmlose Einladung unter Freundinnen handeln. Überdies war nicht abzusehen, welchen Skandal er mit einem offenen Eingeständnis heraufbeschwören würde. Immerhin war er an besagtem Wochenende einigen einflussreichen Persönlichkeiten begegnet.

So beschränkte er sich darauf, Sophies Hand zu küssen und sich zu verabschieden. »Darf ich Euch morgen zu einer Ausfahrt in den Prater einladen? Es wäre mir eine große Freude.«

Sophie sah ihre Mutter fragend an, die keine Miene verzog. »Gern«, antwortete sie also und ihr Herz hüpfte vor Freude.

»Dann hole ich Euch ab. Gegen zwei Uhr am Nachmittag?«

»Kommt ruhig ein wenig früher«, antwortete Sophie. »Ich möchte Euch die Bibliothek meines Vaters zeigen.« Seit Tagen schon wünschte sie sich nichts sehnlicher, als mit Baines über ihre Reisepläne zu sprechen und ihre Lieblingsbücher durchzublättern.

»Denkt Ihr nicht, dass wir uns dieses Vergnügen für einen Nachmittag vorbehalten sollten, der weniger gutes Wetter verspricht?«, entgegnete Baines sanft. »Ich hoffe, es werden noch viele gemeinsame Stunden vor uns liegen.«

Sophie lächelte. »Natürlich, dann machen wir es so.«

Mathilde staunte, ihre eigensinnige Tochter derart zahm zu sehen. Vielleicht hatte Friedrich recht und dieser Baines war doch keine so schlechte Wahl, gestand sie sich ein, wenn auch etwas unwillig. Zum ersten Mal huschte der Anflug eines Lächelns über ihr Gesicht, als er sich von ihr verabschiedete.

Auch wenn er nicht wusste, was den kaum greifbaren Gesinnungswandel ausgelöst haben mochte, registrierte Baines diesen Ansatz einer Veränderung mit großer Erleichterung. Wusste er doch aus eigener schmerzvoller Erfahrung, dass die Ablehnung der Eltern durchaus in der Lage war, eine junge Liebe im Keim zu ersticken.

4. Kapitel

SOPHIES HERZ MACHTE EINEN FREUDENSPRUNG, als sie, bereits am frühen Morgen ungewöhnlich gut gelaunt, die blau geblümten Leinenvorhänge zurückzog und schwungvoll die hohen Fensterflügel öffnete. Es versprach ein herrlicher Tag zu werden. Der November zeigte sich in diesem Jahr von seiner besten Seite. Baines sollte recht behalten, was gab es Schöneres als eine spätherbstliche Nachmittagsfahrt im sonnigen Prater?

Nach ausführlicher Morgentoilette – Sophie versprühte sogar einen Hauch des eleganten Parfums, das Louise ihr von ihrer letzten Parisreise mitgebracht hatte – kleidete sie sich fröhlich summend zum Frühstück an und versuchte bei Kipferl und heißer Schokolade ihrer Mutter Informationen über das geplante Treffen mit Louise zu entlocken. Sie selbst hatte keine Gelegenheit gefunden, ihre Tante unter vier Augen zu sprechen. Wie gern hätte sie ihr von dieser Himmelsmacht erzählt, die ihr Leben gerade auf den Kopf stellte. Edward war »derjenige, welcher«, dessen war sich Sophie mittlerweile sicher. So aber hatte sie sich beim Abschied mit Louises sorgenvollem Gesicht und dem Rat »Sei vorsichtig, Kind!« zufriedengeben müssen. Und nicht nur das. Die beiden Schwestern hatten sich zum Kaffee verabredet – allerdings ohne Sophie einzuladen. Das verhieß nichts Gutes. Doch Sophie war nicht bereit, sich ihre Laune verderben zu lassen. Sollten die Damen ruhig Kriegsrat halten, sie würde einen herrlichen Nachmittag mit Edward verbringen.

Der Rest des Tages verging wie im Flug. Sie zog sich in die Bibliothek ihres Vaters zurück, legte Ovids Metamorphosen jedoch nach einiger Zeit gelangweilt zur Seite, um sich atemlos in Goethes »Leiden des jungen Werther« zu vertiefen. Bisher hatte sie sich geweigert, mit derlei romantischen Schwärmereien ihre Zeit zu vergeuden. Jetzt konnte sie gar nicht genug davon bekommen. Sie hörte kaum die Glocke, mit der ihre Mutter zum Mittagessen läutete.

Baines kam pünktlich, kurz vor zwei Uhr, um sie abzuholen. Sophie hatte sich mittlerweile äußerst sorgfältig für ihren Ausflug umgezogen, Adele hatte ihr Haar zurechtgemacht und Sophie fühlte sich in ihrem mit hellblauen Rosen bestickten Baumwollkleid, der gestreiften Pelisse und dem dazu passenden Turban sehr wohl. Er ließ ihre ausdrucksvollen blauen Augen noch größer erscheinen. Vom bewundernden Blick ihrer Zofe bestärkt trat sie Baines entgegen.

Er musterte sie lange von oben bis unten, ehe er ihr die Hand reichte und sie zu der prächtigen Equipage geleitete, die im Hof auf sie wartete. »Sorgt Euch nicht, die Kutscher des Oberststallmeisteramts haben zwar den Ruf, schneller zu fahren als der Teufel. Dieser hier aber ist zahm wie ein Lämmchen, nicht wahr, Johann«, rief er seinem Kutscher scherzend zu.

»Sehr wohl, Sir«, grinste ein etwas beleibter Mann mittleren Alters gutmütig von seinem riesigen, mit Samt bezogenen und goldenen Borten verzierten Kutschbock herab und zog die ächzende Dorothea zu sich hinauf, die Mama – Sophies Proteste beharrlich ignorierend – als Anstandsdame mit auf die Reise geschickt hatte. »Nur keine Angst, Muttchen, von hier oben sieht die Welt gleich ganz anders aus.«

Ein flüchtiges Lächeln huschte über Dorotheas Gesicht, als sie sich neben dem Kutscher auf die Bank fallen ließ. Etwas ungeschickt rückte sie Haube und Nickelbrille gerade und musterte ihn von Kopf bis Fuß – den kühnen Zweispitz, seine glänzenden Stiefel und die tadellos polierten Knöpfe seiner beigen Livree. Als der Kutscher ihr fürsorglich eine warme Decke um die Hüften schlang, errötete sie wie ein junges Mädchen.

Währenddessen half Baines Sophie galant die Stufen hinauf. Staunend ließ sie sich auf den weichen, mit lindgrünem Samt gepolsterten Sitzen nieder – noch nie hatte sie eine derart luxuriös ausgestattete Kutsche gesehen – und stellte erleichtert fest, dass Edward ihr gegenüber und nicht neben ihr Platz nahm. Das Zusammensein mit ihm auf engstem Raum verwirrte sie ohnehin mehr, als ihr lieb war. Zu ihrer grenzenlosen Erleichterung schlug Baines einen heiteren Konversationston an. Sie plauderten über das ungewöhnlich milde Novemberwetter, kommentierten das rege Treiben auf den Straßen und die eigenwillige Aufmachung mancher Passanten. Baines selbst war – wie schon bei ihrer ersten Begegnung – mit einer Lässigkeit gekleidet, die seine Männlichkeit unterstrich. Er trug derbe braune Lederstiefel, eine helle Hose und eine braun karierte Wolljacke über seinem weißen Hemd. Das kunstvoll gebundene Halstuch war sein einziges Zugeständnis an die derzeit herrschende Mode. Was Sophie aber beinahe umwarf, war sein Geruch. Hier, im engen Innenraum der Kutsche, konnte er sich ungehindert entfalten und betörte sie über die Maßen. Leder, Erde, frische Seife und ein Hauch exotischer Orangenblüten.

»Ihr seht wunderschön aus«, sagte Edward unerwartet. Ohne sie aus den Augen zu lassen, ergriff er ihre Hand, öffnete die kleinen Knöpfe ihres hellbraunen Lederhandschuhs und strich sanft über das Innere ihres Handgelenks.

Die leise, intime Berührung löste einen Sturm an Gefühlen in Sophie aus. Ihre Haut brannte, als er seine Hand endlich, nach einer halben Ewigkeit, wie ihr schien, zurückzog.

Sie schwiegen, bis der Kutscher im Getümmel der Ausflugsgäste kaum mehr vorankam. Langsam brachte Johann den Wagen zum Stehen.

»Ich denke, hier ist kein Weiterkommen mehr«, erklärte Baines und streckte Sophie die Hand entgegen. Johann öffnete die Tür, und sie stiegen aus. »Lasst uns ein paar Schritte zu Fuß gehen«, schlug er vor. »Euch wird doch hoffentlich nicht kalt werden«, setzte er besorgt hinzu.

»Natürlich nicht«, entgegnete Sophie. »Was glaubt Ihr, wen Ihr vor Euch habt?« Übermütig lief sie davon.

Baines wechselte noch ein paar Worte mit seinem Kutscher, dann folgte er ihr. Auf der Wiese holte er sie ein. Atemlos nahm er sie in die Arme. »Flink wie ein Wiesel, wendig wie eine Gazelle«, lachte er. »Und immer für eine Überraschung gut.« Seine Augen blitzten, als er sich über sie beugte und sein Mund ihre Lippen berührte.

Sophie schauderte. So sanft, so zärtlich, ja fast unschuldig dieser Kuss auch war, regte er eine völlig unbekannte Leidenschaft in ihr. Hingebungsvoll erwiderte sie ihn.

»Bitte«, hörte sie sich sagen, als er sich behutsam aus ihrer Umarmung löste.

»Nicht hier und nicht jetzt«, flüsterte er.

Verwirrt sah sie sich um. Tatsächlich hatten sie bereits eine Gruppe junger Offiziere auf sich aufmerksam gemacht, die neugierig stehen geblieben waren, um sie zu beobachten.

»Oh.« Sophie errötete und versteckte ihr Gesicht an seiner Schulter.

»Was für ein sinnliches Mädchen sich hinter der kühlen Fassade verbirgt. Wer hätte das gedacht«, murmelte Edward und bot ihr seinen Arm an.

Sophie beruhigte sich langsam. Noch nie war ihr der Prater, dieser riesige Park mit seinen Kastanienalleen, kleinen Wäldern, den Wiesen und Auen so schön erschienen. Das bunte Laub zu ihren Füßen raschelte, die Äste der weitgehend kahlen Bäume warfen bizarre Schatten und die Sonne entwickelte eine erstaunliche Kraft. Noch mehr allerdings überraschte sie, wie viele Spaziergänger diesen wundervollen Herbsttag genossen.

»Das ist ja fast wie im Frühling«, bemerkte sie fröhlich. »So ein buntes Treiben herrscht hier sonst nur im Mai.«

Baines blieb stehen und betrachtete sie nachdenklich. »Lasst uns nach Sizilien fahren«, sagte er plötzlich. »Im Mai.«

Sie sah ihn erstaunt an. »Ihr beliebt wohl zu scherzen.«

»Oh nein.« Er lächelte und verbeugte sich feierlich. »Hiermit verspreche ich Euch eine Reise nach Taormina, liebste Komtesse. Sobald es Sitte und Anstand erlauben. Ihr habt nie Schöneres gesehen.«

Ein leichter Schwindel erfasste Sophie. Hier stand er, der Mann ihrer Träume, und legte ihr tatsächlich die Welt zu Füßen. Entsetzt stellte sie fest, dass ihre Augen feucht wurden. Edward hob ihr Kinn und sah ihr in die Augen. »Wer wird denn da weinen?« Sanft strich er ihr über die Wange. »Ich wollte Euch eine Freude machen. Ist das so schlimm?«

Sophie lächelte unter Tränen. »Natürlich nicht. Aber ich fürchte, mein Herz ist zerbrechlicher, als ich dachte.«

»Ich weiß, Liebste, ich weiß.« Er nahm sie in die Arme und schloss ihre Lippen mit einem leidenschaftlichen Kuss.

Nach einer schieren Ewigkeit lösten sie sich voneinander. In stillem Einvernehmen schlenderten sie Arm in Arm die Hauptallee entlang. Meist schwiegen sie, dann wieder legte Sophie ihren Kopf auf seine Schulter. In einem Kaffeehaus mit sonnigem Wintergarten kehrten sie ein, bis Edward schließlich zur Rückkehr mahnte. »Wir sollten unsere Kutsche vor Einbruch der Dunkelheit erreichen.« Umsichtig leitete er sie durch den Strom der heimwärts strebenden Besucher zum Wagen zurück.

Dorothea erwartete sie bereits vor der Kutsche, die Hände in die Hüften gestemmt, einen Vorwurf über ihr verspätetes Eintreffen auf den Lippen, den sie allerdings hinunterschluckte, als sie das strahlende Lächeln der ihr anvertrauten Komtesse erblickte. So beschränkte sie sich auf unwilliges Gemurmel, das sofort verstummte, als Edward ihr galant den Arm anbot.

»Ihr werdet natürlich bei uns sitzen. Auf dem Kutschbock würdet Ihr Euch zu so fortgeschrittener Stunde den Tod holen.«

Versöhnt nahm Dorothea in der Kutsche Platz, sie kicherte sogar verlegen, als Johann umsichtig ihre Röcke ordnete, bevor er die Tür hinter seinen Fahrgästen schloss.

Als sie schließlich zu Hause ankamen, verabschiedete sich Edward mit einem Handkuss von Sophie und einer formvollendeten Verbeugung von Dorothea.

»Was für ein Herr«, bemerkte die Alte beim Hineingehen und drückte Sophies Arm, während sie sich schwer auf sie stützte. »Das ist scheint's der Richtige für mein Komtesserl.«

Im Haus wurden sie bereits erwartet. »Wie war's?« Fanny stürmte ihnen ungeduldig entgegen. »Du musst mir sofort alles erzählen. Habt ihr euch schon geküsst?«

»Ihr kommt sehr spät«, kommentierte Sophies Mutter ihre Rückkehr kühl und mit unüberhörbarem Vorwurf in der Stimme. »Ein Mann von Ludwigs Format hätte darauf geachtet, dich noch vor Einbruch der Dunkelheit –«

»Ja, ich weiß«, unterbrach Sophie sie, schluckte ihren aufkeimenden Ärger hinunter und drückte Mathilde einen Kuss auf die Wange. »Es war meine Schuld. Entschuldigt bitte, Mama.« Rasch verschwand sie, die herumalbernde Fanny im Schlepptau, in ihr Zimmer, bevor ihre Mutter ihr weitere Vorhaltungen machen konnte.

 ❧

Louise flog ihrer Schwester geradezu entgegen. »Gut, dass du da bist, Mathilde. Ich muss dringend mit dir sprechen.«

Mathilde kannte ihre Schwester gut genug, um zu wissen, dass eine Einladung zu Kaffee und Kuchen nie nur eine Einladung zu Kaffee und Kuchen bedeutete. In diesem Fall aber erschien Louise über die Maßen erregt zu sein.

»Du wirkst so beunruhigt.« Sie tauschten Luftküsse und Mathilde drückte dem wartenden Dienstmädchen ihre Pelisse in die Hand.

»Nicht hier, meine Liebe«, antwortete Louise und bedeutete dem Dienstmädchen zu gehen. »Bring uns Kaffee und ein wenig Gebäck in den blauen Salon, Nanette.« Sie schob Mathilde in ihren nach der neuesten Mode ausgestatteten Lieblingssalon und schloss die Tür hinter sich. »Nicht vor den Dienstboten«, fügte sie erklärend hinzu. »Es handelt sich um eine äußerst delikate Angelegenheit. Aber bitte setz dich.« Sie wies auf den mit auffälligen Elefantenmustern bezogenen Lehnstuhl, während sie selbst auf einem nachtblauen Samtsofa Platz nahm.

»Ich habe Erkundigungen eingezogen«, begann sie, und Mathilde war erleichtert, dass ihre Schwester wie immer rasch und ohne Umschweife zur Sache kam.

»Worüber?«, fragte sie neugierig.

»Nun, du kannst es dir doch sicher denken, teure Schwester.« Louise hielt inne.

Nanette betrat den Salon mit einem Silbertablett, das sie auf einem zierlichen Holztischchen abstellte. Mathilde warf einen bewundernden Blick auf die vergoldeten, mit grünen Blättern dekorierten Kaffeetassen.

»Ein spätes Geschenk des Fürsten.« Louise seufzte. »Hin und wieder gedenkt er unserer gemeinsamen Zeit.«

Mathilde betrachtete die Tasse, die Nanette ihr reichte.

»Das neueste Dekor aus unserer Kaiserlichen Porzellanmanufaktur«, erklärte Louise. »Bildschön, nicht wahr?«

»Von außerordentlicher Kunstfertigkeit«, bestätigte Mathilde. Sie nahm einen kleinen Schluck und schloss genussvoll die Augen. »Wie habe ich das vermisst.«

»Ja, es war schrecklich«, nickte Louise. »Mehr als zwei Jahre mussten wir dieses entsetzlichen Korsen wegen auf unseren herrlichen Kaffee verzichten. Aber«, sie stellte ihre Tasse ab, »diese Zeiten sind ein für alle Mal vorbei. Auch wenn der Kongress angeblich noch keine Einigung gebracht hat, so dürfte Napoleon doch –«

»Du hast mich sicher nicht zu dir gebeten, um mit mir über Politik zu sprechen«, unterbrach Mathilde sie ein wenig unwirsch.

»Natürlich nicht, meine Liebe«, antwortete Louise besänftigend. »Ich weiß doch, wie sehr dieses Thema dich langweilt.« Sie reichte Mathilde den Teller mit Gebäck und fuhr fort: »Es geht um Sophie. Ich habe gehört, dass dieser Engländer ihr den Hof macht.«

»Ja«, nickte Mathilde. »Friedrich hat ihn in unser Haus eingeführt. Edward geht mittlerweile fast täglich bei uns ein und aus. Ich fürchte, es handelt sich nicht um bloße Schwärmerei. Du kennst Sophie, sie ist im Gegensatz zu Georg und Fanny von eher schwerem Gemüt und nicht leicht zu beeindrucken. Auch wenn er ein durchaus angenehmer und interessanter Mann sein mag, bin ich nicht restlos überzeugt. Aber mir sind die Hände gebunden. Friedrich ist sehr von ihm eingenommen und hat mir klar zu verstehen gegeben, dass er meine Ressentiments ganz und gar nicht teilt.«

Louise seufzte. »Das habe ich befürchtet. Sophie ist ein so vernünftiges Mädchen – leider –, aber dass sie ausgerechnet für diesen Herrn eine derart ausgeprägte Schwäche hegt … Sie war vom ersten Augenblick an fasziniert von ihm. Nicht, dass ich es nicht verstehe«, sie nippte an ihrem Kaffee, »er ist ein attraktiver, charmanter und überaus gebildeter Mann. Dennoch …«

»Er ist nun einmal kein Prinz, und Sophie noch nicht in einem Alter, das sie zwingen würde, unter ihren Stand zu heiraten«, nickte Mathilde.

»Das meine ich nicht.« Louise wischte den Einwand ihrer Schwester mit einer großzügigen Geste beiseite. »Ich habe ganz andere Bedenken.« Sie warf ihrer Schwester einen bedeutungsschwangeren Blick zu. »Mir sind Gerüchte zu Ohren gekommen.«

»Welche Gerüchte?«, fragte Mathilde beunruhigt.

»Nun«, Louise seufzte. »Ich fürchte, Sir Baines ist kein freier Mann.«

Mathilde stellte ihre Tasse so heftig ab, dass Louise um ihr kostbares Porzellan bangte. »Soll das heißen …«

»Nein«, beruhigte Louise sie und legte ihr beschwichtigend die Hand auf den Arm. »Er ist nicht verheiratet, aber er soll bereits versprochen sein.«

»Wer ist sie?«, fragte Mathilde, noch immer ganz außer sich.

Louise schüttelte den Kopf. »Das ist es ja eben. Niemand weiß Genaueres. Um diesen Mann ranken sich beinahe ebenso viele Gerüchte wie um die ehemalige Geliebte unseres Außenministers.« Sie verzog das Gesicht. »Eine skandalöse, intrigante Person übrigens, und absolut skrupellos. Sogar die Grafen Schönfeld und Schulenburg soll sie verführt haben. Dabei sind sie sind nicht älter als Georg. Der junge Schulenburg soll ihr völlig verfallen sein und der Spielsucht frönen, seit sie ihn nicht mehr erhört. Und stell dir vor, auf wen die Bagration nun ein Auge geworfen hat!«

Neugierig beugte Mathilde sich vor.

Louise machte eine dramatische Pause und sah sie vielsagend an.

»Nein!« Mathilde schlug empört die Hände zusammen. »Ahnt Sophie etwas?«

»Sie weiß es«, erwiderte Louise und goss ihrer Schwester Kaffee nach. »Baines wirkte zwar keineswegs interessiert und hatte nur Augen für Sophie. Aber ich fürchte, wenn Sophie seinem Werben nicht nachgibt ...«

»Louise!«, protestierte Mathilde entrüstet.

»Ich meine ja nicht ... Ach, Mathilde!« Louise schüttelte den Kopf. »Du weißt doch, wie Männer sind. Sobald Baines weiß, dass Sophie seine Zuneigung erwidert, ihre Tugendhaftigkeit sie aber mit Sicherheit daran hindert – und dafür verbürge ich mich, so gut kenne ich Sophie –, sich ihm hinzugeben, wird er umso anfälliger sein für die Reize und Avancen einer gewissen Dame, die keine Dame ist. Die Fürstin scheint da über Qualitäten zu verfügen ...«

»Bitte sprich nicht weiter!« Mathilde errötete.

»Meine Liebe, sei nicht immer so furchtbar tugendhaft. Der arme Friedrich. Ich hoffe, du bist ihm gegenüber ein wenig aufgeschlossener«, entgegnete Louise spitz.

»Jetzt gehst du zu weit!« Empört sprang Mathilde auf.

»Ach, so setz dich doch«, versuchte Louise ihre Schwester zu beschwichtigen. »Verzeih, ich bin tatsächlich zu weit gegangen. Aber du hast mir gegenüber nie ein Hehl daraus gemacht, dass du meine Beziehung zu dem Fürsten zu Hainfeld –«

»Affäre, meinst du wohl«, entgegnete Mathilde schnippisch.

»Nun gut«, lenkte Louise ein, »du hast diese Beziehung nie gebilligt. Und das war nicht einfach für mich. Das gibt mir allerdings nicht das Recht zu einer solchen Diffamation, da stimme ich dir zu. Also bitte, setz dich wieder. Ich denke, du bist Friedrich eine hervorragende Ehefrau, besser, als ich es meinem Adalbert je war.«

Etwas besänftigt nahm Mathilde wieder Platz. »Was soll ich bloß tun?«

Louise dachte nach. »So wie ich das sehe, kannst du dich Friedrichs Willen natürlich nicht widersetzen. Und Sophie ist verliebt, also vernünftigen Argumenten nicht zugängig.«

Mathilde zögerte. »Vielleicht kommen uns die Absichten der Fürstin durchaus entgegen?«

Überrascht sah Louise ihre Schwester an. »Mathilde!« Sie lächelte. »Du verblüffst mich immer wieder.« Sie überlegte, dann nickte sie zufrieden. »Ich werde beide zu meinem nächsten Salon einladen. Bitte sorge dafür, dass Sophie an diesem Abend unabkömmlich ist. Sollte unser lieber Baines den Reizen der genannten Dame gegenüber doch nicht so immun sein, wie es derzeit den Anschein hat, wird Sophie die Konsequenzen ziehen müssen.« Sie seufzte. »Es wird ihr das Herz brechen.«

»Ja, das wird es«, Mathilde seufzte ebenfalls. »Aber es ist unsere Aufgabe, sie zu beschützen. Besser sie beendet die Sache, bevor – ihr makelloser Ruf wäre ruiniert. Diese Katastrophe, nicht auszudenken!«

Louise stand auf. »Ich werde inzwischen meine Kontakte spielen lassen und Erkundigungen einziehen. Vielleicht gelingt es mir, mehr über Baines' Verlobte zu erfahren.« Sie schwieg eine Weile. »Es könnte auch sein, dass wir uns irren.«

»Vielleicht«, antwortete Mathilde keineswegs überzeugt.

»Lass es uns hoffen!« Louise lächelte ihrer Schwester aufmunternd zu. »Du wirst sehen, alles wird gut. Wir lieben Sophie und wollen beide nur das Beste für sie.«

Wie ein Mantra wiederholte Mathilde auf dem Heimweg diese Worte ihrer Schwester.

Doch als Sophie zu Hause ihre Mutter, wie so oft in den letzten Tagen, glückstrahlend begrüßte, beschlich sie ein äußerst unangenehmes Gefühl.

❦

Fanny war ganz aufgelöst. Schon drei Uhr, und von Elisabeth keine Spur. Sollte sie es sich anders überlegt haben, oder noch schlimmer, hatte Karl nun doch kein Interesse mehr an ihr? Aufgeregt lief sie in ihrem kleinen Zimmer auf und ab. Warum hatte sie auch so zickig sein müssen? Elisabeth hatte sie mehr als einmal gewarnt. Karl möge keine unfolgsamen Mädchen, hatte sie gesagt, und dass sie gar nicht verstehen könne, warum er ausgerechnet mit ihr so viel Geduld habe. Dabei hatte Fanny immer geglaubt, etwas Besonderes zu sein, dass gerade ihr Widerstand Karl reizte. »Du machst mich völlig verrückt«, hatte er zu ihr gesagt, als sie sich ihm wieder einmal im letzten Moment entzog. Doch vielleicht hatte sie sich geirrt und den Bogen überspannt.

Zum wiederholten Mal ging sie ihre Packliste durch, dachte mit Herzklopfen an die beiden neuen Kleider, die sie mit Elisabeths Hilfe hatte anfertigen lassen – das rosafarbene, das ihre Mutter so gelobt hatte, und das weiße mit dem noch gewagteren Dekolleté, in dem ihre Fesseln wunderhübsch zu sehen waren. Gott sei Dank hatte die Schneiderin auf Elisabeths Geheiß den Ausschnitt nacharbeiten können, ohne dass ihre Mutter es bemerkt hatte. Sie sah darin aus wie eine Braut, wenn auch nicht ganz so zugeknöpft. Dieses Kleid wollte sie tragen, wenn – ach, warum kam Elisabeth nicht?

In diesem Augenblick trat Adele ein. »Es ist so weit, Komtesse. Die Baronin erwartet Euch.«

Fanny wäre ihr vor Erleichterung am liebsten um den Hals gefallen. Nach diesem Wochenende würde sie nicht mehr dieselbe sein. Ach was, nichts würde mehr sein wie vorher, dachte sie triumphierend. Wie sehr sehnte sie sich danach, diesen lästigen Makel abzustreifen, den alle so hochhielten, ohne ihn jemals beim Namen zu nennen, und damit ihre Kindheit endgültig hinter sich zu lassen. Sie würde nun Karl ganz gehören und endlich Frau sein. Dann, ja dann würde ihr die ganze Welt zu Füßen liegen. Vor allem aber Baron Trattenbach.

Sie verabschiedete sich von Sophie, herzte und küsste ihre Mutter – die erleichtert feststellte, dass Elisabeth die schwere Reisekutsche diesmal nicht selbst zu lenken gedachte –, ließ Mathildes Ermahnungen ungeduldig über sich ergehen und winkte mit einem Taschentuch, bis sie die beiden aus den Augen verlor. Es regnete, und sie würden wohl etwas mehr als die veranschlagten zweieinhalb Stunden bis zur Villa der Scholls brauchen, erklärte Elisabeth. Fanny hatte ihre überaus schlechte Laune bereits registriert und war erleichtert, sie auf das Wetter schieben zu können. Da Elisabeth weiterhin beharrlich schwieg, lehnte sie den Kopf zurück und versuchte ein wenig zu schlafen.

»Du weißt, warum ich auf dich böse bin«, riss Elisabeths scharfe Stimme sie aus ihrem kurzen Schlummer.

Fanny fuhr hoch. »Nein«, stotterte sie verwirrt, »eigentlich nicht.«

»Denk nach!«

Elisabeth war wirklich ungnädig heute. Fanny zuckte die Achseln, sie hatte Elisabeth noch nie so ungehalten erlebt.

»Stell dich nicht dumm«, herrschte Elisabeth sie an.

Fanny war ein einziges Fragezeichen.

»Du weißt sehr genau, was bei deinem letzten Besuch geschehen ist, kurz bevor Karl gekommen ist.«

Da fiel bei Fanny der Groschen. »Ach, das meinst du!« Erleichtert lachte sie auf. Es hatte also nichts mit Karl zu tun. Natürlich, deshalb war Elisabeth böse auf sie! Sie war ja auch wirklich ungeschickt gewesen. Das Bild dieser peinlichen Szene stand ihr plötzlich lebhaft vor Augen: Elisabeth hatte das Schlafzimmer betreten, während Fanny sich auf Karls Ankunft vorbereitete. Fanny war gerade dabei, die verführerischen Dessous anzulegen, die Elisabeth extra für sie hatte anfertigen lassen. Sie zog die einfache Schnürung des durchsichtigen Hängerchens fest, das ihre festen Brüste vorteilhaft zur Geltung brachte, und schlang die rosa Strumpfbänder um die weißen Seidenstrümpfe. Elisabeth hatte sie zuerst nur beobachtet, mit einem eigenartigen Blick, den Fanny nicht zu deuten vermochte. Als Fanny sich aufrichtete und in die bestickten Seidenpantoffeln schlüpfte, streckte Elisabeth unvermittelt die Hand nach ihr aus. Anfangs berührte sie nur ihr Gesicht, dann aber wanderte ihre Hand tiefer. Fanny fuhr bei dieser unerwarteten Berührung hoch, wie von der Tarantel gestochen, und versetzte Elisabeth dabei versehentlich einen heftigen Schlag ins Gesicht. Sie hatte sich sofort entschuldigt, und Elisabeth schien keine Spur verärgert zu sein, als sie das Schlafzimmer verlassen hatte, um Karl zu empfangen. Fanny hatte angenommen, alles sei in Ordnung. Offensichtlich hatte sie sich geirrt.

»Was gibt es da zu lachen?«, fuhr Elisabeth sie an. »Wenn ich dich anfasse, dann deshalb, weil wir Freundinnen sind und Freundinnen so etwas nun einmal tun.« Elisabeth schien über die Maßen verärgert. »Deine Reaktion war inadmissible.« Elisabeth machte eine wirkungsvolle Pause. »Aber was noch viel schwerer wiegt, ist die Sache mit deiner Mutter.« Sie schüttelte den Kopf. »Wie überaus ärgerlich. Ist dir klar, dass du mit deinem unmöglichen Benehmen beinahe alles aufs Spiel gesetzt hättest? Ich sah mich sogar kurz gezwungen, dich fallen zu lassen. Wie konntest du unser Übereinkommen derart gefährden?« Elisabeth bedachte sie mit einem bitterbösen Blick. »Karl war übrigens ganz meiner Meinung«, fügte sie spitz hinzu. »Er sagte, dieses Risiko seist du nicht wert, und wollte die ganze Sache abblasen.«

»Nein«, rief Fanny verzweifelt. Was würde nun aus ihren Plänen werden? Hatte sie am Ende alles verdorben? Sie begann zu weinen.

Elisabeth betrachtete sie kalt. »Deine Einsicht kommt etwas zu spät. Findest du nicht auch?«

Fanny nickte wortlos.

»Wider besseres Wissens gebe ich dir eine allerletzte Chance, den Schaden, den du angerichtet hast, wiedergutzumachen.«

Fanny sah auf und warf Elisabeth aus tränennassen Augen einen hoffnungsvollen Blick zu. »Ich mache alles, was er sagt. Ich tue, was er will. Alles«, stieß sie aufgewühlt hervor.

Da lächelte Elisabeth maliziös. »Kindchen, du

nimmst mir das Wort aus dem Mund. Genau das wollte ich dir geraten haben. Keine Spielchen diesmal, mein Blümchenrührmichnichtan. Wenn Karl dieses Wochenende nicht bekommt, was er will, ist es vorbei. Habe ich mich klar ausgedrückt?«

Fanny nickte heftig. »Das ist doch auch, was ich will. Ganz fest versprochen«, beteuerte sie.

»Umso besser«, seufzte Elisabeth. »Vielleicht kommt Karl dann wieder zu Verstand«, setzte sie leise hinzu.

»Wie bitte?«, fragte Fanny.

»Nichts«, antwortete Elisabeth. »Das würdest du ohnehin nicht verstehen.«

»Ist gut«, nickte Fanny demütig.

Da endlich lächelte Elisabeth sie an. »Du kleines störrisches Mädchen. Dich zur Frau zu machen ist schwieriger, als aus einer Motte einen Schmetterling zu zaubern. Du kannst mir auch gleich beweisen, wie ernst du dein Versprechen meinst. Komm, setz dich zu mir.«

Zu Fannys Erstaunen zog Elisabeth sie auf den Schoß und begann sie zu küssen. Allerdings anders als Mama oder Sophie. Richtig, so wie Karl. Verwirrt und dankbar küsste Fanny sie zurück, ganz wie sie es gelernt hatte. Elisabeth schmeckte anders als Karl, nach Rosen und irgendwie süß. Fannys Herz klopfte. Sie zuckte nur kurz zurück, als Elisabeths Hände über ihren Körper wanderten. Auch alles andere ließ sie willig mit sich geschehen, devot den anfangs verwirrenden Anweisungen gehorchend.

Nach einiger Zeit seufzte Elisabeth tief auf und schob Fanny außer Atem von sich. »Braves Mädchen, genau so machen das Freundinnen. Ist das denn so schlimm?«

Fanny schüttelte den Kopf. »Nein, gar nicht, im Gegenteil.« Erstaunt stellte sie fest, dass sie dafür nicht einmal lügen musste.

»Na siehst du.« Sanft strich ihr Elisabeth über die Wange. »Karl hat recht, du stellst dich wirklich geschickt an«, fügte sie anerkennend hinzu. »Wir werden viel Spaß haben miteinander, wir drei, du wirst sehen.«

Fanny nickte und ignorierte die hartnäckige Stimme in ihrem Hinterkopf, die ihr sagte, dass in ihrem Traum vom Frauwerden nie eine andere Frau vorkam. Egal. Sie fuhr sich durch ihr Haar, das nach dieser leidenschaftlichen Umarmung offen über ihre Schultern fiel, und registrierte Elisabeths beinahe zärtliche Blicke mit Genugtuung. Es war spannend, dieses neue Spiel. Fanny erkannte ihre Chance und beschloss, die Zügel in die Hand zu nehmen. Vielleicht bedeutete Erwachsenwerden genau das.

∽

Ihre Ankunft in Baden hielt eine unangenehme Überraschung für sie bereit. Vier Kutschen standen in der Auffahrt, auch Elisabeth wusste diese Tatsache nicht zu deuten. In der Empfangshalle wartete Herr von Scholl bereits auf sie und erklärte, seine Frau sei unpässlich und daher in der Stadt geblieben. Außerdem hätten sie unerwartete Gäste, unter ihnen auch Diplomaten aus Russland. Da ihn der Zar höchstpersönlich gebeten habe, an diesem Wochenende für deren Zerstreuung zu sorgen, konnte er ihm diese Bitte natürlich nicht abschlagen. Sie sollten sich aber dadurch keineswegs inkommodiert fühlen, das Gartenhaus stehe ihnen ganz allein zur Verfügung, die Küche sei Tag und Nacht besetzt und Franziska, die Perle seines Personals, würde sich ausschließlich um sie kümmern.

Eben kam eine weitere Kutsche mit Damen an, wie sie Fanny noch nie gesehen hatte. Sie lachten grell, redeten laut und in verschiedenen Sprachen durcheinander, waren in Pelze gehüllt, stark geschminkt und mit Schmuck in einer Art und Weise behängt, die Fanny selbst in ihrer kindlichen Putzsucht nicht mehr gutheißen konnte. Unwillkürlich presste sie sich an Elisabeth, die offensichtlich auch nicht genau wusste, wie sie mit der Situation umgehen sollte.

Eine Weile beobachteten sie ratlos das Treiben, dann ergriff Elisabeth resolut Fannys Arm: »Nun denn, da wir nun einmal hier sind und die Option eines eigenen Appartements mir durchaus annehmbar erscheint, wollen wir uns für heute Abend zurückziehen.«

Sie folgten dem mit Fackeln hell erleuchteten Weg. Das ebenerdige Anwesen, offensichtlich ein ehemaliges Winzerhaus, gefiel Fanny sehr. Es hatte einen eigenen, umzäunten Garten, an den Fenstern hingen herbstlich bepflanzte Blumenkörbe. Neugierig lief Fanny voraus, um ihre Unterkunft zu erkunden. Durch das winzige Entrée gelangte man nach links in einen kleinen Speisesalon, hinter dem sich eine einfache Küche befand. Rechts davon lag ein entzückend eingerichtetes, ganz in rosa gehaltenes Wohnzimmer mit bunten Paradiesvögeln an den Wänden und komfortablem Mobiliar. Am Ende des Ganges waren zwei Schlafzimmer, ein kleineres, ganz in Sonnengelb, das Fanny insgeheim jubelnd gleich für sich zu beanspruchen gedachte, und ein größeres in edlem Violett. Ihre Koffer waren schon eingetroffen, ein junges Mädchen hängte gerade Elisabeths Kleider in den Kasten.

»Du nimmst das gelbe, Fanny, ich bleibe hier«, erklärte Elisabeth in einem Tonfall, der keinen Widerspruch duldete.

Fanny nickte eifrig. Um Elisabeth nicht weiter zu stören, zog sie sich in ihr Zimmer zurück, warf sich auf das weiche Bett und stellte überrascht fest, dass ihr Spiegelbild ihr entgegenblickte. Sie sprang auf und lief zu Elisabeth. »Bei mir hängt ein Spiegel über dem Bett«, verkündete sie atemlos. »So etwas habe ich noch nie gesehen. Spiegel hängen doch an den Wänden.«

Elisabeth lächelte. »Eine sehr pikante Idee, in der Tat.«

Da verstand Fanny und errötete.

Elisabeth lachte auf. »Was hältst du davon, Küken?«

Fanny zuckte die Achseln. »Weiß nicht.« Dann warf sie Elisabeth einen aufreizenden Blick zu. »Wollen wir es ausprobieren?«

»Hörst du das?« Fanny war plötzlich putzmunter und setzte sich auf. Aus dem Haupthaus drangen Walzerklänge zu ihnen herüber. Begeistert sprang sie aus dem Bett. »Lass uns tanzen gehen!«

Elisabeth schüttelte schläfrig den Kopf: »Nein, meine Liebe. Das werden wir sicher nicht. Ich setze dich doch nicht einem Haufen russischer Trunkenbolde. Karl würde mir nie verzeihen, wenn ein anderer vor ihm die Blume pflückt. Und dir würde es garantiert auch nicht gefallen.«

Wenig später zog sich Elisabeth nach einem keuschen Kuss auf Fannys Stirn in ihr Zimmer zurück. Doch an Schlaf war nicht zu denken. Rasch schlüpfte Fanny in ihr Kleid, zog ihre Lederstiefelchen an und schlich aus dem Haus. Sie war einfach zu neugierig. Verstohlen huschte sie durch den Garten zum Haus hinüber und drückte sich an einem der Fenster die Nase platt. Was sie sah, befremdete sie über die Maßen. Da traten zwei Männer auf die Terrasse, zündeten Zigarren an und unterhielten sich. Fanny wagte kaum zu atmen.

»Ein grandioser Abend«, bemerkte der Größere der beiden.

»Von Scholl übertrifft sich selbst. Selten so viele tolle Weiber auf einem Haufen gesehen«, antwortete der andere.

»Schön und willig«, bestätigte sein Gesprächspartner.

Fanny konnte sein Gesicht erkennen und erschrak. Sie hatte den Mann schon einmal gesehen, bei einem Dinner im Haus ihrer Eltern. Sie duckte sich und drückte sich noch tiefer ins Gebüsch. Plötzlich knackte ein Zweig und Fanny verlor das Gleichgewicht. Das Gespräch der beiden Herren stockte.

»Ist da jemand?«

Von wilder Panik ergriffen rappelte Fanny sich auf, zog ihre Röcke hoch und lief davon, begleitet von lautem Gelächter.

»Ein flüchtiges Reh«, spottete der eine der beiden Männer. »Wollen wir es jagen?«

Fanny blieb fast das Herz stehen, sie stolperte.

»Lass gut sein«, brummte der andere. »Wir haben genug Wild im Haus.«

Atemlos schloss Fanny die Tür hinter sich. Ihr Herz schlug bis zum Hals. Nachdem sie sich vergewissert hatte, dass ihr niemand gefolgt war, schlich sie in ihr Zimmer.

Sie schlief sehr unruhig in dieser Nacht, von wirren Träumen und skurrilen Bildern grotesk verrenkter Gestalten geplagt.

Als sie am nächsten Morgen am Frühstückstisch erschien, musterte Elisabeth sie befremdet. »Du siehst blass aus«, bemerkte sie.

»Ja, ich weiß«, nickte Fanny. »Ich konnte vor Aufregung nicht schlafen.« Elisabeth lächelte verständnisvoll und strich Fannys Haar zurück. »Was ist das für ein Fleck an deiner Schläfe?«, fragte sie misstrauisch.

Fanny zuckte die Achseln. »Ich hab mich an einem Kasten gestoßen.« Sie goss sich Kaffee ein und sah Elisabeth treuherzig an. »Weißt, manchmal tu ich schlafwandeln, und hier ist ja alles fremd für mich.«

Elisabeth, wieder versöhnt, streichelte mitleidig über ihre Wange. »Armes Mädchen. Komm, iss.« Fürsorglich reichte sie ihr ein mit Honig bestrichenes Butterbrot. »Du musst dich stärken. Das wird ein langer Tag heute.«

Nach dem Frühstück gingen sie Arm in Arm eine ausgiebige Runde spazieren. Es hatte aufgehört zu regnen, der Boden war noch ein wenig feucht, aber sie hielten sich an die gepflasterten Wege und kamen beinahe trockenen Fußes zurück.

Nach dem Mittagessen befahl ihr Elisabeth eine Stunde Schönheitsschlaf. »Damit du ausgeruht bist, wenn der Baron kommt«, fügte sie hinzu.

Fanny zog ihr Reisekleid aus, löste die Haarspange und legte sich aufs Bett. Sie betrachtete sich im Spiegel. Ihr dunkles Haar hatte sich wie ein Fächer um ihren Kopf gelegt, die schmale Chemise betonte ihre zarte, mädchenhafte Figur, und jetzt, wo sie hochgerutscht war, kamen ihre langen schlanken Beine in den weißen Seidenstrümpfen vorteilhaft zur Geltung. Zufrieden drehte sie sich zur Seite und schlief ein.

Als sie die Augen aufschlug, lag Elisabeth neben ihr. Sie nahm Fanny in die Arme und küsste sie: »Ich zeige dir noch ein paar Dinge, die Karl große Freude bereiten werden.«

Langsam glitten ihre Lippen Fannys Hals entlang bis zum Ansatz der zarten Spitze. Fanny schloss die Augen und stellte sich vor, es wären Karls Mund, seine Hände, die sie derart kundig an ihren empfindsamsten Stellen berührten.

Eine wonnigliche Ewigkeit später hörten sie eine wohlbekannte tiefe Stimme. Karl war da. Endlich! Fanny schnellte hoch, doch Elisabeth hielt sie zurück.

»Bleib!«, befahl sie.

»Aber ich muss mich anziehen«, flüsterte Fanny.

»Kind, wo denkst du hin«, lachte Elisabeth. »Komm, leg dich wieder zu mir.«

Fanny seufzte. Als Karl eintrat, zog sie sich verlegen die Decke hoch bis über die Schultern. Doch sein Blick zeigte ihr, dass Elisabeth richtiglag.

»Ihr seht, das Mädchen ist bereit.« Lächelnd trat sie dem Baron entgegen.

Karl küsste sie zur Begrüßung flüchtig auf die Wange, entledigte sich wortlos seiner Kleider, vergewisserte sich, dass Elisabeth recht hatte, legte sich auf Fanny und machte sie zur Frau, während Elisabeth, als der Schmerz am Heftigsten war, mitfühlend ihre Hand drückte.

Das restliche Wochenende verbrachten sie zurückgezogen und auf wohltuende Weise mit sich selbst beschäftigt in ihrer geheimen Ménage-à-trois. Sie setzten keinen Fuß vor die Tür, während sich Franziska als unsichtbarer guter Geist vorbildlich um das leibliche Wohl der Gäste kümmerte, stets diskret darauf bedacht, nicht zu stören und die Schlafräume nur zu betreten, wenn die Herrschaften ihre Mahlzeiten im Speisesalon einnahmen. Die selbst bei diesen Gelegenheiten derangierte Toilette der hochwohlgeborenen Besucher schien das Dienstmädchen nicht zu bemerken.

Am letzten Tag zogen sich Elisabeth und Karl zurück – um Fanny eine Pause zu gönnen, wie sie sagten. Nach einem kurzen Schläfchen stand sie auf, um die beiden zu suchen. Seltsamerweise war Elisabeths Schlafgemach versperrt, obwohl sie vorhin noch laute Geräusche gehört hatte. Als sie an der Tür rüttelte, war es plötzlich ganz still. Kopfschüttelnd kehrte Fanny in ihr Zimmer zurück und wartete.

Ihr geduldiges Warten wurde schließlich belohnt. Karl schien zwar ziemlich betrunken, als er zu ihr ins Bett stieg, doch sie genoss es über die Maßen, ihren Geliebten ein Mal an diesem Wochenende ganz für sich zu haben.

Danach überreichte er Fanny ein kleines Kästchen. Eine Spieluhr, ganz allerliebst. »Weil du so brav bist«, erklärte er und küsste sie. »Gefällt sie dir?«

»Alles gefällt mir«, antwortete Fanny schelmisch.

Karl lachte auf und küsste sie. »Du bist außerordentlich vergnüglich, weißt du das? Ich möchte dich so oft wie möglich sehen, Kleines. Aber das bleibt unser Geheimnis. Versprichst du mir das?«

Fanny nickte, ein seliges Lächeln auf den Lippen. Da entdeckte sie Elisabeth, die reglos in der Tür stand.

Karl streckte ihr den Arm entgegen. »Ah, die gestrenge Frau Baronin. Seit wann bist denn schon da? Hast uns belauscht? Komm her und verdirb nicht alles.«

Elisabeth warf ihm einen vernichtenden Blick zu. »Ich hab genug. Wir reisen ab«, antwortete sie kühl.

Fanny, die Elisabeths Stimmungsumschwung nicht verstand, sah Karl fragend an.

»Du hast nichts falsch gemacht, Mäderl«, erklärte er und tätschelte ihr die Wange. »Sie ist danach immer so launisch.«

»Ich bin nicht launisch«, erwiderte Elisabeth gereizt. »Ich habe nur deine Spiele langsam satt.«

Karl lachte lustlos auf. »Das sagst du jedes Mal. Und du weißt genauso gut wie ich, dass das nicht stimmt.« Er drückte Fanny einen Kuss auf die Stirn und schwang sich aus dem Bett. »Aber wenn das so ist, bitte ich die Damen, mich zu entschuldigen. Es war mir ein Vergnügen.« Gelassen zog er sich an, packte seine Sachen zusammen, die im ganzen Zimmer verstreut lagen, und verließ grußlos den Raum.

Energisch klingelte Elisabeth nach Franziska. »Wir fahren ab, hilf uns beim Packen«, befahl sie herrisch und zog sich ohne ein weiteres Wort in ihr Schlafzimmer zurück.

Die Rückfahrt verlief schweigend. Auf Fannys Frage, ob sie etwas falsch gemacht habe, stieß Elisabeth lediglich ein knurriges »Das verstehst du nicht« hervor. Fanny konnte sich Elisabeths schlechte Laune nicht erklären, hatte aber auch keine Lust, darüber nachzudenken und sich davon ihre eigene Hochstimmung verderben zu lassen. Glücklich hing sie ihren Träumereien nach und schwebte noch Stunden nach ihrer Rückkehr wie auf Wolken.

»Stellt euch vor, sie haben sogar die Unterschrift des Obersthofmarschalls gefälscht und die manipulierten Einlasskarten zu überhöhten Preisen verkauft. Den einen oder anderen dieser Gauner hat man erwischt, aber man weiß nicht, wie viele der Fälschungen tatsächlich in Umlauf kamen.« Georg grinste verschmitzt. »Seid ihr sicher, dass unsere echt sind?«

»Georg!«, riefen Mathilde und Friedrich wie aus einem Mund und rügten ihren Sohn in seltener Eintracht.

Die gräfliche Familie Wohlleben war in ihrem Landauer – Hofkaleschen waren für diesen Abend hoffnungslos ausgebucht – auf dem Weg Richtung Hofburg, um einem spektakulären Schauspiel beizuwohnen, dessen es minutiöser Vorbereitungen bedurft hatte. Wenn es darum ging, seine Kongressgäste zu zerstreuen, war Kaiser Franz kein Aufwand zu groß. Und nun, da die Weihnachtszeit nahte und damit Bälle und ähnliche Vergnügungen eine Pause einlegen mussten, stand ein ganz besonders traditionsreiches Spektakel auf dem Programm – es sollte, wurde kolportiert, eines der schönsten Feste werden, das der Hof anlässlich des Kongresses geben wollte. Siebzig Jahre nachdem Kaiserin Maria Theresia ihr legendäres Damenkarussell inszeniert hatte, erweckte ihr Enkel die Idee des historischen Ritterspiels aus ihrem Dornröschenschlaf und lockte damit an diesem 23. November 1814 Tausende Gäste aller Stände in die Winterreitschule.

Graf Friedrich empfand die Einladung als berufliche Verpflichtung, der er mit der ihm eigenen professionellen Routine und Disziplin nachzukommen gedachte.

Mathilde sah dem Ereignis mit gemischten Gefühlen entgegen. Einerseits mit einer gewissen Neugier – Derartiges wurde nicht alle Tage geboten –, andererseits hatte sie sich mittlerweile so an ihre häusliche Zurückgezogenheit gewöhnt, dass ihr diese Aufregung und der damit verbundene Aufwand in Wahrheit ganz und gar nicht konvenierte.

Fanny hingegen war vollkommen außer Rand und Band. Schon am Tag zuvor war sie kaum zu ertragen gewesen, jetzt zappelte sie aufgeregt auf ihrem Platz herum und strapazierte damit in der engen Kutsche nicht nur die Nerven ihrer Mutter. Würde er da sein? Würde er sie begrüßen, vielleicht sogar mit einem Kuss? Unsinn, sie hatte ihm versprochen … Aber vielleicht doch? Fanny glaubte vor Aufregung zu platzen. Diesen attraktiven Mann ihren Geliebten nennen zu können, war mehr, als ihr unerfahrenes Herz zu ertragen vermochte. Dass sie niemandem davon erzählen durfte und dieses köstliche Abenteuer als Geheimnis für sich behalten musste – das war zu viel. Vielleicht würde er ja doch …

»Fanny! Jetzt sitz endlich still. Du machst mich ganz nervös«, wies Mathilde sie gereizt zurecht.

»Nicht nur dich, Mama«, schloss Sophie sich ihrer Mutter an und drückte verständnisinnig ihre Hand.

Sie hatte sich sehr auf diesen Abend gefreut, denn sie war mit Edward verabredet, der auf Einladung ihres Vaters – entgegen den Protesten ihrer Mutter, die fand, man biete mit einer solchen Geste der Vertraulichkeit nur Anlass für Klatsch und Spekulationen – einen Platz unmittelbar neben ihr auf der Galerie einnehmen würde. Die exaltierten Kaprizen ihrer kleinen Schwester jedoch strapazierten seit Tagen ihre Nerven weit über Gebühr, genau genommen seit dem Wochenende, das Fanny mit Elisabeth in Baden verbracht hatte. Offensichtlich glaubte sie, nun, da sie derart engen Umgang mit einer Erwachsenen pflegte, selbst dazuzugehören. Sie behandelte ihre Umgebung mit einer Herablassung, die Sophie zur Weißglut trieb. Da sie allerdings Mathilde gegenüber ein tatsächlich tadelloses Benehmen an den Tag legte, fand Sophie bei ihrer Mutter zu ihrem Leidwesen keinerlei Unterstützung.

Georg wiederum, dem sie ihr Leid geklagt hatte, fand die kindischen Allüren seiner kleinen Schwester recht amüsant. Er war zudem ausnehmend guter Laune, hatte ihn doch die Fürstin nach der Veranstaltung zu einem Empfang in ihrem Appartement in der Schenkenstraße eingeladen. Und den sehr persönlichen, handschriftlich hinzugefügten Worten auf der formellen Einladungskarte war zu entnehmen, dass er zwar nicht der einzige, allerdings mit ziemlicher Sicherheit der letzte Gast des Abends sein würde.

»Es ist gewiss erstaunlich, dass man den Vorbereitungen zu diesem Fest mehr Augenmerk widmete als der äußerst brisanten Sachsenfrage«, bemerkte Graf Wohlleben trocken.

Georg lachte auf. »Erstaunt dich das, Vater? Es scheint, als dauere der Kongress nur deshalb bereits so lange, weil die Teilnehmer ungern auf die damit verbundenen Vergnügungen verzichten würden.«

»Die Hofkassen können das unzweifelhaft bezeugen«, quittierte Friedrich die Bemerkung seines Sohnes mit einem schmalen Lächeln. »Und sie werden dem Kongress wohl auf ihre Weise ein Ende setzen. Wenn nicht ein anderer es tut.«

»Was meinst du damit?«, fragte Georg neugierig.

»Kinder, verschont uns bitte einen Abend lang mit euren politischen Diskussionen«, warf Mathilde gequält ein. »Allein aus diesem Grund wünsche ich mir das baldige Ende dieses unseligen Kongresses herbei.«

»Natürlich, Mathilde«, beschwichtigte Friedrich seine Frau. Ihm war sehr an einem harmonischen Verlauf des Abends gelegen.

Georg nickte ebenfalls, verkniff sich allerdings die Bemerkung, dass in Anwesenheit seiner Mutter auch vor dem Kongress nicht über wichtige politische Themen hatte debattiert werden dürfen.

Die Equipage hielt, sie waren da. Aufgeregt hüpfte Fanny als Erste hinaus, Sophie folgte ihr, deutlich gelassener. Friedrich erhob sich, um seiner Frau selbst über die kleine Treppe zu helfen, dann verließ Georg als Letzter die Kutsche.

Staunend sah Sophie sich um. Der Platz war mit Fackeln hell erleuchtet, von überall her strömten Menschen zu den Eingängen, an denen uniformierte Wachen standen und livrierte Beamte die Eintrittskarten kontrollierten. Als sie im engsten Gedränge endlich den Saal erreichten, entdeckten sie überall bekannte Gesichter. Freunde der Familie und Offiziere, hohe Beamte und ihr Personal – ganz Wien hatte sich eingefunden, um dem Spektakel beizuwohnen. Sie unterschieden sich in Rang und Stand nur durch ihre Garderobe und die Plätze, denen sie zustrebten. Mit gemischten Gefühlen beobachtete Mathilde die bewundernden, oft begehrlichen Blicke, die Herren aller Altersgruppen und leider auch zweifelhafter gesellschaftlicher Provenienz ihren Töchtern zuwarfen. Besorgt registrierte sie, wie kokett Fanny ihre Röcke hob, sich in Pose warf und dabei wie zufällig ihre kindlich-schlanken Fesseln zur Schau stellte.

Sophie dagegen schien von all dem nichts zu bemerken. »Hier sieht es ja aus wie im Krieg!« Begeistert strahlte sie ihre Mutter an. »Mama, seht nur, der Ballsaal ist kaum wiederzuerkennen.«

Und tatsächlich, mit viel Liebe zum Detail war die barocke Winterreitschule in einen mittelalterlichen Turnierplatz verwandelt worden, dekoriert mit den Flaggen der alliierten Monarchen, mit Rüstungen, Schilden, Morgensternen und Helmen geschmückt und in das Licht Tausender Kerzen getaucht.

»Schwesterlein, eines kann ich dir versichern. Im Krieg sieht es definitiv anders aus.« Amüsiert drückte ihr Georg einen Kuss auf die Stirn.

Verlegen wandte Sophie sich ab.

»Suchst du jemanden?«, fragte sie Fanny, die sich seit ihrer Ankunft den Kopf verrenkte und zu Sophies

Erstaunen auf keine ihrer teilweise spitzen Bemerkungen über Garderobe, Kopfputz oder Frisuren der übrigen Gäste reagierte.

»Nein, nein«, antwortete Fanny rasch. »Aber ich dachte, vielleicht treffe ich Elisabeth und könnte ein bisschen mit ihr plaudern.«

Wie auf Geheiß kam ihnen die Baronin von Altenburg entgegen. Sie lachte und presste sich eng an ihren Begleiter, dessen Gesicht allerdings in der Menge nicht auszunehmen war. Erst als sie sich auf gleicher Höhe befanden, erkannte Fanny Karl von Trattenbach. Zu ihrer Erleichterung achtete in diesem Gewühl keiner auf sie, sodass niemand ihre Aufregung bemerkte. War es Zufall, dass Karls Arm den ihren streifte? Er sah sich nicht zu ihr um, doch Fanny stand in Flammen.

»Ich wusste gar nicht, dass die Altenburg deinen Freund kennt«, bemerkte Sophie nebenbei zu Georg. »Ob die beiden liiert sind? Sie jedenfalls wirkt sehr verliebt.«

Georg zuckte gleichgültig die Achseln. »Der ist mit keiner liiert und wenn, dann ist es ein kurzes Vergnügen«, antwortete er. »Allerdings scheint die werte Baronin seinen Eskapaden und sogar seiner Spielleidenschaft erstaunlich großes Verständnis entgegenzubringen. Attraktiv ist sie ja, die junge Witwe. Und reich dazu. Ich hoffe sehr, Schwesterchen, du hast kein Auge auf ihn geworfen.« Er warf ihr einen strengen Blick zu.

Sophie lachte laut auf und knuffte ihn in die Seite. »Bist du verrückt, Bruderherz? Diesen selbstgefälligen Gecken würde ich keine fünf Minuten an meiner Seite ertragen.«

Fanny versuchte, ihre widerstreitenden Gefühle tapfer zu ignorieren. Einerseits war sie froh, dass ihre Familie keinerlei Verdacht schöpfte, andererseits trafen sie die Worte ihrer Geschwister mitten ins Herz. So erleichtert sie darüber war, dass Elisabeth und Karl sich augenscheinlich wieder versöhnt hatten – damit stand ihrem nächsten Treffen mit Karl zumindest nichts mehr im Wege –, so wenig konnte sie es begreifen. Fanny seufzte. Irgendwie hatte sie sich das mit der Liebe anders vorgestellt.

Endlich hatte die gräfliche Familie ihre Plätze auf der ersten Galerie gefunden. Sie befanden sich zwar nicht in der vordersten Reihe – die war Diplomaten und gekrönten Häuptern samt ihrer Begleitung vorbehalten –, aber zumindest in bester Gesellschaft.

Sophie strahlte, als Edward neben ihr Platz nahm, nachdem er ihre Eltern und Geschwister äußerst galant begrüßt hatte. Sie musterte ihn von der Seite und bewunderte wieder einmal sein glänzendes Aussehen. Er schaffte es, mit seiner Jacke aus feinstem Tuch, den langen hellen Hosen und dem auffällig gebundenen Halstuch elegant und nach der neuesten Mode gekleidet zu sein, ohne wie ein Dandy zu wirken.

»Was für eine Freude, Euch zu sehen«, bemerkte er und streichelte sanft über ihren Handrücken. »Ihr seht zauberhaft aus.«

Sophie hatte sich mit ihrer Toilette in der Tat alle Mühe gegeben. Ihr neues, fliederfarbenes Kleid war aus duftiger Seide, ihr großzügiges Dekolleté stand diesmal dem der Bagration um nichts nach, erlesene Perlen mit einem opulenten, in Brillanten gefassten Verschluss aus der Juwelensammlung ihrer Großmutter schmückten ihren zarten Hals. Ein aufwendiger Kopfputz mit gefärbten Federn in allen Schattierungen von zartem Blau bis hin zu dunklem Violett betonte ihr golden glänzendes Haar. Adele hatte sich selbst übertroffen, sogar Mama war mit Sophies kunstvoller Frisur außerordentlich zufrieden. Dennoch. Sophie sah sich um und fühlte sich wie erschlagen. Noch nie hatte sie derart kostbare Juwelen und solch erlesene Roben gesehen. Perlen, Diamanten und Edelsteine im Wert von mehreren Millionen Gulden zierten nicht nur zierliche Handgelenke, opulente Frisuren, zarte Ohren und gewagte Dekolletés, sondern auch Gürtel, Kleider und Schuhe der Damenwelt. Sogar die Herren schmückten sich – eingezwängt in eng sitzende Uniformen – neben den eher konventionellen Orden und Federbuschen an allen möglichen und unmöglichen Stellen mit Brillanten.

Zu ihrer Erleichterung stellte Sophie fest, dass die Bagration in einem äußerst ungünstigen Winkel zu ihnen platziert war und Baines' Aufmerksamkeit ausschließlich ihr selbst gehörte. Er schien sie mit den Augen geradezu zu verschlingen. Und zum ersten Mal in ihrem Leben war sie froh darüber, kein Mann zu sein.

Die Spiele begannen und es blieb keine Zeit mehr, diesen Gedanken zu vertiefen. Pünktlich um acht Uhr begleiteten Fanfarenklänge den Einzug der Edeldamen. Sie allein schon boten ein überaus anregendes Bild. Ganz in Smaragdgrün, Karmesinrot, Blau und Schwarz gekleidet, nahmen sie in der vordersten Sitzreihe der Galerie Platz. Zur zweiten Fanfare zogen die Souveräne ein. Baines bot Sophie galant seinen Arm an und drückte verstohlen ihre Hand, als sich alle Gäste von ihren Sitzen erhoben. Mit dramatischer Geste warfen die Damen auf dem Balkon ihre Schleier ab, das Zeichen für den Einmarsch der Paladine, die begleitet von ihren Knappen und Stallmeistern ins Geviert ritten. Gespannt richtete sich Sophie auf und musterte die Reiter. Sie waren prächtig gekleidet. Farblich abgestimmt auf ihre jeweilige Herzdame, trugen sie bunte Beinkleider zu einem eng anliegenden Samtwams mit Puffärmeln und Atlasaufschlägen, gewagte gelbe Halbstiefel mit goldenen Sporen, goldbestickte Stulpenhandschuhe, dazu breitkrempige Hüte mit Federbuschen, die mit Diamantagraffen gehalten wurden. Degen und Wehrgehänge waren mit Edelsteinen besetzt.

»Schaut Euch diese ungarischen Rappen an. Wahrlich erlesene Tiere. Doch das Publikum sieht nur die eitlen Gecken, die sie reiten«, bemerkte Baines leise.

Sophie fühlte sich ertappt. »Was habt Ihr anderes erwartet?«, flüsterte sie. »Werft doch einmal einen Blick nach rechts. Allein mit dem Schmuck der Damen ließen sich Kriege gewinnen.«

Baines lächelte. »Das kann ich nicht beurteilen, ich habe nur Augen für Euch.«

Sophie lachte auf. »Und die ungarischen Rappen.« Dann richtete sie ihre ganze Aufmerksamkeit wieder auf das Geschehen im Saal.

Nachdem die Reiter zuerst die Kaiserin, die Königinnen und anschließend ihre Damen durch Senken der Lanzen begrüßt und die Bahn zweimal passiert hatten, zogen sie sich zurück. Schon schmetterten die Trompeten das Signal zur ersten Quadrille.

»Ein Glück, dass wir uns im 19. Jahrhundert befinden«, bemerkte Baines amüsiert. »Heute fließt garantiert kein Blut.«

»Ich finde es dennoch sehr aufregend«, antwortete Sophie und griff nach dem Opernglas ihrer Mutter. Unauffällig schwenkte sie es in die Richtung, in der sie die Bagration vermutete – und erschrak, sah sie doch der Russin direkt in die Augen. Dieser Blick verhieß wahrlich nichts Gutes. Rasch gab Sophie ihrer Mutter das vergoldete Okular zurück und versuchte das Unbehagen zu ignorieren, das in ihr aufstieg. Georg hatte recht, sie hatte sich tatsächlich eine mächtige Feindin gemacht. Aber als sie Edwards Knie spürte, das wie zufällig ihre Röcke streifte, erschien ihr das ein vergleichsweise geringer Preis zu sein, und ein unbändiges Glücksgefühl stieg in ihr auf.

Edward zog fragend eine Augenbraue hoch, als er ihren strahlenden Blick bemerkte. »Das Mittelalter scheint eine erstaunliche Wirkung auf Euch zu haben«, bemerkte er belustigt.

»Helden in kanariengelben Stiefeln, genau genommen. Habt Ihr das nicht gewusst?« Sophie fühlte sich ertappt, nestelte einen Fächer aus ihrem Retikül und versuchte sich auf das Spiel zu konzentrieren.

Die Ritter kehrten zurück, das erste Rennen begann. Mit erstaunlicher Geschwindigkeit sprengten die Reiter im Galopp um die Bahn und angelten mit ihren Lanzen nach den an Pfeilern aufgehängten Ringen.

»Jetzt wisst ihr, warum die Ritterspiele im 17. Jahrhundert Rossballette genannt wurden«, scherzte Edward.

»Nun, an Eleganz lassen die vierbeinigen Elevinnen definitiv zu wünschen übrig, aber die Kunstfertigkeit von Reiter und Pferd ist beachtlich. Und immer noch besser als gespaltene Schädel und abgetrennte Gliedmaßen«, verteidigte Sophie die motivierten Akteure. »Ich finde Turniere so viel charmanter!«

»Dann wartet ab«, grinste Edward. »Jetzt folgt das Kopfrennen.«

Im zweiten Bewerb machten sich die Ritter mit ihren Lanzen, Degen und Wurfspießen über Sarazenenköpfe her.

»Was für eine Geschmacklosigkeit«, empörte sich Sophie. »Wie kann man sich über ein derart ernstes Thema wie die Türkenkriege in dieser überaus plumpen Form erheitern!«

»Da gebe ich Euch recht. Und bin glücklich, eine Frau zu lieben, die nicht gleich das Thema wechselt, wenn es um Politik geht.«

Sophie bemerkte die vorwurfsvollen Blicke ihrer Mutter. »Wir sollten nicht tuscheln«, ermahnte sie ihn.

»Ganz wie Ihr wünscht, Mylady«, flüsterte er lächelnd und wandte sich wieder dem Geschehen auf dem Turnierplatz zu.

Die Aufgabe des dritten Durchgangs bestand darin, einen an einem Faden hängenden Apfel abzuschneiden und noch im Fall in zwei Hälften zu spalten. Sophie beobachtete die präzisen Bewegungen und das harmonische Zusammenspiel von Pferd und Reiter mit dem Opernglas. Weniger, weil die Geschicklichkeit, die dieser Akt erforderte, sie dermaßen in den Bann zog, sondern weil sie eine Bewegung am anderen Ende des Balkons wahrgenommen hatte. Und tatsächlich, die Bagration war verschwunden. Beunruhigt sah sie sich um und verfolgte den Abschluss der Vorführung nur aus den Augenwinkeln. Zu mitreißender Tanzmusik führten die Ritter im Rahmen eines Scheinturniers in spektakulären Dressurakten die kunstvollsten Figuren aus. Begleitet vom tosenden Applaus des begeisterten Publikums verließen sie schließlich den Saal.

Während sich die Monarchen mit ihren Begleiterinnen in den kleinen Redoutensaal zu einem Festmahl begaben, löste sich die Gesellschaft im Saal nur langsam auf. Fanny registrierte enttäuscht, dass Elisabeth und Karl zu den Wenigen gehörten, die den Saal sofort nach dem Karussell verließen.

Sophie konnte sich keinen rechten Reim aus Fannys Stimmungsumschwung machen. Sie kam allerdings nicht dazu, sich darüber mit ihrer Mutter auszutauschen, da wie aus dem Nichts plötzlich die Bagration neben ihnen stand, Baines geschickt zur Seite zog und in ein Gespräch verwickelte. Sie sprach leise, ihre sinnlichen Lippen Haut an Haut mit Edward, während ihr Körper beinahe auf Tuchfühlung mit ihm ging. Fannys Schmollmund war vergessen, und eine Welle der Übelkeit erfasste Sophie. Edward hörte der Fürstin höflich zu, warf aber immerhin einige Male einen entschuldigenden Blick in Sophies Richtung, die verärgert den Kopf abwandte.

Georg wiederum ließ die Bagration nicht aus den Augen, während er sich mit Stanislaus und Philipp unterhielt, die nach dem Ende der Veranstaltung zu ihnen gestoßen waren.

Da fiel Sophies Blick auf eine einfach gekleidete, unscheinbare junge Frau, die direkt auf Stanislaus zuging. Stanislaus, sichtlich peinlich berührt, wechselte kühl ein paar Worte mit ihr. Das Mädchen nickte und verließ den Saal. Alles an ihr wirkte traurig und schwer. Mitleidig sah Sophie ihr nach. Offiziere, die sich mit Dienstmädchen vergnügten, waren keine Seltenheit. Auch wenn sie den denkbar besten Eindruck von Stanislaus hatte – warum sollte er anders sein?

»Du musst das beenden, Stani«, redete ihm Georg gerade ins Gewissen. »Die Mitzi hat das nicht verdient. Was wollte sie denn von dir?«

»Ach nix«, erklärte sein Freund. »Reden wollt sie halt. Das will sie in letzter Zeit immer.« Nach einem kurzen Seitenblick auf eine vorbeiziehende Schönheit, die Georg ein aufreizendes Lächeln schenkte, fuhr er fort: »Es macht gar keinen Spaß mehr mit ihr. Ständig lässt sie den Kopf hängen, und ins Bett will sie auch nicht mehr mit mir. Ich werd Schluss machen. Hat eh keinen Sinn.«

Anerkennend klopfte ihm Georg auf die Schulter. »Recht hast. Bist ein fescher Kerl. So was brauchst dir nicht antun. Find'st nicht auch, Philipp?«

Philipp zuckte die Achseln. »Mir tut sie leid. Ich versteh nicht, warum ihr immer was mit Stubenmädeln anfangts. Ihr bringt sie nur in Schwierigkeiten – und euch auch.«

»Warst schon immer ein Spaßverderber«, konterte Georg ungerührt. »Stani, hör nicht auf ihn. Such dir eine Neue, Hübschere, mit der du dir a Hetz machst. Und ich hab mich umgehört. Es gibt da einen Amtsdiener im Kabinett des Obersthofmeisters, der ist seit Kurzem Witwer und sucht eine Frau, die ihm den Haushalt führt. Wenn Mitzi sich geschickt anstellt, würd er sie wahrscheinlich sogar heiraten. Ich werd mal mit meinem Vater reden.«

Stanislaus seufzte erleichtert. »Bist ein echter Freund, Georg. Das nächste Mal weiß ich's besser, das sag ich dir.«

»Was habt ihr denn Interessantes zu besprechen?« Sophie gesellte sich zu ihnen. Sie war es leid, Edward und die Fürstin zu beobachten. Und dann dieser seltsame Blick, den ihre Mutter den beiden zuwarf. Auch Tante Louise hatte sich eingefunden. Sie und Mathilde steckten die Köpfe zusammen und tuschelten wie junge Mädchen, während sie immer wieder zu ihr herübersahen. Der Abend nahm eindeutig nicht den Verlauf, den Sophie sich gewünscht hatte.

»Nichts, Schwesterherz«, antwortete Georg, unerschütterlich gut gelaunt. »Zumindest nichts, was als Gesprächsstoff in Anwesenheit von Damen dienlich wäre.«

Fanny, die Sophie gelangweilt gefolgt war, spitzte die Ohren. »Immer, wenn's interessant wird, hört ihr auf zu reden«, beschwerte sie sich.

Philipp, der neben ihr stand, lachte auf: »Seid versichert, das wollt Ihr wirklich nicht hören.«

Fanny warf den Kopf zurück und musterte ihn. Eigentlich ganz passabel, stellte sie überrascht fest, natürlich bei Weitem nicht so fesch wie der Karl, aber durchaus angenehm anzusehen. »Wie könnt Ihr das wissen?«, gab sie kokett zurück.

»Es würde jedenfalls kein gutes Licht auf uns werfen«, gab er zurück. Fanny lächelte ihn an und fand, dass der Abend doch nicht so öde war.

Sophie beobachtete die kleine Szene aufmerksam. Dieser Graf von Keynitz war tatsächlich eine äußerst einnehmende Erscheinung. Ob sie Georg bitten sollte, ihn einmal zum Abendessen einzuladen?

Doch gerade als sie versuchte, ihren Bruder auf die Seite zu ziehen, um mit ihm unter vier Augen darüber zu sprechen, verabschiedete er sich. »Ich muss euch jetzt im Stich lassen, bin noch eingeladen. Lebt wohl! Stani, Philipp, wir sehen uns morgen, in alter Frische.«

Georg küsste Sophie auf die Wange und ging auf die Fürstin zu. Mit Genugtuung registrierte Sophie, wie er sich zwischen die Bagration und Baines stellte und ihr in einer beinahe unbotmäßig besitzergreifend wirkenden Geste seinen Arm anbot, während sich zwei weitere Kavaliere zu ihnen gesellten.

Baines wiederum, sichtlich erfreut über die überraschende Schützenhilfe, eilte zu Sophie. »Verzeiht mir«, flüsterte er. »Nun gehöre ich wieder ganz Euch.«

Doch Sophie vermochte sich nicht so recht darüber zu freuen und wandte sich Philipp zu, der inzwischen mit Fanny plauderte.

Wenig später löste sich die kleine Gesellschaft auf. Zuerst verabschiedete sich Tante Louise, dann auch Baines – der sich zu Sophies Entsetzen Georg und der Fürstin anschloss. Für eine kleine Überraschung sorgte schließlich Mathilde, als sie nach einem anregenden Gespräch Graf von Keynitz – ganz gegen ihre Art – spontan zum Abendessen einlud.

»Ein durchaus vielversprechender junger Mann«, bemerkte sie wohlwollend, als sie wenig später in ihrer Kutsche saßen. »Du hast ihm gefallen, Fanny. Und du warst très charmant, mein Kind. Ganz wie man das von einer jungen Dame deines Alters erwartet. Ich bin sehr zufrieden mit dir. Ich werde das bei Gelegenheit auch Elisabeth gegenüber erwähnen.«

Fanny errötete.

»In der Tat«, bestätigte Friedrich. »Gut gemacht. Und es war eine hervorragende Idee, den Grafen zu uns zu bitten.«

Fanny lächelte stolz. Sie hatte es geschafft. Endlich gehörte sie dazu. Wer weiß, vielleicht würde Elisabeth

Karl von ihrem neuen Verehrer berichten. Ihr Geliebter, eifersüchtig ihretwegen – was für eine grandiose
Vorstellung. Fanny war rundum zufrieden.

Der Rest der Heimfahrt verlief schweigend. Friedrich war in Gedanken schon wieder bei seinen Geschäften, Mathilde, nun doch erschöpft, nickte wie ihre
Jüngste, von den vielen Eindrücken des Tages über-
wältigt, sofort ein. Lediglich Sophies Stimmung hatte
empfindlich gelitten. Von Zweifeln geplagt fragte sie
sich: Was, wenn Baines nicht der Mann von Ehre war,
für den sie und ihr Vater ihn hielten?

☙

Georg begann sich zu langweilen. Es war bereits weit
nach Mitternacht, alle für einen Flirt infrage kommenden Damen hatten sich längst verabschiedet – und
die Bagration hielt Hof. Rund ein Dutzend der hart-
näckigsten Kavaliere war übriggeblieben und wich
ihr nicht von der Seite, unter ihnen junge Diplomaten ebenso wie Herren reiferen Alters mit klingen-
den Namen aus den ältesten Familien des Reiches. Sie
alle hofften wie Georg darauf, mehr von der Gastgeberin zu erhalten als teuren Champagner. Zu seinem
Erstaunen stellte er fest, dass auch Baines bisher keine
Anstalten gemacht hatte, den Kreis der Entschlossenen
zu verlassen. Er vermittelte allerdings nicht den Eindruck, als ob er unbedingt das Rennen um die letzte
Karte gewinnen wollte. Sein Interesse an der Dame
des Hauses schien sich in Grenzen zu halten.

»Sie ist außergewöhnlich, nicht wahr?« Georg stellte sich zu ihm an die Bar.

»Das ist sie wohl«, nickte Baines. »Außergewöhnlich zielstrebig, würde ich meinen.« Er schenkte sich Whisky ein. »Habt Ihr auch Lust auf etwas Härteres?«

Georg schüttelte den Kopf. »Nein, danke, ich bleibe lieber beim Champagner. Ich werde mich doch nicht selbst aus dem Feld kicken.«

Baines grinste und erhob sein Glas. »Na dann, Weidmannsheil. Die Konkurrenz ist heute wahrlich nicht zu verachten.«

»Und Ihr, warum seid Ihr noch hier?«, wagte Georg einen Vorstoß.

»Der Herr mit dem Leopold-Orden«, Baines wies mit dem Kinn vage auf einen der älteren Gäste, »ist über den derzeitigen Stand der Verhandlungen mit Großbritannien außergewöhnlich gut informiert. Er sollte keinesfalls den Lockrufen unserer reizvollen Sirene erliegen. Zumindest nicht heute. Nicht nur seine Frau Gemahlin hat mich ausdrücklich darum gebeten. Wenn Ihr versteht, was ich meine.«

Georg lachte auf. »Nun, ich habe schon attraktivere Gouvernanten gesehen.«

Baines zuckte die Achseln. »Die hohe Diplomatie fordert eben ihren Tribut.«

Nach dem dritten Glas Whisky steuerte die Bagration direkt auf sie zu. Mit einem hinreißenden Lächeln auf den Lippen drückte sie Georg ein Kuvert in die Hand. »Graf Wohlleben, seid so gut und bringt das in mein Arbeitszimmer. Die Tür steht offen. Wartet dort auf mich.«

Georg verbeugte sich. »Natürlich, Fürstin.«

Baines Mundwinkel zuckten, als Georg ihm mit ausdrucksloser Miene zum Abschied zunickte.

»Was amüsiert Euch, Baines?«, fragte Katharina Bagration kühl.

»Nichts, Madame. Ihr seid eine exzellente Gastgeberin«, entgegnete er. »Aber das wisst Ihr sicher.«

»Nicht exzellent genug für Euch, wie es scheint. Ihr wirktet den ganzen Abend so, als sei Euch die Anwesenheit in meinem Haus eine lästige Verpflichtung.« Langsam strich sie mit ihrem Fächer über seinen Arm.

»Ganz im Gegenteil. Es war mir ein Vergnügen, Euch zu beobachten«, antwortete er galant.

»Nicht nur mich, wie es scheint.« Sie warf ihm einen prüfenden Blick zu.

»Da irrt Ihr, Fürstin. Aber ich kann Euch nicht vor allen Gästen mit meinen Augen verschlingen. Das wäre äußerst unpassend, findet Ihr nicht auch?«

Endlich lächelte sie. »Wie charmant Ihr seid. Und wie durchtrieben!« Sie seufzte dramatisch. »Wartet nur, ich werde Euch auf die Probe stellen. Nicht heute allerdings. Ich kann doch mit Eurer Anwesenheit beim Salon der Baronin von Lilienthal kommende Woche rechnen, nicht wahr?«

»Natürlich, wenn es Euer ausdrücklicher Wunsch ist. Wie könnte ich Euch etwas abschlagen?«

Die Bagration lächelte maliziös. »Darauf komme ich zurück, Ihr werdet sehen. Und ich kann es kaum erwarten. Bis dahin, lebt wohl.« Sie reichte ihm die Hand zum Kuss und wandte sich den anderen Gästen zu. »Meine Herren, ich bin müde und werde mich zurückziehen.«

Amüsiert registrierte Baines die ebenso enttäuschten wie hungrigen Blicke, die der Fürstin folgten, während sie aufreizend langsam, mit schwingenden Hüften den Raum verließ.

Was sie wohl im Schilde führt? Während er sich, erleichtert darüber, dass der Empfang kürzer ausgefallen war, als er befürchtet hatte, auf den Heimweg machte, dachte Baines über den Sieger des Abends nach. Georg war entschieden eine Nummer zu klein für dieses Spiel. Die Bagration musste einen Grund dafür haben, ihm derart offen vor allen Gästen ihre Gunst zu schenken. Das unangenehme Gefühl beschlich ihn, dass möglicherweise er selbst dabei eine Rolle spielen könnte.

Stunden später verließ auch Georg das Palais Palm in der Schenkenstraße und begab sich zu Fuß hinaus in eine klirrend kalte, wolkenlose Nacht. Die Straßen waren leer gefegt, die Nachtschwärmer bereits in ihren Betten, Marktstandler, Wäschermadln und Buttenweiber noch nicht im Dienst.

An sich mochte er diese besonderen Momente vor Beginn des neuen Tages, in denen die Stadt ihm allein gehörte. Doch Georg war verstimmt. Er wusste, dass er sich gut darauf verstand, Frauen Befriedigung zu schenken, immerhin hatte er ein paar wunderbare

Lehrmeisterinnen gehabt. Heute hatte er sein absolut Bestes gegeben. Nicht eine Sekunde hatte die Fürstin ihn daran zweifeln lassen, welch großes Vergnügen er ihr bereitete. Aber danach … Wie konnte eine Frau nur dermaßen gefühllos sein? Sie hatte ihn eiskalt abserviert. Georgs Miene verfinsterte sich.

Geschickt hatte sie, während er sich eine kurze Verschnaufpause gönnen musste, das Gespräch auf Edward Baines gelenkt. Ob Baines offensichtliches Interesse an seiner Schwester ein tiefergehendes wäre, hatte sie gefragt. Was erwartete sie? Dass er Familienangelegenheiten vor ihr ausbreitete? Während er sich anzog, hatte sie ihm ausführlich von Baines' angeblicher Verlobten – er wisse hoffentlich davon – erzählt. Natürlich, hatte er erwidert, seien ihm bereits derlei Gerüchte zu Ohren gekommen, doch wisse er, was er von diesem Tratsch zu halten hatte, vor allem, wenn es um einen Mann wie Baines ging. Dass ihm die Fürstin, während sie sich noch in den Laken räkelte, allerdings eine geradezu euphorische Beschreibung der Vorzüge dieser Dame lieferte und nicht müde wurde zu betonen, dass Sophie nicht in der Lage sein würde, einem Mann wie Baines zu geben, was er brauchte, hatte ihm die Laune verdorben. Morgen würde er die Stanzi besuchen. Oder Charlotte. Sie hatte momentan kein fixes Engagement und würde sich sicher freuen, ihn zu sehen. Bei dem Gedanken daran fühlte er sich gleich besser.

Georg schritt rascher aus, die Kälte drang durch seinen Tuchmantel und langsam befiel ihn eine leichte

Müdigkeit. Sollte er Sophie gegenüber etwas erwähnen? Sie schien großen Gefallen an Baines gefunden zu haben. So strahlend wie in den letzten Tagen hatte er seine Schwester noch nie erlebt. Doch wozu alles verderben? Sollte an den Gerüchten etwas dran sein, würde sie es ohnehin früh genug erfahren. Sollten sie jedoch, wie er hoffte, jeder Grundlage entbehren, würde Sophie ihm nie verzeihen, dass er Baines' Integrität infrage gestellt hatte. So beschloss Georg, sein Wissen für sich zu behalten. Und was die Mitzi betraf, würde er gleich morgen mit seinem Vater reden. Der jüngst verwitwete Obermeier hätte eine Freud mit dem sauberen und bescheidenen Mädel. Und der Stani bräuchte nicht mehr länger ein schlechtes Gewissen haben. Zufrieden mit seinen Entscheidungen bog Georg um die Ecke und sah, dass in den Wirtschaftsräumen bereits Licht brannte. Höchste Zeit, sich noch ein paar kurze Stunden Schlaf zu holen.

∿

Stanislaus war verkatert und schlecht gelaunt. Es war spät geworden gestern im Sperl, er hatte zu viel getrunken, und der Josef, einer seiner ältesten Freunde, hatte ihm die bildhübsche Tänzerin ausgespannt – deren Name ihm nicht und nicht einfallen wollte –, gerade als er glaubte, zum Zug zu kommen. Jetzt war er auf dem Weg zur Mitzi. Sollte sie ihn wieder nicht ranlassen, würde er die Sache beenden. Ein für alle Mal. Selbst wenn sie ihn mit diesem gewissen Blick anschaute. Diesmal würde er hart bleiben.

Als sie die Tür öffnete, erschrak er. Sie war weiß wie die Wand.

»Was hast denn, du schaust ja furchtbar aus«, schleuderte er ihr statt einer Begrüßung entgegen.

»Nix hab ich«, entgegnete sie leise und trat einen Schritt zurück, um ihn einzulassen.

Als er sie so klein und durchsichtig vor sich stehen sah, packte ihn das schlechte Gewissen. Und gleichzeitig eine fürchterliche Wut. Was war nur aus dem Mädel geworden, in das er sich verliebt hatte? Ausgehungert, wie er war, zerrte er an ihrem Kittel und warf sie aufs Bett. Dann nahm er sie, ihre schwächer werdenden Proteste ignorierend. Er brauchte nicht lange. Sie blieb einfach still liegen und rührte sich nicht.

»So steh doch auf«, herrschte er sie an.

Da begann sie herzzerreißend zu schluchzen.

Stani knöpfte seine Hose zu. »Das ist ja nicht zum Aushalten«, warf er ihr verärgert vor. »Weißt was, ich geh jetzt. Für immer. So eine Heulsuse wie dich brauch ich nicht.«

Der Blick, den sie ihm zuwarf, ging ihm durch Mark und Bein. Er holte tief Luft. »Geh Mädel, schau mich nicht so an«, sagte er wesentlich ruhiger. »Ich kann nix dafür. Du bist ganz anders als früher, ich erkenn dich gar nicht wieder.« Tröstend tätschelte er ihre Wange. »Der Schorsch weiß jemanden, der sucht eine Frau für den Haushalt.« Stanislaus warf seinen Mantel über die

Schulter und wandte sich zum Gehen. »Wird schon alles gut werden, wirst sehen.«

»Du, Stani, ich muss dir was sagen«, hob Mitzi leise an. Doch da fiel bereits die Tür ins Schloss.

Stanislaus blieb noch eine Weile vor dem Haus stehen und lauschte. Aber alles blieb ruhig. Gespenstisch ruhig. Kurz überlegte er, ob er nicht doch zurückgehen und nach ihr sehen sollte. Dann gab er sich einen Ruck. Was sollte das bringen? Sie würde darüber hinwegkommen. Es wäre sowieso nicht von Dauer gewesen. Das hatte sie genauso gewusst wie er.

Langsam schlenderte er zurück in Richtung Kohlmarkt.

Hier umfing ihn das rege Treiben der Stadt. Rund um ihn herum Lachen und sattes Leben. Stanislaus war überzeugt, das Richtige getan zu haben. Die erwartete Erleichterung wollte sich jedoch nicht einstellen.

5. Kapitel

FANNY DREHTE SICH VOR DEM SPIEGEL hin und her, als Sophie ihr Zimmer betrat.

»Sophie, was soll ich bloß anziehen?«, jammerte sie und deutete auf den Berg aus Tüll, Baumwolle und Spitze auf ihrem Bett.

Sophie lachte. »Welches ist denn dein Lieblingskleid?«

»Das, was ich anhabe.« Fanny seufzte. »Aber es ist so brav.«

Verständnislos schüttelte Sophie den Kopf. »Fanny, du bist gerade sechzehn geworden. Was ist denn los mit dir?«

»Nichts«, schmollte Fanny. »Ich bin es nur leid, dass du mich wie ein Kind behandelst. Mama –«

»Lass Mama aus dem Spiel«, entgegnete Sophie scharf. »Ich bin durchaus in der Lage, mir eine eigene Meinung zu bilden. Und ich finde es völlig unpassend, wenn ein Mädchen in deinem Alter sich kleidet wie ein …«, sie rang nach Worten, »ein billiges Vorstadtmädchen.« Als sie sah, dass Fanny bei diesen Worten bis über beide Ohren errötete, lenkte sie ein. »Zeig mir doch deine anderen Kleider.«

Fanny wühlte lustlos in ihrem Kasten herum.

»Es tut mir leid, Kleines«, meinte Sophie besänftigend. »Jetzt bin ich wirklich ein bisschen zu weit gegangen.«

»Schon gut«, erwiderte Fanny und gab sich einen Ruck. »Bist du eigentlich noch Jungfrau?«

Sophie glaubte sich verhört zu haben. »Aber Fanny, was ist bloß in dich gefahren? Warum fragst du mich das?«

»Einfach so.« Fanny zuckte die Achseln und bedachte Sophie mit einem provokanten Grinsen. »Du warst doch verlobt. Hat man da nicht ...«

»Nein, hat man nicht«, entgegnete Sophie bestimmt.

»Also wirklich ...«

»Aber ...«

»Kein Aber. Eine anständige junge Dame geht unberührt in die Ehe. Das wird von ihr erwartet. Und daran habe ich mich auch während meiner Verlobungszeit gehalten. Mehr gibt es dazu nicht zu sagen.« Sophie, der dieses heikle Thema unangenehm war – sie hatte darüber mehr als einmal mit Ludwig diskutieren müssen, der als Mann die Sache nicht ganz so rigoros betrachtet hatte wie sie –, wandte sich zum Gehen. Da fiel ihr ein durchsichtiger Musseline ins Auge, an den zartgelbe Schleifchen genäht waren. Fanny folgte ihrem Blick und legte rasch eines der Kleider darüber, das sie gerade in der Hand hielt.

Sophie machte irritiert kehrt. »Was ist das?«

»Nichts. Was soll das schon sein? Mein altes Tageskleid«, antwortete Fanny schnippisch. »Ich werde es
Annie schenken, es ist mir oben herum ohnehin viel
zu eng.«

»Das meine ich nicht.« Sophie zog mit einer raschen
Handbewegung den weißen Hauch von Nichts unter
dem Kleid hervor. Fassungslos betrachtete sie es. Ein
derart anstößiges Kleidungsstück hatte sie noch nie
gesehen. Das kleine Kleidchen reichte kaum bis zu den
Knien und bedeckte mit Sicherheit nicht die Brüste.
Wer auch immer es trug, verhüllte mehr als er verbarg.

»Fanny!« Sophie packte ihre Schwester am Arm.
»Ich frage dich noch einmal. Was ist das? Und woher
hast du das?«

Fanny schüttelte den Kopf. »Ich habe keine Ahnung.
Ich sehe es selbst zum ersten Mal.«

»Fanny«, drohte Sophie. »Lüg mich nicht an!«

Fanny biss sich auf die Lippen. Wie konnte sie
nur so ungeschickt sein. Sie hatte das Hemdchen mit
nach Hause genommen, weil es herrlich nach Karl
roch. Heimlich, in der Nacht, hatte sie es angezogen
und dabei an Karl gedacht und an all die wundervollen Dinge, die er beim letzten Mal mit ihr angestellt
hatte. Am Morgen hatte sie es unter ihrem Kopfpols-
ter versteckt. Bei ihrem nächsten Treffen wollte sie es
zurückbringen, bis dahin aber konnte sie gar nicht oft
genug daran riechen. In ihrem Kinderzimmer nahm
es sich noch viel anstößiger aus als in Elisabeths Boudoir zwischen all den herrlichen Dessous, die Karl ihr
mittlerweile geschenkt hatte. Fanny liebte den Hauch

von Verruchtheit, den dieses Doppelleben ihr verlieh. Doch jetzt war sie zu leichtsinnig geworden. So ein plumper Fehler hätte nicht passieren dürfen. Fieberhaft suchte sie nach einer Antwort, die Sophie zufriedenstellen könnte.

»Es gehört Elisabeth«, stieß sie hervor.

Sophie runzelte die Stirn, schien aber geneigt, ihr weiter zuzuhören.

»Es muss nach diesem Wochenende in Baden versehentlich in meinen Koffer geraten sein.« Fanny gewann an Terrain. »Wir brachen überraschend auf.« Eine Tatsache, die durchaus der Wahrheit entsprach, wie Fanny zufrieden feststellte. »Und das Dienstmädchen wird dabei unsere Sachen durcheinandergebracht haben. Als ich es unter meinen Kleidern entdeckte, war mir das so peinlich, dass ich es versteckt habe.«

Sophie musterte sie, noch immer skeptisch. »Es ist dir doch klar, dass wir Baronin Altenburg entsprechend befragen werden müssen.«

Fanny nickte heftig. »Sie wird dir das sicher bestätigen.« Natürlich wird sie das, dachte Fanny und grinste in sich hinein. Plötzlich kam ihr ein furchtbarer Gedanke. »Bitte erzähle es nicht Mama. Bitte, bitte, tu mir das nicht an, Sophie«, bettelte sie. »Mama würde mich nie wieder mit Elisabeth ausgehen lassen.«

Sophie dachte angestrengt nach. Sie müsste Mama auf jeden Fall ins Vertrauen ziehen. Abgesehen von der Peinlichkeit, die diese Enthüllung mit sich bringen würde – ihre Mutter würde die Angelegenheit sicher zu einem Skandal aufbauschen und den Kontakt sofort abbrechen –, wäre es auch Baronin Altenburg gegenüber eine absolute Indiskretion. Sie hatte als Witwe zugegebenermaßen gewisse Freiheiten ... Sophie seufzte. Wenn sie allerdings ehrlich zu sich war, bereitete ihr vor allem der Gedanke, jeden Tag eine frustrierte Fanny ertragen zu müssen – ihre kleine Schwester würde ihr das nie verzeihen –, schon jetzt heftige Kopfschmerzen. Sophie atmete tief durch. Sie entschied, ganz gegen ihre Art, diesmal den Weg des geringsten Widerstands zu wählen.

»Also gut.« Sie setzte sich aufs Bett und zog Fanny neben sich. »Ich glaube dir.«

Fanny fiel ihr in die Arme. »Ich danke dir, Sophie, danke, danke, danke!«

Sophie seufzte tief. »Aber wir lassen dieses Ding«, sie hob das Hemdchen mit spitzen Fingern hoch, »sofort verschwinden und morgen zu Baronin Altenburg zurückbringen. Nicht auszudenken, wenn eines unserer Dienstmädchen es findet.«

Sie faltete Fannys ungeliebtes Tageskleid geschickt zusammen und versteckte das Hemd in einem der Ärmel. »Du wirst sie morgen besuchen. Mama wirst du sagen, dass du mit Elisabeth zu eurer Schneiderin fahren möchtest, weil dir das Kleid zu eng geworden ist. Was ja«, fuhr Sophie fort, zunehmend mit sich und ihrer Entscheidung zufrieden, »der Wahrheit entspricht. Mama wird keinen Verdacht schöpfen, sie lobt den guten Geschmack der Baronin ohnehin bei jeder Gelegenheit und wird es sogar für eine gute Idee halten, wenn du, statt dir ein neues Kleid anfertigen zu lassen, ein altes aufarbeiten lässt.«

Bewundernd musterte Fanny ihre große Schwester. »Du bist so klug, Sophie.«

Sophie lachte bitter auf. »Das will ich meinen. Aber nicht, weil ich gemeinsam mit dir Mama hintergehe.«

Fanny umarmte sie und drückte ihr einen innigen Kuss auf die Wange. »Ich hab dich lieb.«

Zärtlich streichelte Sophie ihrer Schwester übers Haar. So nahe war sie Fanny schon seit Langem nicht mehr gewesen. Wozu so ein anstößiges Ding doch gut war. Ein Lächeln stahl sich über ihre Lippen. Sie beschloss, Baronin von Altenburg diskret zu Rate zu ziehen, sollte Edward um ihre Hand anhalten. In derlei pikanten Angelegenheiten schien sie entschieden Erfahrung zu besitzen.

»Jetzt aber hurtig!« Sophie löste sich aus der schwesterlichen Umarmung. »Du wolltest dich umziehen. Unser heutiger Gast scheint dir recht gut zu gefallen.«

Fanny grinste. »Er ist nett, findest du nicht?« Sie genoss die neue Vertraulichkeit, die sie mit ihrer unnahbaren Schwester zu verbinden schien. Auch wenn sie Philipp bei Weitem nicht so anziehend fand wie Karl – er war ein Mann, und Fanny würde sich daran ergötzen, ihre Wirkung auf ihn zu testen und mit ihm zu spielen.

Entschlossen griff sie nach dem neuen, blassgelben Kleid, dessen Ausschnitt Elisabeth als besonders raffiniert gelobt hatte. Sophies augenscheinliches Missfallen bestätigte ihre Entscheidung. »Das werde ich anziehen«, verkündete sie in einem Tonfall, der keinen Widerspruch zuließ.

Sophie zuckte die Achseln. »Wie du meinst«, antwortete sie. Keinesfalls wollte sie die aufkeimende schwesterliche Harmonie durch eine leidige Kleiderdiskussion gefährden. Sie stand auf. »Ich muss mich auch zurechtmachen. Brauchst du noch etwas von mir?«

»Nein, danke.« Fanny stellte sich auf die Zehenspitzen und küsste sie auf die Wange. »Und lass uns nicht mehr darüber reden. Versprochen? Es ist mir so peinlich.«

Sophie lächelte sie an. »Das verstehe ich nur zu gut«, fügte sie hinzu.

Glücklicherweise entging ihr der überhebliche Blick, den Fanny ihr hinterherwarf, als sie das Zimmer verließ.

Das Abendessen verlief außerordentlich harmonisch. Philipp von Keynitz erwies sich als angenehmer, ruhiger Gast, der sich im Gegensatz zu Edward weniger als brillanter Erzähler denn als aufmerksamer Zuhörer auszeichnete. Mathilde blühte förmlich auf, als er nicht müde wurde, das schmackhafte Essen zu loben, auch wenn die Köchin diesmal eher einfache Gerichte auf den Tisch gezaubert hatte – Leberknödelsuppe gefolgt von traditionellem gekochten Rindfleisch mit dreierlei Soßen, Kartoffeln und einer Gemüsegarnitur, bestehend aus Erbsen, Sellerie und Karotten. Als Nachtisch servierte Anni Powidl-Liwanzen, danach Kaffee und Konfekt.

Ausnahmsweise zeigte sich auch Fanny zu aller Überraschung von ihrer besten Seite. Sie erzählte, durch Philipps Fragen und seine freundlichen Blicke ermutigt, recht amüsant von ihrem Ausflug nach Klosterneuburg, warum sie für ihr Leben gern tanzte, was sie am Walzer so liebte und wie sehr sie sich auf ihren ersten Ball freute, auf die bevorstehende Weihnachtszeit und das Feuerwerk zu Silvester. Fanny sprühte vor Lebendigkeit, ohne auch nur eine Spur albern oder maniert zu wirken.

Mathilde und Sophie staunten, Friedrich lauschte seiner Jüngsten mit wohlwollendem Lächeln und Georg nannte sie nicht ein einziges Mal sein kleines Möpschen. Philipp wiederum ließ sie keine Sekunde aus den Augen und ermutigte sie, sich ans Klavier zu setzen.

Nach einer kleinen Sonate begann sie einfache Lieder zu spielen. Ihre Stimme tönte dabei so klar und rein, dass Mathilde ihr voll Stolz zunickte. Da setzte sich Philipp – dessen kräftiger Bariton erstaunlich gut mit Fannys zartem Sopran harmonierte –, zu ihr ans Klavier und sie musizierten gemeinsam bis in die späten Abendstunden.

»Ihr wollt schon gehen?«, fragte Fanny enttäuscht, als er schließlich aufstand, um sich zu verabschieden.

Philipp nickte. »Es ist spät geworden.«

Ohne zu widersprechen, erhob sich Fanny, knickste artig und bat ihre Eltern, sich zurückziehen zu dürfen.

»Was ist bloß in Fanny gefahren?«, fragte Mathilde erstaunt, nachdem sich die Tür hinter ihrem Gast geschlossen hatte. »Sie war heute kaum wiederzu-erkennen.«

»Sie wird erwachsen«, antwortete Friedrich.

Mathilde nickte zustimmend. »Baronin von Alten-burg scheint wirklich einen guten Einfluss auf sie zu haben«, bemerkte sie versonnen. »Und dieser junge Graf, so wohlerzogen und kultiviert.«

»Nun, ich freue mich, wenn du zufrieden bist. Es war jedenfalls ein äußerst gelungener Abend.« Graf von Wohlleben drückte seiner Frau einen Kuss auf die Stirn und zog sich zurück.

Währenddessen lag Fanny im Bett und starrte gegen die Wand. Sie war enttäuscht. Philipp war nett, aber obwohl sie den ganzen Abend mit ihm verbracht und auch genossen hatte, löste er kein Herzflattern, keine Gänsehaut aus wie Karl. Sie seufzte. Wenige Minuten später schlief sie ein.

⁓ঔৎ⁓

Baines sah sich suchend um. Zu seinem Erstaunen konnte er Sophie nirgendwo entdecken.

»Ah, unser lieber Sir Baines«, begrüßte ihn die Gast-geberin mit einem strahlenden Lächeln. »Sucht Ihr jemanden?«

»Baronin, es ist mir eine Freude, den Ausklang der Herbstsaison mit Euch zu feiern. Habt Dank für die Einladung«, erwiderte er. »Und da Ihr mich fragt, ja, ich suche Eure Nichte, kann sie aber nirgendwo ent-decken.«

»Sophie hat heute leider anderweitige Verpflichtungen«, antwortete Louise. »Aber ihr Bruder ist hier, und auch Fürstin Katharina Pawlowna Bagration, die Euch übrigens bereits gesucht hat«, fügte sie etwas leiser hinzu. »Die begehrteste Dame des Kongresses – und sie hat nur Augen für Euch.« Louise legte ihre Hand auf seinen Arm. »Ich gebe zu, sie hat einen ausgezeichneten Geschmack. Ihr würdet mir eine große Freude machen, wenn Ihr Euch heute Abend etwas entgegenkommender zeigen könntet als sonst. Ich denke, das würde meine eigene bescheidene Stellung in den Augen der Fürstin bedeutend heben.« Louise warf ihm einen vielsagenden Blick zu und flatterte weiter zu einem hochrangigen Militär, der bereits ungeduldig darauf wartete, von der Gastgeberin begrüßt zu werden.

Baines wusste nicht recht, was er davon halten sollte, nahm ein Glas Champagner, das ihm ein hübsches Dienstmädchen mit kokettem Augenaufschlag reichte, und hielt nach einem ruhigen Plätzchen Ausschau, als Georg auf ihn zutrat.

»Ach, Graf von Wohlleben. Hat Euch Eure Tante auch zum Kavalierdienst verpflichtet?« Mit einem schiefen Grinsen hielt Baines ihm sein Glas entgegen.

Sie stießen an und Georg lachte. »In der Tat, das hat sie. Ich wurde dazu verdonnert, mich um die Gräfin von Bernegg zu kümmern. Die Dame ist verwitwet und hat drei Kinder. Wer ist denn Eure Glückliche?«

Baines wies mit dem Kinn Richtung Ballsaal, wo sich die Bagration mit zwei älteren Herren unterhielt. »Ich bezweifle allerdings, dass die Dame meine Dienste in irgendeiner Weise benötigt. Ich werde mich daher damit begnügen, ihr unerwünschte Kavaliere vom Hals zu halten.«

Zu Baines' Überraschung schien sich Georg darüber nicht zu amüsieren. »Ah, die Fürstin. Nun, dann habt Ihr einen ganz exquisiten Abend vor Euch, ich gratuliere. Ihr entschuldigt mich, ich werde mich jetzt um meine Herzdame kümmern.«

Erstaunt sah Baines ihm nach. Bisher hatte er den Eindruck gewonnen, dass Sophies Bruder ihn durchaus schätzte. Dass der Graf von Wohlleben zum Kreis der jungen, gutaussehenden Offiziere gehörte, mit denen sich die Fürstin ab und an amüsierte, war mittlerweile bekannt. Georg nahm diese Affäre doch hoffentlich nicht ernst?

In Gedanken versunken, bemerkte er die Fürstin erst, als sie ihre Hand in einer vertraulichen Geste um seinen Nacken legte. »Wer wird denn so finster dreinschauen? Das ist ja zum Fürchten.« Sie presste sich eng an ihn. »Kommt, lasst uns in den Tanzsaal gehen, die Musik hat bereits Aufstellung genommen.«

»Es ist mir ein Vergnügen, Fürstin«, erwiderte Baines und bot ihr mit unergründlicher Miene seinen Arm an.

Sie hatte recht, die Musik hatte soeben zu spielen begonnen. Auf die Polonaise folgte eine mitreißende Melodie im Dreivierteltakt, und die Fürstin bestand darauf, dass Baines, der sich soeben vor ihr verbeugte und Anstalten machte, sie von der Tanzfläche zu führen, diesen Walzer mit ihr tanzte. Baines war überrascht, mit welcher Leichtigkeit sie gemeinsam über das Parkett schwebten. Die Bagration war, das musste er zugeben, die beste Tänzerin, die er jemals in den Armen gehalten hatte, und er war nun keineswegs mehr geneigt, dieses Vergnügen zu beenden. So tanzten sie weiter, den nächsten und den übernächsten. Die Fürstin schien nicht zu ermüden.

»Ja, natürlich«, hauchte sie ihm ins Ohr.

Ihr Duft, ihre körperliche Nähe und die Übereinstimmung ihrer Bewegungen begannen seine Sinne auf, wenn auch unerwünschte, so doch durchaus angenehme Art zu verwirren. »Was meint Ihr?«, fragte er heiser.

»Dass Ihr, wie könnte es anders sein, ein ganz exquisiter Tänzer seid«, gab sie mit einem unschuldigen Augenaufschlag zurück.

Verärgert stellte er fest, dass ihre anschmiegsamen Rundungen und mittlerweile geradezu aufreizenden Bewegungen so nah an seinem Körper Unliebsames bewirkten. In der Phase der Werbung, in der er sich gerade befand, waren seine Gefühle in größerem Aufruhr, als er es nach den Erfahrungen der Vergangenheit für möglich gehalten hatte. Sie hinderten ihn daran, seinen Bedürfnissen als Kavalier – natürlich in angemessener Form – nachzukommen, trotz des unheimlich verlockenden Angebots. Schnelle Liebe ohne Verbindlichkeit war derzeit wohl nirgends auf der Welt so unkompliziert und auf so hohem Niveau zu beschaffen wie hier in Wien. Sein durchaus ehrenhaftes Versäumnis schien sich jetzt auf üble Weise zu rächen.

Vorsichtig versuchte er, den Abstand zwischen ihm und dieser unwiderstehlichen Verlockung aus Fleisch und Blut ein wenig zu vergrößern. An ihrem frivolen Lächeln erkannte er, dass auch ihr seine Reaktion nicht entgangen war. Je mehr er von ihr abrückte, umso enger presste sie sich an ihn.

Nach dem fünften Walzer spielte das Orchester endlich eine Quadrille. Diesmal folgte ihm die Fürstin widerspruchslos vom Tanzparkett.

»Bringt mir ein Glas Champagner in den gelben Salon, Sir Baines, dort ist es sicherlich kühler«, forderte sie ihn auf. Ohne seine Antwort abzuwarten, rauschte sie davon. Auf dem Weg begegnete sie Georg, der gerade die ihm anvertraute Witwe zum Tanz führte. »Oh, Graf, schade, dass Ihr heute so beschäftigt seid«, flüsterte sie ihm ins Ohr und nickte der Dame an seiner Seite huldvoll zu.

Baines, der noch im Tanzsaal verweilte, betrachtete – im Versuch, sich zu beruhigen – eingehend eines der ausgestellten Gemälde und dachte angestrengt nach. Es war nicht klug, die Fürstin zu verärgern, dessen war er sich bewusst. Sie entstammte nicht nur dem russischen Hochadel, sondern hatte auch einen nicht zu unterschätzenden politischen Einfluss. Der Kongress zog sich entgegen allen Erwartungen in die Länge, die Verhandlungen wurden zunehmend schwieriger, der Handel mit brisanten Informationen blühte, man wusste nie genau, auf welcher Seite das jeweilige Gegenüber gerade stand. Eine besonders delikate Rolle spielte dabei das ehemals intime Verhältnis zwischen der

Bagration und Metternich. Ihre Eifersucht auf Herzogin Wilhelmine von Sagan, die aktuelle Mätresse des Außenministers, mit der sie noch dazu beinahe Tür an Tür lebte, war mittlerweile stadtbekannt. Offiziell vertrat sie die gesellschaftlichen Belange Russlands, in Wahrheit aber war sie eine Vertraute des Zaren und als solche immer und überall an Informationen interessiert. Alexander wiederum war mit 400.000 Mann unter Waffen Herrscher über die größte Macht auf dem Kontinent.

Derzeit rückte eine Lösung in immer weitere Ferne, da er eisern daran festhielt, Polen zu behalten – was wiederum bedeutete, dass Preußen Sachsen bekommen musste –, während Metternich, Talleyrand und Castlereagh Sachsen als Königreich erhalten wollten. Alexander drohte offen mit Krieg und führte zudem eine persönliche Fehde gegen Metternich, den er, wie inzwischen überall bekannt war, nicht ausstehen konnte. Und er kämpfte mit recht unappetitlichen Bandagen. Nicht nur, dass ihn mit der Bagration mittlerweile mehr verband als das politische Geschäft, zumindest hielten sich einschlägige Gerüchte seit Langem recht hartnäckig. Seine Besitzansprüche machten auch vor Madame Sagan nicht halt, die er, so wurde gemunkelt, mit einer perfiden Erpressung dazu zwang, das Bett mit ihm zu teilen. Das war aber bei Weitem nicht das einzige ungustiöse Detail im derzeitigen Kongressverlauf. Der dröge Fortschritt der Verhandlungen und die damit verbundene Langeweile führten überall zu einem Verfall der Sitten.

Baines verzog das Gesicht. Auch Wilhelm von Humboldt, der Bruder seines Gönners und Mentors Alexander von Humboldt, der als Vertreter der preußischen Delegation und rechte Hand des Staatskanzlers von Hardenberg bei den Verhandlungen eine nicht unwesentliche Rolle spielte, schien sich in seiner freien Zeit fabelhaft mit einer ganzen Reihe Wiener Mädel zu amüsieren. Und er befand sich dabei in bester Gesellschaft. Denn sogar der überaus korrekte Friedrich von Gentz, Erster Sekretär und Protokollführer des Kongresses, der eher unscheinbare König Friedrich VI. von Dänemark und Karl August von Hardenberg legten sich Gespielinnen zu, um sich die Zeit zu vertreiben.

Baines selbst trug zwei Seelen in seiner Brust. Einerseits hätte er sich nur zu gern auf seine Rolle als Forscher, Reisender und Gelehrter zurückgezogen. Andererseits war es derzeit wahrlich schwierig, sich diesem gefährlich glatten politischen Parkett zu entziehen. Dazu kam, dass die Familie Alexander von Humboldts seine letzte Afrikareise finanziert hatte. Daraus entstanden gewisse Verpflichtungen, denen er mittlerweile gerne nachkam. Die Politik übte einen immer größeren Reiz auf ihn aus, vor allem die hohe Kunst der Diplomatie, der Handel mit Informationen, diese Unberechenbarkeit – ihnen haftete ein ähnlicher Geruch an wie seinen Forschungsreisen. Politik wurde längst nicht mehr nur am Verhandlungstisch gemacht. Immer wieder war er verwundert, wie viel er erfuhr, ohne dass er fragte – und wo er es erfuhr. Welche Rolle die Bagration in diesem Verwirrspiel einnahm, durchschaute wohl niemand genau, möglicherweise nicht einmal sie selbst.

Der Gedanke, sich mit dieser zugegeben größten erotischen Verlockung, die die Stadt zurzeit zu bieten hatte, ausgerechnet in den Raum zurückzuziehen, der unter Eingeweihten mittlerweile einen gewissen Ruf genoss, erfüllte ihn nun mit großem Unbehagen. Allerdings, gestand er sich unwillig ein, war es zu diesem Zeitpunkt auch im Sinne der Staatsräson nicht besonders klug, sie sich zur Feindin zu machen. So gab er sich schließlich einen Ruck, warf seine Bedenken über Bord und bahnte sich den Weg zur Bar. Bei nächster Gelegenheit, schwor er sich, würde er seiner sinnlichen Überreiztheit Abhilfe verschaffen, bevor ein Unglück passierte.

Als er, zwei Gläser Champagner in der Hand, mit einiger Mühe die Tür zum Salon öffnete, sah er sie, hingegossen auf ein Kanapee, ein verführerisches Lächeln auf den Lippen.

»Kommt, setzt Euch zu mir«, forderte ihn die Fürstin auf. »Ich beiße nicht«, fügte sie hinzu, als sie sein Zögern bemerkte. »Ihr könnt auch die Tür offenlassen, wenn Ihr Euch dann sicherer fühlt«, spöttelte sie.

Er setzte sich zu ihr aufs Sofa und reichte ihr das Champagnerglas.

»Ausgezeichnet«, nickte sie und trank das Glas in einem Zug leer. Dann sah sie ihn aus ihren großen dunklen Augen an. »Kommt doch näher«, flüsterte sie und zog ihn mit einer überraschenden Bewegung zu sich hinunter.

Was nun geschah, entzog sich völlig seiner Kontrolle. Baines fühlte weiche Brüste unter seinen Lippen, Hände, die erst in seinen Haaren wühlten, um dann an einer anderen Stelle mit unübertrefflicher Geschicklichkeit Wundersames zu bewirken, während sich gleichzeitig eine zarte Zunge, die gerade noch lüstern sein Ohr umspielte, in Sekundenschnelle ihren Weg in seinen Mund bahnte zu einem wahrlich atemberaubenden Kuss. Er hörte ihr lautes Seufzen – und Schritte hinter sich.

»Baines, wie könnt Ihr es wagen!« Die männliche Stimme kam ihm allzu bekannt vor. Als es ihm endlich gelang, sich aus der Umarmung zu befreien, sah er Georg neben dem Sofa stehen, dessen Gesicht vor Empörung gerötet war. »Ich dachte, Ihr liebt meine Schwester«, schleuderte er ihm wütend entgegen.

Baines stand auf. »Natürlich liebe ich Eure Schwester«, entgegnete er, bemerkte aber selbst, dass er sich in einer recht misslichen Lage befand. »Ihr dürft keine falschen Schlüsse daraus ziehen«, fügte er etwas halbherzig hinzu, setzte sich und schlug im verzweifelten Versuch einer Schadensbegrenzung die Beine übereinander. Zu allem Überfluss näherten sich, angelockt von dem kleinen Tumult, nun auch andere Gäste, gefolgt von Louise, die die Szene aufmerksam beobachtete.

Die Bagration richtete sich langsam auf, korrigierte ihre derangierte Toilette und lächelte. »Mein lieber Graf, was denkt Ihr nur? Sir Baines war lediglich so nett, mir als Erfrischung ein Glas Champagner zu bringen. Das ist alles.« Sie streckte Georg die Hand entgegen. »Nun lasst uns tanzen, statt diesen herrlichen Abend noch weiter zu verderben.«

Georg zögerte, doch vermochte er sich dem Wunsch der Fürstin angesichts ihres hinreißenden Lächelns nicht zu widersetzen. Er nickte, warf Baines noch einmal einen finsteren Blick zu und führte die Bagration in den Tanzsaal. Die übrigen Gäste zerstreuten sich wieder.

Als Baines bemerkte, dass Louise ihn noch immer prüfend musterte, seufzte er. »Es war ein Missgeschick, ein unglücklicher Zufall …« Er sprach nicht weiter, da ihm bewusst wurde, wie wenig überzeugend seine Worte klangen.

Zu seiner Überraschung streckte ihm Louise lächelnd ihre Hand entgegen. »Natürlich, Sir Baines, davon gehe ich aus.«

Da verstand er. »In diesem Fall ist es wohl das Beste, wenn ich mich jetzt verabschiede«, meinte Baines und küsste ihr die Hand.

Auf dem Heimweg verwünschte er sich dafür, dass er der Einladung der Baronin gefolgt war, ohne Sophie zu bitten, ihn zu begleiten. Wie hatte er bloß so selbstverständlich davon ausgehen können, sie hier zu treffen? Er hatte kleine Intrigen wie diese bereits des Öfteren erlebt. Eine von ihnen hatte sein Leben zerstört. Und er hoffte von Herzen, dass sich seine Geschichte nicht hier in Wien wiederholen würde.

In der Zwischenzeit tanzte Georg mit der Fürstin, war mit den Gedanken aber nicht bei der Sache.

Er wusste nicht, was ihn mehr beschäftigte. Dass er die Bagration in flagranti in den Armen eines anderen Mannes erwischt hatte – was ihn nicht weiter verwundern sollte, da sich Damen wie sie nie auf einen Liebhaber zu beschränken pflegten. Oder dass dieser Mann beinahe mit seiner Schwester verlobt war. Er würde Sophie diese delikate Angelegenheit nicht verschweigen können. Andererseits, irgendetwas stimmte nicht. Warum war die Tür zum Salon offen gestanden? Hätte Baines die Fürstin tatsächlich verführen wollen, wäre er um mehr Diskretion bemüht gewesen. Außerdem, warum sollte er sich ausgerechnet in Tante Louises Haus in eine derart kompromittierende Lage begeben?

»Ihr tanzt schrecklich heute«, bemerkte die Fürstin verstimmt. »Ich denke, Ihr kümmert Euch besser wieder um die Dame in Schwarz, die uns übrigens schon die ganze Zeit beobachtet. Ich erwarte Euch morgen, gegen zwei Uhr, bei mir. In deutlich angenehmerer Stimmung, wie ich hoffe.«

Ohne ein weiteres Wort ließ sie ihn stehen und suchte nach der Gastgeberin. »Baronin, es war ein reizender Abend. Was sage ich da? Ein wahrlich vielversprechender Abend.« Sie drückte die überraschte Louise innig an sich. »Und jetzt muss ich gehen.« Sie zwinkerte ihr verschwörerisch zu. »Sir Baines, Ihr wisst. Man muss das Eisen schmieden, solange es heiß ist. Und ich denke, es ist gerade sehr heiß.« Mit einem aufreizenden Lachen entfernte sie sich.

Louise seufzte. Mathilde würde gar nicht erfreut sein,

das zu hören. Armes Mädchen, dachte sie betrübt. Wie sollen wir Sophie das bloß beibringen?

∿

Den ganzen Vormittag über war er schlecht gelaunt. Diesmal vermochte auch die Aussicht auf ein Tête-à-Tête mit der Fürstin seine Stimmung nicht zu verbessern. Im Gegenteil. Ihr Verhalten gestern Abend missfiel Georg zunehmend. Unter anderen Umständen hätte er Baines sogar zum Duell fordern müssen – und das nur einer ihrer Kaprizen wegen. Wie unangenehm. Im Haus seiner Tante mit dem Favoriten seiner Schwester – diese Provokation konnte er nicht so einfach wegstecken. Natürlich wusste er, dass Baines sie reizte, gerade weil er bisher keinerlei Interesse an ihr bekundet hatte. Aber seit gestern war Georg sich dessen nicht mehr so sicher. Vielleicht gehörte das zu seiner Strategie. War Baines wirklich der Mann von Ehre, für den er ihn gehalten hatte? Zügig marschierte er den Kohlmarkt entlang zum Glacis. Vielleicht würden ihm die frische Luft und der kalte Wind, der zu Wien gehörte wie der Stephansdom, einen klaren Kopf verschaffen.

Ganz gegen seine sonstige Gewohnheit würdigte er die elegant aufgeputzten Damen, frechen Mädchen und Kurtisanen, die mittlerweile zu jeder Tageszeit ihre Reize schamlos zur Schau stellten, keines Blickes. Kurz erwog er sogar, die Fürstin zu versetzen. Ein flüchtiger Gedanke an ihre außerordentlichen Vorzüge ließ ihn diesen durchaus ehrenhaften Vorsatz jedoch wieder verwerfen.

Als er wenig später ihr elegant eingerichtetes Appartement betrat und die Fürstin in Spitzenunterkleid und Korsage vor dem Schminkspiegel in ihrem Boudoir antraf, war er mit seiner Entscheidung hochzufrieden. Doch so rasch wollte er nicht die Waffen strecken. Georg beschloss, diesmal das Spiel umzudrehen. Als stürmischer Verehrer hatte er ihr bisher jeden Wunsch von den Lippen abgelesen, aber ihr Verhalten musste Konsequenzen haben. Und er würde sie die Konsequenzen auf äußerst lustvolle Weise spüren lassen. Das war er seiner Ehre schuldig, und niemand wusste besser um die Reize sanfter Bestrafung als er. Katharinas verführerische Pose bewusst ignorierend, schritt er zum Fenster. Selbst den mit cremefarbenem Atlas gefütterten, üppig gerafften Seidenvorhängen entströmte ihr unverwechselbarer Duft. Es war ein schweres, geheimnisvolles Bukett, pudrig, mit einem Hauch von Rose, das erst im zweiten Atemzug einen betörend erotischen Schimmer freigab – Opium und Moschus. Eine berauschende Mischung, die bei entfachter Leidenschaft einen schier unwiderstehlichen Sog bewirkte. Mit einem entschiedenen Ruck schob er die Vorhänge zur Seite.

Überrascht blickte die Fürstin auf. »Ist das Euer Ernst, mein Lieber?«, bemerkte sie spöttisch. »Ein wenig Diskretion wäre durchaus angebracht. Oder wollt Ihr die reizende Herzogin von Sagan an unseren Spielen teilhaben lassen? Sie würde sicher zu gern ihren geliebten Metternich darüber informieren, dass einer seiner kaiserlichen Offiziere ein Verhältnis mit der Informantin des russischen Zaren pflegt. Welch interessante diplomatische Verwirrung das wohl nach sich ziehen würde ...« Sie lächelte kühl, als Georg erstarrte und den Vorhang rasch wieder zuzog. Langsam erhob sie sich und griff nach der Klingel. »Ihr solltet Euch entspannen, finde ich. Wie wäre es mit einem Glas Champagner?«

Er trat auf sie zu und umfasste ihre schmale Hand mit hartem Griff. »Setzt Euch«, befahl er.

Verwirrt, jedoch keineswegs ungehalten ließ sie sich auf den mit rosafarbenem Samt bezogenen Stuhl fallen. »Wie Ihr meint«, entgegnete sie. »Man scheint nicht bester Stimmung zu sein heute.« Ihre Lippen verzogen sich zu einem überaus wirkungsvollen Schmollmund. »Ihr werdet mir doch den gestrigen Abend nicht übelnehmen. Das Feuer, das Euch so anzieht, muss immer wieder neu entfacht werden. Ein durchschaubares Spiel. Jedoch äußerst wirkungsvoll, wie man sieht.« Mit einer lasziven Geste entfernte sie einen imaginären Krümel von ihrem Mundwinkel. »Langeweile ist der Tod der Lust. Und Ihr wollt doch sicher nicht, dass ich mich langweile mit Euch.« Sie seufzte. »Wenn ich allerdings recht überlege ...«

Katharina stieß einen kleinen Schrei aus, als Georg plötzlich hinter sie trat und ihren Kopf heftig zurückbog. »Hört mir gut zu, Fürstin«, flüsterte er. »Dieses Spiel beherrsche ich so gut wie Ihr. Aber im Gegensatz zu Euch kann ich mir nehmen, was ich will, wann immer ich es will. Ich bin ein Mann. Ihr hingegen bekommt nur, was Ihr wollt, wenn ich bereit bin, es Euch zu geben.« Abrupt ließ er sie los.

Ihre Augen funkelten. Mühelos nahm sie den Ball auf. »Was wollt Ihr? Was soll ich tun?« Ihre Stimme klang sanft, beinahe devot.

Georg atmete tief. Er rang um seine Selbstbeherrschung. »Strengt Euch an. Ich entscheide, wann ich Euch gebe, was Ihr begehrt.«

Langsam stand sie auf, löste die Bänder ihrer Korsage und ließ ihn dabei nicht aus den Augen. Er drehte den Kopf zur Seite, als sie versuchte ihn zu küssen. Mit einer geschickten Bewegung öffnete sie den komplizierten Knoten seines Halstuchs. »Ganz wie Ihr befehlt.« Sanft bedeutete sie ihm, sich auf den Stuhl zu setzen, schlug die Augen nieder und kniete sich vor ihn hin. Langsam schlang sie sein Halstuch um ihre Handgelenke. »Bindet sie so fest Ihr könnt«, hauchte sie in sein Ohr. Was nun folgte, übertraf selbst seine kühnsten Erwartungen und bald schon – viel zu bald, wie Georg sich schalt – erhielt sie, was sie demütig erbettelte.

Als sie ihm nach dem zweiten wilden Ritt derart feurige Worte der Anerkennung ins Ohr flüsterte, dass er sofort wieder bereit war, schob sie ihn lachend von sich. »Aber Herr Oberleutnant, etwas Rücksicht, wenn ich bitten darf. Ich habe heute wenig Schlaf bekommen.« Sie gähnte und strich sich mit einer lasziven Geste ihr Haar aus dem Gesicht. »Eure Schwester kann sich übrigens glücklich schätzen.«

Georg warf ihr einen fragenden Blick zu.

»Diese Engländer«, sie lächelte verträumt. »Sie sind tatsächlich eine Klasse für sich. Schwer zu bekommen, aber dafür umso leidenschaftlicher.« Sie seufzte. »Ich habe kein Auge zugetan.«

Georg glaubte, sich verhört zu haben. Er setzte sich auf. »Was sagt Ihr da?«, fragte er empört.

Sie sah ihn mit großen Augen an. »Warum seid Ihr so ungehalten?« Sie stand auf und hüllte sich in ein seidenes Negligé, das über dem Stuhl neben ihrem Bett lag. »Verliebte Männer sind in der Tat die ausdauerndsten Liebhaber.« Sie lachte auf. »Versteht mich nicht falsch. Ich meine Männer, die in eine jener sittsamen jungen Damen verliebt sind, die zwar ihr Feuer zu entfachen vermögen, jedoch nicht in der Lage sind, es zu löschen. Dieser Not ein Ende zu setzen, bereitet mir das allergrößte Vergnügen. Und dann die Verzweiflung, die dem Akt ob seines ihm innewohnenden Betrugs eine ganz besondere Note verleiht – einfach exquisit.« Die Bagration steckte sich ein Stück Konfekt in den Mund und leckte sich die Lippen. »Bei manchen Herren bleibt es leider ein einmaliges Vergnügen. Ihre Reue ist zu groß. Bei anderen wiederum tritt genau der gegenteilige Effekt ein. Haben sie die Schwelle einmal übertreten, können sie nicht mehr genug davon bekommen.« Sie schenkte sich Champagner ein. »Ich bin gespannt, zu welcher Kategorie Baines gehört. Wollt Ihr auch ein Glas?«

Georg sprang auf. Das war zu viel. »Habt Ihr denn gar keinen Anstand? Wie kommt Ihr dazu …«, er rang um die richtigen Worte, »das zu tun, und es mir dann auch noch zu erzählen! Ich werde jetzt –«

Sie verschloss seine Lippen mit einem Kuss. »Ihr werdet doch nicht das Beste verpassen wollen?«, hauchte sie. Kurz begehrte er auf, doch dann wollte er nichts mehr, als das Terrain zu erobern, das sich ihm so raffiniert darbot. Da drang neben lieblichen Seufzern und kleinen Schreien der helle Klang einer Glocke an sein Ohr. Er wandte den Kopf und sah, wie die Tür aufging und ein – er vermochte es nicht besser zu beschreiben – exotisches Wesen von unfassbarer Schönheit den Raum betrat.

Die Bagration hielt inne. »Ah, Madame Florence, kommt, hier ist jemand, der Euch kennenlernen möchte.«

~~❧~~

Als er gegen Abend nach Hause kam, war er erstaunt, seine Tante im Empfangssalon vorzufinden.

»Ach, Georg, es ist eine Katastrophe«, empfing sie ihn mit großer Geste. »Die arme Sophie.«

Seine Schwester wusste es also schon. »Wo ist sie?«

»Deine Mutter holt sie gerade. Sie ist in der Bibliothek, wie so häufig, und liest – oder was auch immer sie dort tut«, fügte Louise hinzu. Die leise Missbilligung in ihrer Stimme war nicht zu überhören. »Das ist wahrlich kein geeigneter Aufenthaltsort für eine junge Dame.«

Sophie war also noch ahnungslos. Georgs Lust auf Frauentränen hielt sich in Grenzen. So beschloss er umgehend, sich zurückzuziehen. Doch seine Tante hielt ihn zurück. »Hättest du ihm das zugetraut?«

Georg schüttelte den Kopf.

Da trat Sophie ein. Erstaunt sah sie in die Runde. »Ist jemand gestorben?«, fragte sie. »Ihr macht ja ein Gesicht wie zehn Tage Regenwetter.«

Betretenes Schweigen.

Fragend sah sie Georg an. »Was ist los? Du siehst furchtbar abgekämpft aus. Gibt es erneut Krieg?«

Kurz rang Georg um Fassung, hatte sich aber sofort wieder im Griff, als er den mahnenden Blick seiner Mutter sah. Noch immer sprach niemand ein Wort.

Sophie, mittlerweile verärgert, wandte sich zum Gehen. »Also, wenn keiner von euch etwas zu sagen hat, widme ich mich wieder Lord Byrons Gedichten. Das ist wesentlich erbaulicher.«

»Es geht um Edward.« Tante Louise trat auf sie zu. »Setz dich, Sophie.«

Besorgt sah Sophie von einem zu anderen. »Was ist mit ihm? Ist ihm etwas passiert?«

Mathilde fasste sich ein Herz. »Nein, mein Schatz. Aber du musst jetzt stark sein, hörst du.« Sie wich Sophies fragendem Blick aus. »Edward betrügt dich.«

Sophie erstarrte.

»Und es ist nicht nur das.« Georg räusperte sich. »Baines ist bereits einer anderen versprochen.«

»Dann ist es also wahr.« Erschüttert drückte Louise die Hand ihrer Nichte. »Mein armes Kind.«

Mittlerweile war jede Farbe aus Sophies Gesicht gewichen.

Mathilde klingelte nach Adele. »Bring uns Kaffee.«

»Und eine Flasche Champagner«, fügte Louise hinzu.

Mathilde warf ihr einen strafenden Blick zu.

»Champagner belebt den Kreislauf«, rechtfertigte sie sich. »Und ist gut für die Stimmung. Man muss von all dem auch die positive Seite sehen. Die beiden waren nicht verlobt, Sophie ist also in keiner Weise kompromittiert.«

»Du hättest dich weit unter deinem Stand liiert«, ergänzte Mathilde eifrig. »Wir werden eine passendere Partie für dich finden.«

»Ihr habt Edward von Anfang an nicht gemocht«, stieß Sophie wütend hervor. »Sogar Ihr, Tante, hattet Ressentiments gegen ihn.«

»Und ich sollte recht behalten«, entgegnete Louise.

Sophie trank das Glas Champagner, das Adele ihr reichte, in einem Zug leer. Den Kaffee verweigerte sie. Dann stand sie auf. »Entschuldigt mich bitte. Ich muss nachdenken.«

Bevor sie den Raum verließ, drehte sie sich um. »Und von wem wisst ihr das alles?«

»Also, dass er der Fürstin nahe, sehr nahe kam, habe ich mit eigenen Augen gesehen«, erklärte Louise.

»Bei allem Respekt, Tante, eigentlich habt Ihr gar nichts gesehen«, widersprach Georg. »Ich war derjenige, der sah, wie sich Baines am Dekolleté der Bagration verlustiert hatte.«

Sophie senkte errötend den Blick.

»Verzeih, Schwesterherz, aber man muss in einer derart delikaten Angelegenheit die Dinge beim Namen nennen. Er selbst behauptet, durch ein Missgeschick in diese peinliche Lage geraten zu sein.«

»Georg!« Mathilde schüttelte unwillig den Kopf.

»Etwas seltsam war das alles schon«, fuhr Georg ungerührt fort. »Die Szene wirkte beinahe«, er rang nach dem richtigen Wort, »inszeniert. Ja, so sah es aus. Was die Fürstin mir allerdings heute erzählt hat, klingt weitaus plausibler.«

»Georg! Du hattest ein Tête-à-Tête mit dieser – Dame?« Louise stieß das Wort hervor, als hätte sie gerade etwas besonders Ekelhaftes gegessen. »Am helllichten Tag?«

»Nun ja, sie hat mich eingeladen. Schon gestern, bei Euch, Tante, bevor sie sich zurückzog.« Jetzt wirkte sogar Georg etwas verlegen.

»Was für ein liederliches Frauenzimmer!«, schnaubte Louise empört. »Verabredet sich an einem Abend mit zwei Männern. Mir gegenüber brüstete sie sich damit, dass Baines sie bereits erwarten würde.«

»Mich hat sie für heute eingeladen«, korrigierte Georg das Missverständnis.

Louise schüttelte den Kopf.

»Und – was hat sie dir erzählt?« Sophie sah Georg eindringlich an.

Georg überlegte, wie er ihre Frage beantworten könnte, ohne sie allzu sehr zu verletzen. Er entschied sich für die kurze, aber direkte Variante. »Dass Baines die Nacht mit ihr verbracht hat.«

Sophie schnaubte. »Und ihr alle glaubt das?«

Drei Köpfe nickten.

Eines noch wollte Sophie wissen. »Und wer hat Kenntnis von Edwards Verlobung?«

»Gerüchte kursieren bereits seit Längerem« antwortete Louise.

»Aber von wem wisst Ihr es?«, beharrte Sophie.

Louise zuckte die Achseln. »Wie das mit Gerüchten so ist. Genau kann man das nie sagen …«

»Mir hat die Bagration davon berichtet«, ergänzte Georg. »Bis ins Detail. Mehr als mir genehm war.«

Sophie sah von einem zum anderen. »Dann lasst mich zusammenfassen. Edward ist verlobt. Und er hat mich heute Nacht betrogen. Aber es gibt nur eine einzige Person, die all das behauptet.« Sie seufzte. »Eine Frau, die, seit ich Edward kenne, hinter ihm her ist.« Nachdenklich betrachtete sie ihre Hände. »Und wisst ihr, was das Schlimmste daran ist?« Sophie sah auf. »Mir bleibt gar nichts anderes übrig, als ausgerechnet dieser Intrigantin zu glauben. Edward wird kaum das Gegenteil beweisen können.«

Langsam ging sie aus dem Zimmer und ließ den Rest ihrer Familie in tiefer Ratlosigkeit zurück.

Sophie war verzweifelt. Wie betäubt schloss sie sich in der Bibliothek ein und ließ ihren Tränen freien Lauf. Ihr Gefühl sagte ihr, dass die Dinge nicht so waren, wie sie zu sein schienen. Aber Sophie hatte nie zu jenen Frauen gehören wollen, die sich auf ihr Gefühl verließen. Und die Tatsachen sprachen gegen Edward.

Sophie dachte nach, bis ihr Kopf schmerzte, und kam zu keinem Schluss. Alles passte perfekt zusammen, fast zu perfekt. Edward war klug. Hätte er sie hintergehen wollen, hätte er bestimmt mehr Raffinesse an den Tag gelegt. Und er liebte sie. Niemals würde er ihr das antun. Oder doch? Hatte er nur mit ihr gespielt? War er einer jener Männer, die nie einer Frau treu blieben, weil sie neben aufrichtiger Zuneigung stets das kurze, unverbindliche Vergnügen suchten? Hatte ihre Zurückhaltung ihn in die erfahrenen Arme dieser infamen Verführerin getrieben? Oder war alles erlogen und das Ganze eine einzige Intrige? Georg hatte sie gewarnt. Sie hatte sich mit der Bagration eine gefährliche Feindin gemacht. Wenn sie nun die Konsequenzen zog, hätte die Bagration gewonnen. Aber hatte sie nicht ohnehin längst verloren? Sophie schluchzte auf. Der Zweifel war gesät und die entscheidende Frage bereits beantwortet, die einzige Frage, die tatsächlich von Bedeutung war. Wie könnte sie Edward unter diesen Umständen je wieder vertrauen?

❧

Die Entscheidung fiel schließlich schneller als erwartet. Es war allerdings nicht Sophie, die sie traf. Bereits am nächsten Tag, sie fühlte sich nach einer schlaflosen Nacht wie gerädert, stand Edward überraschend vor der Tür. Ihre Tochter fühle sich nicht wohl und sei nicht zu sprechen, erklärte Mathilde entschieden. Doch weder ihr Tonfall, der keinerlei Widerspruch duldete, noch ihre eisige Miene schreckten ihn ab. Er blieb mit den Worten, dass aufgrund der Dringlichkeit der Angelegenheit die Sache unaufschiebbar sei und sofort einer persönlichen Klärung bedürfe. Sein energisches Auftreten ließ Mathilde zögern. Sophie, der Baines' Eintreffen nicht entgangen war, hatte seine letzten Worte, hinter der Tür des Empfangssalons versteckt, mit Herzklopfen vernommen und trat ihm zögernd entgegen.

Baines erschrak. »Um Himmels Willen, Komtesse, seid Ihr krank?« Er küsste ihr die Hand und musterte sie besorgt. »Habt Ihr bereits nach einem Arzt geschickt?«, fragte er Mathilde.

»Ein Arzt wird in diesem Fall nicht helfen können. Ihr seid die Krankheit, an der meine Tochter leidet«, entgegnete Mathilde mit ungewohnter Schärfe.

Wider besseres Wissen hatte Sophie plötzlich das Gefühl, Edward verteidigen zu müssen. »Mama!« Sie bedeutete ihm, sich zu setzen. »Bitte lasst uns allein«, forderte sie ihre Mutter auf.

Mathilde zögerte. »Aber – bist du sicher?«

Sophie nickte. »Ganz sicher.«

Nachdem Mathilde den Raum verlassen hatte, nicht, ohne die Tür ein Stück weit offen zu lassen, nahm Sophie Edward gegenüber Platz.

»Was hat das zu bedeuten?«, fragte er sichtlich ratlos.

»Könnt Ihr Euch das nicht denken?«, erwiderte sie und warf ihm einen vielsagenden Blick zu.

Da huschte ein bitteres Lächeln über sein Gesicht. »Ah, jetzt verstehe ich.« Edward schüttelte verärgert den Kopf. »Es geht um den unseligen Abend bei Eurer Tante, nicht wahr?« Er sah Sophie fragend an.

Sie reagierte nicht.

»In diesem Fall ist jede Rechtfertigung sinnlos, dessen bin ich mir bewusst. Ich kann Euch nur bitten, mir zu glauben, wenn ich sage, dass ich gegen meinen Willen –«

Sophie unterbrach ihn. »Darum geht es nicht.«

Er sah sie ehrlich erstaunt an. »Wovon sprecht Ihr dann?«

Sie holte tief Luft. »Dass Ihr ein Verhältnis mit dieser Dame habt. Und dass Ihr verlobt seid.«

Edward starrte sie verständnislos an. »Wer behauptet das?«

»Über Euer Verlöbnis mit einer Dame aus Eurer Heimat wurden schon des Öfteren Spekulationen angestellt«, antwortete sie ausweichend.

»Wer?«, beharrte er.

»Nun denn, die Fürstin. Ja, in erster Linie sie.« Sophie ließ ihn nicht aus den Augen.

»Und Ihr glaubt das?« Fast wirkte er zornig.

Sophie zögerte. »Was bleibt mir anderes übrig? Oder könnt Ihr diese Anschuldigungen glaubwürdig widerlegen?«

Edward stand auf und ging zunehmend wütend im Salon auf und ab. Was führte die Bagration im Schilde? Hatte er etwas übersehen? In der Tat, die Verhandlungen gestalteten sich schwieriger als erwartet. Die Interessensgegensätze in der Polenfrage warfen laufend neue diplomatische Konflikte auf. Preußen und Russland standen Großbritannien und Österreich gegenüber. Aufgrund seiner persönlichen Verbindung zu Preußen tanzte er als Brite ohnehin auf einem Pulverfass. Denn obwohl er selbst keinen Delegiertenstatus besaß, verfügte er über zahlreiche brisante Informationen und dürfte damit vielleicht dem einen oder anderen russischen Unterverhandler durchaus ein Dorn im Auge sein. Dazu kam, dass er hier in Wien durch seine ständigen Aufenthalte mit einigen hohen kaiserlichen Beamten – auch aus Metternichs Stab – zum Teil eng befreundet war. Vielleicht war das Interesse der Fürstin an seiner Person möglicherweise nicht nur erotischer Natur. Wollte sie ihn erpressen? Edward seufzte resigniert. Was auch immer sie im Schilde führte – ihre Intrigen würden ins Leere laufen. Denn er hatte wahrhaft andere Probleme.

»So sprecht doch endlich.« Sophie wurde ungeduldig. »Was habt Ihr zu diesen Anschuldigungen zu sagen?«

»Nichts!«, rief Edward aufgebracht aus. »Außer dass sie purer Unsinn sind und ich nicht verstehe, wie Ihr und Eure Familie dazu kommt, diesen Unfug zu glauben und damit meine Integrität ohne weitere Prüfung infrage zu stellen.«

Sophie zuckte zusammen. Diesen Ausbruch hatte sie nicht erwartet. Heftige Wut stand Edward ins Gesicht geschrieben.

»Ich werde mich nicht rechtfertigen, weil es nichts zu rechtfertigen gibt. All diese Behauptungen sind reine Erfindung. Ich bin niemandem versprochen, und was die Fürstin betrifft, bin ich ihr zugegeben an diesem Abend im Haus Ihrer Tante auf unziemliche Art und Weise nahegekommen. Das lag keineswegs in meiner

Absicht, sondern war ein reines, ich wage zu behaupten, durch sie bewusst herbeigeführtes Missgeschick – wie ich übrigens an jenem unseligen Abend bereits Eurem Bruder gegenüber betont habe. Die Ursache für diese absurden Unterstellungen bin ich derzeit nicht in der Lage zu ergründen. Aber glaubt mir, ich werde es tun und die Fürstin zur Rechenschaft ziehen.«

Nun kam auch Sophie in Fahrt. Wie konnte er sich unterstehen, die gegen ihn gerichteten Vorwürfe derart zu verdrehen, als wäre ihre Familie Urheberin der Anschuldigungen? Zornig blitzten sie sich an.

»Und wie glaubt Ihr, dass ich mich fühle? Würdet Ihr bitte so gütig sein, bei Euren Überlegungen auch meine Befindlichkeit zu berücksichtigen?«, fauchte sie ihn an. Ihre Wangen hatten mittlerweile wieder Farbe angenommen, ihre Augen glänzten.

Wie sie da vor ihm stand, aufrecht und bebend vor Empörung, den Kopf hoch erhoben, konnte Edward nicht anders. Er nahm sie in die Arme und küsste sie.

»Ich liebe Euch doch«, murmelte er an ihrem Mund. »Ich liebe Euch abgöttisch. Wenn schon nichts anderes, so glaubt mir wenigstens das.«

Kurz erwiderte sie seinen Kuss, dann stieß sie ihn von sich. »Und damit, meint Ihr, ist alles wieder gut?«

Edward räusperte sich und grinste schief. »So gut es unter diesen Umständen möglich ist, ja. Ich wage es zumindest zu hoffen.«

Sophie unterdrückte ein Lächeln. Sogar in dieser überaus prekären Situation fiel es ihr schwer, sich seinem Charme zu entziehen. Aber sie musste jetzt einen kühlen Kopf bewahren. »Ich brauche Zeit, um mir ein klares Bild der Vorkommnisse zu machen.«

Er stöhnte auf. »So versteht doch, es gibt keine Vorkommnisse. Was über mich behauptet wird, ist eine Lüge.« Edward ergriff ihre Hand. »Wenn Ihr jedoch Zeit braucht – die kann ich Euch geben.«

Sophie sah ihn fragend an.

»Ich habe heute früh eine Depesche erhalten, die meine sofortige Abreise notwendig macht. Eine dringende Familienangelegenheit. Ich muss zurück nach England.«

Entrüstet entzog sie ihm ihre Hand. »Ach je, so ein Zufall! Ihr wollt zu Eurer Verlobten, wie ich annehme?«

Er raufte sich in schierer Verzweiflung die Haare. »Es gibt keine Verlobte! Glaubt mir doch endlich.«

Ratlos zuckte Sophie die Achseln. »Ich weiß nicht mehr, was und wem ich glauben soll.«

Edward seufzte resigniert. »Es spielt ohnehin keine Rolle mehr. Ich kann Euch nicht sagen, wann ich zurückkomme, und ich werde Euch auch nicht bitten, auf mich zu warten. Denn unter diesen Umständen werde ich wohl besser darauf verzichten, um Eure Hand anzuhalten, wie ich es ursprünglich erwogen hatte.« Er verbeugte sich, küsste ihr die Hand, wandte sich um und ging ohne ein weiteres versöhnliches Wort.

Sophie starrte hinter ihm her. Ihr Kopf war völlig leer. Als die Tür hinter ihm ins Schloss fiel, begann ein dumpfer Schmerz an ihr zu nagen wie ein großes, dunkles Tier.

∿

Fast wären sie zu spät gekommen. Der Rückstau der Kutschen vor der Hofburg war so groß, dass sie die restliche Strecke zu Fuß zurücklegen mussten. Doch sie hatten es geschafft, in letzter Minute sozusagen.

Außer den Wohllebens waren – unbeeindruckt von der Tatsache, dass die Veranstaltung kurzfristig zweimal verschoben worden war und nun zu Beginn der, den Wienern an sich heiligen, Adventzeit stattfinden musste – Tausende Gäste um die Mittagsstunde an diesem Dienstag Ende November im Großen Redoutensaal erschienen, um einem musikalischen Großereignis beizuwohnen. Sie plauderten und lachten, warfen den anwesenden Diplomaten, Fürsten und Monarchen samt ihrer prächtig gekleideten Begleitungen neugierige Blicke zu, während die Herren den Sitz ihres Halstuchs kontrollierten oder ihre Orden geraderückten und die Damen erwartungsvoll ihre Fächer tanzen ließen.

Sogar Sophie, die von Baines Abreise noch sehr benommen war, hatte sich buchstäblich in letzter Sekunde dazu aufgerafft, ihr Zimmer zu verlassen und ihre Familie zu diesem Konzert zu begleiten. Überrascht stellte sie fest, dass Philipp von Keynitz zwischen ihr und Fanny Platz genommen hatte. Georg begrüßte ihn mit Handschlag, während ihre Mutter seine Ankunft mit einem wohlwollenden Lächeln kommentierte. Sie musste Edwards Eintrittskarte an Philipp weitergegeben haben. Mutter, dachte Sophie erbittert. In ihrem Bestreben, zumindest eine ihrer Töchter unter die Haube zu bringen, schien sie keine

Zeit zu verlieren. Auch wenn sie damit Sophies Gefühle verletzte.

Als Ludwig van Beethoven ans Dirigentenpult trat, senkte sich ehrfurchtsvolle Stille über das Publikum. Sophie schätzte seine Musik, ihre Kraft, ihre Geradlinigkeit, über die Maßen – im Gegensatz zu ihrer Mutter und Tante Louise, die sie stets als zu laut, zu schwer und zu wenig melodiös kritisierten. Beethoven war genau das, was sie jetzt brauchte.

Eingangs dirigierte er seine siebte Symphonie, danach folgte eine Uraufführung, ein Spektakel, wie sogar die Musikhauptstadt Wien es noch nie erlebt hatte. *Der glorreiche Augenblick* nannte der Meister seine Kantate, fast siebzig Streicher, mehrere Chöre und vier Solisten hauchten dieser wuchtigen Komposition erstmals öffentlich Leben ein.

»*Vienna! Kronengeschmückte, Götterbeglückte, herrscherbewirtende Bürgerin: Sei gegrüßt von den Völkern allen und Zeiten, die an dir vorüberschreiten, denn jetzt bist du der Städte Königin*«, sang der Chor im zweiten Satz voller Begeisterung.

Eine Begeisterung, die Sophie jedoch nicht zu teilen vermochte. Viel zu pathetisch erschien ihr diese allzu offensichtlich anlassbezogene Huldigung an ihre Heimatstadt. Wäre es nicht Beethoven, würden die Kritiker das Stück als schwülstiges Auftragswerk in der Luft zerreißen, dessen war sie sich sicher. Von dem angekündigten Geniestreich war es aus ihrer Sicht jedenfalls weit entfernt. Sie beobachtete das Publikum, das der Aufführung hingerissen folgte –

offensichtlich schien niemand ihre Enttäuschung zu teilen. Plötzlich verspürte sie einen stechenden Schmerz in ihrem Herzen. Edward. Er hätte sie verstanden.

Tapfer versuchte sie, ihre Tränen zurückzuhalten und nahm dankbar das Taschentuch, das Philipp ihr reichte. »Ich dachte nicht, dass Euch das Stück so aufwühlen würde«, bemerkte er überrascht.

Bevor Sophie etwas entgegnen konnte, legte sich die unbestreitbar großartige gesangliche Leistung der Hoftheatersängerin Anna Milder-Hauptmann wie Balsam auf ihr erhitztes Gemüt und milderte fürs Erste ihr strenges Urteil.

Die Sopranistin war ihr bereits als Leonore in Beethovens Oper *Fidelio* aufgefallen. Zudem registrierte Sophie mit einem gewissen Amüsement, wie geschickt der Maestro die herrschenden Monarchen der am Kongress teilnehmenden Staaten in diesem Stück verewigt hatte. Sie alle waren, trotz heftiger diplomatischer Diskrepanzen, bemerkenswerterweise erschienen. So nahmen Zar Alexander und seine Gemahlin, der König von Preußen ebenso wie Kaiser Franz die musikalischen Huldigungen sichtlich erfreut entgegen.

Nach dem beeindruckenden Finale der drei Chöre im sechsten Satz beendete ein euphorisches Schlussfugato das Schauspiel, Applaus brandete auf.

Philipp neigte sich zu Sophie herüber. »Was sagt Ihr dazu?«, fragte er, sichtlich erleichtert, dass Sophie ihre Fassung so rasch wiedergewonnen hatte.

»Ich bin mir nicht sicher«, erwiderte sie vage – eine Bemerkung, die er mit einem beifälligen Lächeln kommentierte.

»Dem Kaiser sollte es gefallen haben, nehme ich an«, bemerkte er leise, bevor sich wieder gespannte Stille über den Saal senkte.

Fanny, die den kurzen Wortwechsel zwischen den beiden beobachtet hatte, zog ein finsteres Gesicht.

Mit Trommelwirbeln und Trompeten begann nun Beethovens inzwischen berühmtes, zusammen mit seiner siebten Symphonie kurz nach der Schlacht bei Leipzig uraufgeführtes musikalisches Schlachtengemälde *Wellingtons Sieg oder die Schlacht bei Vittoria*. Die Battaglia sollte, flüsterte Philipp Sophie rasch zu, an die Niederlage der französischen Truppen in Nordspanien erinnern, die eng mit dem kometenhaften Aufstieg des Duke of Wellington verbunden war.

Schon erklangen die ersten patriotischen Töne von *Rule, Britannia!*, gefolgt von *Marlbrough s'en va-t-en guerre*. Sophie konnte sich der Wirkung der ins Ohr gehenden Melodie des französischen Volksliedes nicht entziehen, fast war sie versucht mitzusingen. Philipp schien es ähnlich zu gehen. Sichtlich vergnügt lauschte er der mitreißenden Melodie, während sein rechter Zeigefinger eifrig mitdirigierte.

Nun setzte die Musik unter dem musikalischen Zitat der britischen Hymne zu einem furiosen Finale an. Und wieder fiel Sophie auf, dass – wie schon einige Male zuvor – der Taktstock des Maestros ein bemerkenswertes Eigenleben entwickelte. Das Orchester ließ sich davon nicht beirren, was daran zu liegen schien, dass die Musiker ihren Blick nicht auf Beethoven, sondern auf ihren Kapellmeister Ignaz Umlauf richteten.

Sophie beobachtete den Maestro aufmerksam. Stimmten die Gerüchte, die behaupteten, dass es mit dem Gehör des begnadeten Komponisten nicht zum Besten stünde? Der geniale Tondichter, der nicht in der Lage war, seine eigene Schöpfung zu hören – was für ein Drama. Beethoven jedoch fuhr sich mit der Hand in vertrauter Geste durch seine wilde Lockenpracht, verbeugte sich vor den fast tausend Musikern, die sein Werk auf dem Weg zur Unsterblichkeit begleitet hatten, und nahm unbeirrt lächelnd den nicht enden wollenden, frenetischen Applaus entgegen.

»Alles in allem ein grandioses Spektakel«, bemerkte Philipp, während er, Georg und Sophie folgend, Fanny umsichtig durch die Menge der aus dem Saal strömenden Gäste führte.

»Ihr scheint Euch ja außerordentlich gut mit meiner Schwester zu verstehen«, bemerkte Fanny schnippisch. Auch wenn ihr Interesse an Philipp sich in Grenzen hielt, missfiel ihr, dass er ihr während des Konzerts so wenig Aufmerksamkeit geschenkt hatte.

»Wie kommt Ihr darauf?« Philipp sah sie erstaunt an. »Eure Schwester ist, wie Georg mir erzählt hat, umfassend gebildet. Und sie hat – wie Ihr auch – ein gutes Gespür für die Musik«, fügte er arglos hinzu.

»Nun, wenn Euch das wichtiger ist, könnt Ihr in Zukunft meiner Schwester Eure Aufwartung machen. Ihr wisst ja, dass Sir Baines um sie warb – doch er ist

vor wenigen Tagen abgereist. Ihr habt also freie Bahn.«
Sie warf ihm einen provozierenden Blick zu.

Philipp quittierte ihre Taktlosigkeit mit einem nachsichtigen Lächeln. »Was mir wichtig ist, Komtesse, solltet Ihr mich entscheiden lassen. Ich kann Euch nur versichern, dass Euer Esprit und Eure Unbeschwertheit ganz sicher dazugehören.«

Fanny kommentierte dieses Kompliment mit einem möglichst huldvollen Kopfnicken. Da erst bemerkte sie, dass sie ihre Familie aus den Augen verloren hatten. Beunruhigt machte sie Philipp darauf aufmerksam.

»Sorgt Euch nicht, Komtesse, wir werden sie schon finden«, meinte er nur.

Aber wie sollten sie in diesem chaotischen Getümmel bloß die richtige Kalesche entdecken? »Was macht Euch da so zuversichtlich?«, blaffte Fanny ihn an. Sie zappelte aufgeregt herum. Da spürte sie inmitten des heftigsten Gedränges seinen stützenden Arm in ihrem Rücken und seinen Atem an ihrer Schläfe. Unwillkürlich schloss sie die Augen und dachte an Karl, was zur Folge hatte, dass sie sich im Saum ihres Kleides verfing und beinahe stürzte. Philipp hielt sie fest.

»Vorsicht, gnädiges Fräulein.« Sein amüsierter Blick kreuzte den ihren. »Vielleicht solltet Ihr beim Gehen die Augen offen lassen«, setzte er schmunzelnd hinzu.

Oh nein, er hatte es bemerkt. Wie konnte sie bloß so ungeschickt sein! Fanny fühlte sich ertappt. Ihr Gesicht glühte noch immer, als sie an seiner Hand verärgert in die Equipage stieg.

»Da seid ihr ja«, rief Mathilde erleichtert aus. »Ich habe mir bereits Sorgen gemacht.« Fannys Verlegenheit entging ihr keineswegs, sie fand dieses Zeichen mädchenhafter Unschuld ganz allerliebst und lächelte verständnisvoll.

»Ihr seht, ich habe Eure Tochter wohlbehalten zurückgebracht«, antwortete Philipp, als er sich mit einer Verbeugung verabschiedete.

»Wie charmant«, erwiderte Mathilde. »Bitte erweist uns doch die Ehre Eures Besuches, Graf Keynitz. Sagen wir gegen fünf Uhr? Ihr könntet mit Fanny musizieren.«

»Eine famose Idee«, meinte Georg, der neben Philipp vor der Kutsche stand. »Und wir zwei spielen eine Runde Schach, mein Freund.«

»Mit dem größten Vergnügen«, entgegnete Philipp. Bevor er die Tür der Kutsche schloss, nickte er Fanny zu, die sein Lächeln freundlich erwiderte.

Er ist wirklich nett, aber er ist nun einmal nicht Karl, dachte sie bei sich und seufzte.

Mathilde missinterpretierte Fannys Seufzer und drückte ihr ermutigend die Hand. »Du wirst sehen, es wird nicht lange dauern, und Graf von Keynitz wird sich erklären, mein Kind.« Stolz wandte sie sich ihrem Mann zu. »Und das noch vor ihrem Debüt, erstaunlich, findet Ihr nicht?«

Friedrich nickte geistesabwesend. Fanny erschrak, diese fatale Möglichkeit hatte sie noch gar nicht in Betracht gezogen. Wieder errötete sie heftig. Und wieder wurde sie missverstanden.

»Mach dir keine Sorgen, Fannylein, das ist nichts Ungebührliches. Der junge Graf ist ein vollendeter Kavalier«, beruhigte sie ihre Mutter.

Fanny hielt sich schnell ihr Taschentuch vors Gesicht, um nicht lauthals aufzulachen. Mathilde strich ihrer Jüngsten sanft übers Haar und hatte, ganz gegen ihre sonst so nüchterne Art, Tränen der Rührung in den Augen.

6. Kapitel

NACH DEM BEETHOVEN-KONZERT kehrte endlich Ruhe ein. Es herrschte, wie immer in der Adventzeit, striktes Tanzverbot, stattdessen wurde – abgesehen von Kammerkonzerten im intimen Rahmen, privaten Theateraufführungen und den beliebten Tableaus – gebetet und gefastet. Zumindest offiziell. Wem die hektische Betriebsamkeit der letzten Wochen ohnehin wenig Vergnügen bereitet hatte, der empfand Erleichterung. Der Rest der Welt langweilte sich.

Im Palais der Familie Wohlleben nahm der Alltag seinen üblichen Verlauf, allerdings achtete Mathilde gewissenhaft darauf, dass Elsa ihre Gerichte nach den strengen Regeln der Fastenzeit zubereitete. Friedrich war so wenig zu Hause wie zuvor, denn hinter den Kulissen stand die Diplomatie keineswegs still. Georg amüsierte sich, wobei er seine amourösen Eskapaden in dieser stillen Zeit der Einfachheit eher auf die leichte Muse – Tänzerinnen, Soubretten und Stubenmädel – verlegte. Fanny genoss ihre Amour fou in vollen Zügen, spielte zu Hause die brave Tochter und verbrachte jeden Dienstag- und Donnerstagnachmittag bei Elisabeth.

Nur Sophie wandelte im Haus umher wie ein Geist. Es wurde mit jedem Tag schlimmer. Kein gutmütiger Scherz, keine wohlmeinende Bemerkung, nicht einmal Friedrichs Bücher vermochten sie mehr zu trösten. Bei jedem Läuten der Glocke zuckte sie zusammen, um sofort wieder in ihre trübe Lethargie zu verfallen, wenn die Post – wie immer – kein Lebenszeichen von Edward enthielt. Das schlechte Wetter und die langen Nächte taten ihr Übriges. Einmal verwünschte Sophie den Tag, an dem Edward in ihr Leben getreten war, dann wieder fand sie ohne ihn keinen Sinn mehr in ihrem leeren Dasein. Vor allem aber haderte sie damit, dass ihr Verstand keinen Zugriff auf ihren düsteren Seelenzustand zu haben schien. Ausgerechnet sie, die sich bis jetzt mehr als auf alles andere auf ihren wachen Geist und ihren unbeugsamen Intellekt verlassen hatte, fühlte sich vollkommen außerstande, ihre rabenschwarze Stimmung auf irgendeine Weise unter Kontrolle zu bringen. Töricht schalt sie sich, schwach, dumm und unvernünftig. Doch es half alles nichts. Sophie verzehrte sich nach Edward und verging vor Liebeskummer.

An diesem dritten Adventsonntag war es nicht anders. Kurz war sie abgelenkt durch den morgendlichen Kirchgang, danach zog sie sich sofort wieder in ihr Zimmer zurück, legte sich aufs Bett und starrte wie gewohnt gegen die Decke, als ihr Vater sie in sein Arbeitszimmer rief.

Überrascht sah sie Georg mit ungewohnt ernster Miene neben Graf Friedrich am Schreibtisch stehen.

»Ist etwas mit Edward?«, fragte sie beunruhigt.

Die beiden Männer warfen sich vielsagende Blicke zu.

»Nun sagt doch endlich!«, bettelte sie ungeduldig.

Friedrich räusperte sich. »Nein, wir haben keine Nachrichten von Sir Baines. Es geht um deinen Verlobten.«

»Um Ludwig?« Ungläubig starrte sie ihn an.

Er nickte bestätigend. »Ja. Ich denke, du solltest dich setzen.« Er wies auf den Lehnstuhl vor sich. »Dein Bruder hat etwas über ihn in Erfahrung bringen können.«

Erwartungsvoll sah sie Georg an und ließ sich auf dem ihr zugewiesenen Stuhl nieder.

Der räusperte sich verlegen. »Eigentlich entspricht das nicht ganz der Wahrheit. Nicht ich habe etwas in Erfahrung gebracht, sondern die Fürstin von Bagration.«

Sophie stöhnte auf. »Das ist doch nicht möglich. Wann hört ihr endlich auf, den Aussagen dieser … dieser Dame Glauben zu schenken?« Sie erhob sich. »Papa, Ihr habt sicher Verständnis, dass ich keinerlei Bedürfnis empfinde, mir das anzuhören. Nicht nach all dem, was geschehen ist.«

»Setz dich, Sophie«, entgegnete Friedrich bestimmt. »In diesem Fall solltest du Georg dennoch Gehör schenken.«

Sophie schüttelte unwillig den Kopf. »Du enttäuschst mich, Georg. Warum sprichst du überhaupt noch mit dieser Frau?« Seufzend nahm sie wieder Platz. »Nun denn, was hat die Bagration herausgefunden? Dass Ludwig während unserer Verlobungszeit ein Verhältnis mit ihr hatte?«

Georg grinste ungerührt. »Touché, Schwesterherz. Ich verstehe, dass du wütend bist, aber das wird dich wirklich interessieren.«

»Dann spann mich nicht länger auf die Folter.« Sophie sah ihn an, nun doch ein wenig neugierig geworden.

»Du weißt, dass die Bagration einige Jahre in Dresden gelebt hat.«

»Was allgemein bekannt ist«, erwiderte Sophie spitz. »Sie hat ihre Tochter Clementine genannt, das lässt kaum Platz für Spekulationen.«

Georg lachte auf.

»Und was hat das mit Ludwig zu tun?« Sophie wurde ungeduldig.

Doch Georg ließ sich nicht aus der Ruhe bringen. »Da sie in Dresden noch immer über ausgezeichnete Kontakte verfügt, hat sie einige Hebel in Bewegung gesetzt und etwas Interessantes über deinen Verlobten in Erfahrung gebracht.«

Sophie war sprachlos. Wie kam die Bagration dazu, Nachforschungen über Ludwig anzustellen? »Was, um Himmels Willen, berechtigt sie dazu?«, empörte sie sich.

»Mäßige dich, Sophie«, ermahnte ihr Vater sie. »Höre dir an, was dein Bruder zu sagen hat, und unterbrich ihn nicht ständig.«

»Also«, fuhr Georg fort, »sie hat herausgefunden, dass Ludwig lebt.«

Sophie wurde blass. »Ludwig lebt?«

»Ja«, bestätigte Georg. »Angeblich ist er gesund und wohlauf.«

Sophie dachte nach. »Aber warum ist er nicht zurückgekommen? Weiß seine Familie davon? Du meine Güte, warum hat er das getan?« Sie schauderte. »Warum lässt er uns alle glauben, dass er tot ist? Das macht doch keinen Sinn.«

Friedrich nickte Georg zu. »Ich denke, du solltest Sophie alles erzählen, was du weißt.«

»Wie Ihr meint, Papa.« Georg holte tief Luft. »Ludwig wurde bei der Schlacht verletzt –«

»Das weiß ich schon«, unterbrach ihn Sophie.

»Sophie«, rügte ihr Vater sie, »nun lass deinen Bruder endlich ausreden!«

Sophie nickte ergeben.

»Also«, fuhr Georg fort, »er wurde am letzten Tag der Schlacht schwer verwundet. Ludwig war offenbar längere Zeit nicht transportfähig, jedenfalls kam er – wie wir alle wissen – nicht mit seinen Offizierskameraden zurück. Was uns fälschlicherweise zu dem Schluss veranlasste, dass er seinen Verletzungen erlegen ist. In Wahrheit jedoch hatte man seine Spur in diesem Chaos einfach verloren. Was nämlich niemand wusste, war, dass Ludwig das Glück hatte, im Haus eines angesehenen Handelstreibenden Pflege und Aufnahme zu finden. Um es kurz zu machen: Nach seiner Genesung scheint er dort eine Art Anstellung gefunden zu haben und ist in Leipzig geblieben. Und zwar unter dem bürgerlichen Namen Ludwig Mann. Aus diesem Grund sind alle unsere Nachforschungen ins Leere gelaufen.«

Sophie starrte ihn entgeistert an. »Willst du damit sagen, dass er, während wir alle um ihn trauern, glücklich und zufrieden in Leipzig lebt – und arbeitet?«

»So scheint es.« Georg nickte.

Sophie war fassungslos. »Weiß seine Familie davon?«

Da ergriff Friedrich das Wort. »Genaueres konnte Georg nicht in Erfahrung bringen.« Er stand vom Schreibtisch auf und ging im Arbeitszimmer auf und ab. »Ich habe nachgedacht, mein Kind, und bin zu dem Entschluss gekommen, den Fürsten aufzusuchen und die Angelegenheit mit ihm zu besprechen. Wenn es stimmt und Ludwig lebt, so hat er selbstverständlich seinem Eheversprechen nachzukommen. Ich werde darauf bestehen, dass dein Verlobter in diesem Fall nach Wien zurückkehrt.«

»Was für ein Eklat«, murmelte Sophie.

Friedrich schüttelte den Kopf. »Nicht unbedingt, wenn die Angelegenheit mit der entsprechenden Diskretion behandelt wird.«

»Die Bagration wird auf jeden Fall versuchen, Kapital aus dieser Sache zu schlagen.« Sophie sah ihren Vater zweifelnd an.

»Das werde ich zu verhindern wissen, mein Kind. Lass das ruhig meine Sorge sein«, antwortete ihr Vater gelassen.

Georg musterte seine Schwester und war nicht überrascht, dass sie alles andere als glücklich wirkte. »Wenn ihr mich fragt, dräut von dieser Seite keine Gefahr.«

Sophie sah ihn fragend an.

Auch sein Vater wirkte erstaunt. »Ich fürchte, ich verstehe nicht ganz, was du meinst«, stellte er fest.

»Nun, die Fürstin hat bereits erreicht, was sie wollte.«

»Lass dir doch nicht jedes Wort aus der Nase ziehen«, rügte Sophie ihren Bruder ungeduldig.

»Was ist denn da so schwer zu verstehen«, entgegnete Georg ungerührt. »Die Bagration wollte Baines. Schon immer. Dann bist du ihr in die Quere gekommen. Jetzt serviert sie dir deinen Verlobten auf dem Silbertablett, und du bist aus dem Rennen. Ganz nebenbei hat sie auch noch die Sympathien auf ihrer Seite – eine romantische Reunion zweier Liebender, bei der sie die Heldin spielen darf. Sie soll Rivalinnen schon wesentlich weniger elegant aus dem Weg geräumt haben, wurde mir berichtet.«

Sophie erbleichte. »Würdet ihr mich bitte entschuldigen?«

Wortlos zog sie sich in ihr Zimmer zurück und starrte unglücklich aus dem Fenster in einen nebelverhangenen Tag.

Währenddessen diskutierten Vater und Sohn über die weiteren Schritte. Der Graf ließ keinen Zweifel daran, dass er alles in seiner Macht Stehende unternehmen würde, seiner Tochter den Weg zurück in die fürstliche Familie zu ebnen. Auch wenn das, wie Georg einwarf, möglicherweise nicht dem entsprach, was Sophie sich wünschte.

»Ein Verlöbnis ist verbindlich«, entgegnete sein Vater bestimmt. Und Georg wusste, dass dieser Tonfall keinen Widerspruch duldete.

⚘

Elisabeth ging unruhig auf und ab. Das alles gefiel ihr nicht. Ganz und gar nicht. Fanny entwickelte sich zu einer veritablen Bedrohung. Abhängig von ihren ständig wechselnden Launen – kratzbürstig oder sanft, dominant oder devot, amüsant oder reizbar – erweiterte sie ihr Repertoire Tag für Tag und entpuppte sich immer mehr als außerordentlich sinnliche, experimentierfreudige Gespielin. Und statt sich über ihre Unberechenbarkeit zu ärgern oder ihrer endlich überdrüssig zu werden, konnte Karl nicht genug von ihr bekommen.

Elisabeth musste der Wahrheit ins Auge sehen: Karl war verrückt nach Fanny. Das Spiel lief aus dem Ruder. Sie musste diese Ménage-à-trois beenden. Und zwar schnell. Elisabeth beobachtete Karls kleine Geschenke, die feurigen Blicke, eine kaum spürbare Veränderung, wenn Fanny den Raum betrat, mit zunehmendem Unbehagen. Dass ihr Geliebter notorisch untreu war, hatte sie hingenommen. Seine Schwäche für sehr junge Frauen ebenso. Um sich diese Schwäche zunutze zu machen, hatte sie die delikaten Nachmittage mit Mädchen aus der besseren Gesellschaft eingeführt. Ein kluger Schachzug, wie sich erwies, denn so gelang es ihr, seine Leidenschaft immer aufs Neue zu entfachen, ohne Gefahr zu laufen, ihn zu verlieren. Doch dass Karl sich in eines der Mädchen verlieben könnte, stand nicht auf ihrem Plan.

Deshalb hatte Elisabeth schon seit einiger Zeit nach einer Nachfolgerin Ausschau gehalten. Ihre Suche war schließlich erfolgreich gewesen. Eine entzückende rothaarige Nymphe namens Daphne, Tochter eines ehemaligen Geschäftspartners ihres verstorbenen Mannes, des verarmten Barons Eduard von Steineck, schien ihr außerordentlich geeignet zu sein. Die Eltern waren dankbar, dass sie ihren aussichtsreichen Sprössling unter ihre Fittiche nahm, und das Mädchen selbst hatte, wie sie Elisabeth in erstaunlicher Offenheit bei ihrer zweiten Begegnung mit kokettem Augenaufschlag gestanden hatte, bereits erbauliche Erfahrungen mit einer ihrer Freundinnen gemacht.

Nach Fannys Besuch gestern hatte sie Karl ein Treffen mit ihrer neuen Errungenschaft vorgeschlagen – er hatte einfach Nein gesagt. Elisabeth hatte all ihre Verführungskünste auffahren müssen, bevor er sich endlich bereit erklärte, Daphne wenigstens kurz zu begutachten.

Nun hatte er bereits eine halbe Stunde Verspätung. Er würde doch nicht die Chuzpe besitzen, sie zu versetzen? Das arme Mädchen saß ratlos in dem viel zu voluminösen Lehnstuhl und schaute sie mit großen

Augen an. Elisabeth hatte ihr nichts von Karl erzählt, es sollte nach einem Überraschungsbesuch aussehen. Jetzt war ihnen der Gesprächsstoff ausgegangen, Elisabeths Laune hatte den Nullpunkt erreicht – und von Karl keine Spur.

»Seid Ihr böse auf mich?«, fragte Daphne verunsichert.

»Warum sollte ich böse auf dich sein?«, erwiderte Elisabeth zerstreut.

»Weil Ihr seit«, das Mädchen sah auf die Pendeluhr auf der Kommode, »zehn Minuten kein Wort mit mir gesprochen habt. Ich langweile Euch, nicht wahr?«

»Nicht doch«, tröstete Elisabeth Daphne halbherzig. »Du langweilst mich keineswegs.«

»Darf ich nach Hause gehen?« Daphne sah sie hoffnungsvoll an.

Da endlich vernahm Elisabeth Karls Stimme. Er trat mit seinem charmantesten Lächeln auf den Lippen ein. Elisabeth vergaß auf der Stelle ihren Vorsatz, ihn für seine Verspätung bei passender Gelegenheit empfindlich zu bestrafen, und spürte, wie ihr Herz heftig zu pochen begann. Würde sie jemals aufhören, diesen Mann zu lieben?

Daphne wiederum saß mit offenem Mund in ihrem Sessel, was ihrem an sich ausdrucksstarken Gesicht einen leicht einfältigen Ausdruck verlieh, und starrte Karl an.

Karl, dem seine Wirkung auf die beiden Damen nicht entgangen war, küsste Elisabeth formvollendet die Hand und zeigte sich von seiner besten Seite. »Na, wen haben wir denn da?« Er wandte sich Daphne zu, deren Teint eine recht unvorteilhafte Verbindung mit ihrer Haarfarbe einzugehen begann.

Verlegen blickte sie zu Boden.

»Das ist Daphne«, stellte Elisabeth das Mädchen vor. Ein wenig verärgert registrierte sie, dass von ihrer ursprünglichen, beinahe feenhaften Anmut in diesem Augenblick nicht viel zu sehen war.

»Ah, Daphne«, antwortete Karl und musterte das Mädchen belustigt. »Verzeiht, dass ich Euch mit meinem Besuch derart unverfroren überfalle«, fuhr er zu Elisabeth gewandt fort, »aber ich kam auf meinem Weg zufällig vorbei und dachte –«

»Ihr braucht Euch nicht zu entschuldigen, mein lieber Baron«, unterbrach ihn Elisabeth. »Ihr stört keineswegs.« Erleichtert bemerkte sie, dass die Situation Karl amüsierte. Sie klingelte nach dem Dienstmädchen und ließ eine Flasche Champagner öffnen. Daphne, Alkohol sichtlich nicht gewöhnt, taute zunehmend auf. Ihre anfangs etwas dümmlich wirkende Bewunderung verwandelte sich in reizvolle Koketterie. Eine Stunde später schien auch Karl geneigt, die eigenwillige Schönheit dieses Wesens zu erkennen, und begann routiniert, sie zu verführen.

Als er nach einem leidenschaftlichen Kuss mit hungrigem Blick die zarte Spitze ihres weißen Brusttuchs zur Seite schob, wusste Elisabeth, dass er den Köder geschluckt hatte. Sie beobachtete sein Begehren mit Wohlgefallen, doch war sie keineswegs bereit, ihr Pulver schon am ersten Tag zu verschießen. Elisabeth kannte Karl gut genug, um zu wissen, dass sein Feuer langsam entfacht werden musste, sollte es von einer gewissen Dauer sein. Zu rasch würde er sonst sein Interesse verlieren.

So entzog sie ihm Daphne geschickt, ließ das Mädchen im passenden Augenblick nach Hause bringen und erntete selbst mit Freude die Früchte dieser reizenden Begegnung.

»Nun?«, fragte sie Karl, während sie sich zärtlich an ihn schmiegte. »Wie gefällt dir unsere neue Gespielin?«

»Gar nicht schlecht«, erwiderte Karl träge. »Auf deinen Geschmack war schon immer Verlass.« Er reichte ihr ein Glas Champagner. »Und was ist mit unserem Wildfang? Ich würde ungern auf sie verzichten«, bemerkte er nebenher.

»Das musst du auch nicht«, erwiderte Elisabeth mit einem honigsüßen Lächeln. »Ich habe allerdings gehört, dass sie noch diese Saison verheiratet werden soll. Ihre Mutter hat es mir erzählt, als ich kürzlich bei ihr zum Tee war. Ein passender Kandidat scheint bereits in Aussicht zu sein.«

Verärgert setzte Karl sich auf. »Da hat Fanny wohl auch noch ein Wörtchen mitzureden.«

»Natürlich«, besänftigte Elisabeth ihn. »Doch was ist, wenn sie beginnt, Forderungen an dich zu stellen?«

Karl war plötzlich hellwach und registrierte, dass Elisabeth ihn aus Katzenaugen lauernd beobachtete. »Nun, mein Honigpferdchen, dann werden wir dem kleinen Satansbraten diese Flausen gründlich austreiben müssen«, antwortete er und verschloss ihre Lippen mit einem Kuss. Den Rest des Abends gab er sein Bestes, um das unerquickliche Thema zu beenden. Dennoch war er sich dessen bewusst, dass seine Vertreibung aus dem Paradies bevorstand. So oder so.

~∞~

Friedrich Graf von Wohlleben betrat das fürstliche Palais Mansfeld nicht zum ersten Mal. Doch wurde ihm noch nie zuvor ein derart kühler Empfang bereitet. Fürst Eduard ließ ihn beinahe eine halbe Stunde warten und wies schon bei der Begrüßung diskret darauf hin, dass bereits die nächste Verpflichtung rufe.

»Ich hoffe sehr, dass Ihr unser Treffen, das sozusagen en famille stattfindet, nicht als Verpflichtung empfindet«, entgegnete Friedrich mit einem schmalen Lächeln.

Eduard quittierte die Bemerkung lediglich mit einer kaum merklichen Neigung seines Kopfes. »Was kann ich für Euch tun, Graf?«

Angesichts des distanzierten Verhaltens seines Gesprächspartners hatte nun auch Friedrich keine Lust mehr auf gepflegte Konversation. »Mir sind seltsame Gerüchte zu Ohren gekommen«, kam er stattdessen gleich zur Sache.

Der Fürst hob eine Augenbraue. »Gerüchte, soso. Und dafür opfert Ihr Eure kostbare Zeit – und die meine?«

Friedrich ärgerte sich wahrhaft über die Arroganz seines Gegenübers, doch besann er sich auf das Ziel seines Besuches, das er nie erreichen würde, wenn er jetzt einen taktischen Fehler beginge.

»Nun denn, es sind keine Gerüchte, sondern vielmehr Fakten. Fakten, die mir zugetragen wurden. Leider nicht unter dem Siegel der Verschwiegenheit. Daher denke ich, es ist meine Pflicht, Euch darüber zu informieren, bevor diese brisanten Informationen, sagen wir, ein Eigenleben entwickeln.«

»Ihr wollt mich erpressen, Graf?« Der Fürst musterte ihn kalt.

»Keineswegs, Fürst. Aber jemand anderer könnte es tun. Es geht um Euren Sohn, Ludwig. Und ich darf Euch daran erinnern, dass er meiner Tochter Sophie die Ehe versprochen hat.«

»Ludwig, natürlich.« Der Fürst wandte sich zum Fenster und ließ seinen Blick über den weitläufigen Park schweifen. Dann sah er den Grafen an, sein Gesichtsausdruck hatte sich völlig verändert. »Wir haben es nicht in der Hand, nicht wahr?«

»Was meint Ihr?« Friedrich war irritiert. Der Stimmungsumschwung des Fürsten kam schneller, als erwartet. Wusste er etwa nicht, dass sein Sohn lebte? Oder änderte er nur seine Strategie? Die Antwort folgte prompt.

»Von wem wisst Ihr es?«

Friedrich lächelte erleichtert. »Gut. Dann lasst uns endlich offen miteinander sprechen.«

Der Fürst streckte ihm seine Hand entgegen. »Graf, verzeiht, aber dieser Kongress bringt so viele Konfusionen mit sich – man weiß nicht mehr, wo Freund

und wo Feind ist. Ich dachte, Ihr wärt in einer anderen überaus brisanten Angelegenheit hier.«

Friedrich schlug ein: »Die Politik ist in der Tat ein äußerst gefährliches Pflaster. Jetzt, wo der Krieg gegen Napoleon vorbei ist, wird er auf dem diplomatischen Parkett weitergeführt.«

»Hoffentlich habt Ihr recht.«

»Womit?«, fragte Friedrich. Er lehnte die dargebotene Zigarre dankend ab.

»Dass der Krieg vorbei ist. Das hoffen wir schließlich alle.« Der Fürst zündete sich eine Zigarre an und schenkte sich ein Glas ein. »Cognac?«

Friedrich nickte.

Eduard bedeutete ihm, sich zu setzen, und nahm auf einem der schweren Ledersessel ihm gegenüber Platz. »Nun sprecht. Was wird über meinen Sohn erzählt?«

»Dass er lebt.« Friedrich berichtete, was Georg ihm erzählt hatte.

»Erstaunlich«, meinte der Fürst lediglich. »Nichts bleibt im Verborgenen.«

»Ihr habt es also gewusst?« Friedrich spürte Unmut in sich aufsteigen.

Der Fürst schüttelte den Kopf. »Ja, aber nicht von Beginn an. Auch wir dachten anfangs, Ludwig sei tot. Dann kam ein anonymer Brief, wir gingen den Informationen nach und kamen zu demselben Schluss wie Ihr jetzt.«

»Warum habt Ihr uns nicht informiert? Sophie war untröstlich.«

»Ich weiß«, erwiderte der Fürst. »Aber was sollten wir dem armen Mädchen sagen? Wir wollten keinen Skandal heraufbeschwören.«

»Einen Skandal?« Friedrich warf ihm einen fragenden Blick zu.

»Nun, wie auch immer«, entgegnete der Fürst ausweichend. Es war offensichtlich, dass er etwas verheimlichte.

Friedrich drang nach kurzer Überlegung nicht weiter in ihn, sondern kam zum eigentlichen Grund seines Besuches. »Ich werde im Interesse meiner Tochter darauf bestehen müssen, dass Euer Sohn sein Eheversprechen einlöst.«

»Ich verstehe.« Der Fürst nickte zögernd. »Wäre ich in Eurer Lage, würde ich genauso agieren.«

»Und handelt rasch«, warf Friedrich ein. »Die Informationen stammen von niemand Geringerem als der Fürstin Bagration.«

Eduard verzog das Gesicht. »In diesem Fall ist tatsächlich Eile geboten. Wie können wir einen Eklat verhindern?«

»Auch ich habe meine Informationen, Fürst«, lächelte der Graf. »Euer Wort gegen meins: Ihr bringt Ludwig nach Wien und ich sorge dafür, dass der Fürstin keinerlei Vorteile aus einer eventuellen Indiskretion erwachsen und sie das auch weiß.«

Der Fürst nickte zustimmend.

»Sagt mir eines«, fuhr Friedrich fort. »Was hat Ludwig zu diesem – ich bin beinahe versucht zu sagen: unehrenhaften – Verhalten veranlasst?«

»Lassen wir ihn doch selbst sprechen«, antwortete der Fürst, und seine abweisende Miene ließ keinen Zweifel daran, dass er das Thema hiermit als beendet betrachtete.

Tief in Gedanken versunken stieg Friedrich nach einer angeregten Debatte über die Lösung der polnisch-sächsischen Frage und herzlicher Verabschiedung in die Hofkalesche, die seit mehr als einer Stunde auf ihn wartete. Die Welt war und blieb ein Pulverfass, auf dem Täuschung und Intrigen regen Handel trieben. Und inmitten all dieser historischen Unbill wartete auch auf seine Tochter eine große menschliche Enttäuschung. Daran bestand für ihn mittlerweile kaum mehr ein Zweifel. Was ihn aber am meisten bedrückte, war die Tatsache, dass er nicht in der Lage sein würde, sie davor zu beschützen.

❧

Einsam und verlassen lag der Auwald vor ihm. Tiefe Nebel hingen in den Bäumen, die vielen kleinen Seitenarme der Donau zogen sich wie feine Adern durch Büsche und Gesträuch. Stanislaus brachte seine braune Stute zum Stehen, um sich zu orientieren. Er kannte die Au wie seine Westentasche, schon als Kind hatte er endlose Nachmittage hier in selbstvergessenem Spiel verbracht. Deshalb irritierte ihn der Nebel nur kurz. In sanftem Trab durchquerte er den Wald. Schließlich fand er im gestreckten Galopp über Wiesen und Felder auf sicherem Weg nach Hause.

Wie immer verbrachte er Weihnachten bei seinen Eltern. Stanislaus liebte das kleine Jagdschloss mit dem Gutsbetrieb, das einer seiner Vorfahren von Prinz Eugen samt Adelstitel als Dank für seine treuen Dienste im Kampf gegen die Türken erhalten hatte – selbst wenn das Anwesen, wie Georg zu sagen pflegte, viel zu weit weg von allem lag. Oder vielleicht gerade deshalb. Die Ruhe der Natur entsprach Stanis' Wesen weit mehr als die hektische Betriebsamkeit der Stadt. Hier war seine Heimat, hier fand er zu sich. Drei schreckliche Schlachten hatte er im Kampf gegen Napoleon überlebt, und nun hoffte er, dass sein Vater ihm endlich erlauben würde, den Dienst zu quittieren. Er wusste, dass seine Familie in Geldschwierigkeiten steckte, aber Stanislaus würde alles tun, um dem Militärdienst zu entrinnen, das hatte er sich geschworen, auch wenn sie dafür Land verkaufen und einen Teil ihrer Bediensteten entlassen müssten. Er war jung und kräftig, konnte selbst mit anpacken und wenn es sein musste, sogar härter arbeiten als jeder andere. Und vielleicht würde er in absehbarer Zeit eine passende Frau finden und der Familie einen Erben schenken, so wie seine Mutter es sich sehnlichst wünschte.

Selbst jetzt, da der Friede in greifbare Nähe gerückt war, hatte sich an seiner Einstellung nichts geändert. Denn es war nicht nur die Armee, die ihm verhasst war, auch das liederliche Offiziersleben in der Hauptstadt war einfach nichts für ihn. Die Stadt machte einen Fremden aus ihm, einen Mann ohne Stolz und Ehrgefühl, den er aus ganzem Herzen verabscheute.

Stanislaus seufzte tief. Mit Grauen erinnerte er sich an seine letzte Begegnung mit Mitzi. Was, um Himmels Willen, war bloß in ihn gefahren? Wie kam er dazu, das arme Mädchen derart zu demütigen, sie auf diese schändliche Weise für seine eigenen Fehler büßen zu lassen?

Während seine Stute von selbst den Weg zu den Stallungen fand, beschloss er, alles wiedergutzumachen. Gleich nach den Feiertagen würde er sie besuchen und ihr Geld zustecken. Ein Broscherl oder ein Armband würde er ihr kaufen, nachträglich, weil ja Weihnachten war. Und er würde sich um eine angemessene Stellung für sie kümmern. Heute noch, nahm er sich vor, wollte er mit seinem Vater sprechen. Vielleicht wusste der eine passende Verwendung in einem Haushalt hier auf dem Land. Das würde ihr guttun, viel besser als die Stelle, die Georg für sie im Auge hatte. Denn auch die scheue Mitzi gehörte nicht in die verderbte Stadt, davon war Stanislaus überzeugt.

Als er schließlich sein Pferd im Stall abrieb, fühlte er sich bereits viel besser. Und während er die geschwungene Treppe hinaufeilte, überkam ihn fast ein Hochgefühl. Die Mitzi würde ihm am Ende noch dankbar sein für alles, was er für sie getan hat. Ein wenig außer Atem und tief in Gedanken versunken, betrat er die Eingangshalle.

»Da bist du ja, Stanislaus.« Seine Mutter eilte ihm entgegen. Maria Freifrau von Hohenheim war eine rundliche Dame mittleren Alters von freundlichem Wesen und stets aufgeräumtem Gemüt. »Du weißt, wir haben Gäste. Herr Pointner, seine Gemahlin und deren Tochter Caroline. Ich hab dir doch erzählt«, flüsterte sie angesichts seiner verständnislosen Miene eindringlich, »dass diese wunderbaren neuen Tapisserien im Speisesaal aus seinen Webereien kommen.«

Stani erinnerte sich dunkel, dass seine Mutter den Besuch des reichen Seidenfabrikanten vom Brillantengrund angekündigt hatte. Hastig richtete er sein Halstuch und betrat den grünen Jagdsalon. Wie vom Blitz getroffen, blieb er stehen. Denn Stanislaus blickte in die veilchenblauen Augen der schönsten Frau, die er jemals gesehen hatte.

Caroline Pointner trat ihm entgegen und lächelte ihn an. »Es freut mich, Euch endlich kennenzulernen, Baron. Meine Eltern haben bereits viel von Euch erzählt.«

Der Tag verging wie im Flug. Nach dem Essen zogen sich die Herren in den Rauchsalon zurück. Während die Damen angeregt über die Vorzüge des Landlebens, die neuen Laternenhüte und andere Modetorheiten der Städter plauderten, widmeten sich die Männer nach einigen Exkursen über die aktuelle Wirtschaftslage – vor allem die florierende Textilbranche – dem Verlauf des Kongresses. Protzerei und Vergnügungssucht würden die durch die Kriegsjahre ohnehin angeschlagenen Staatskassen ruinieren. Reine Verschwendung, betonten die beiden Herren übereinstimmend. Und mit welchem Erfolg?

»Wie die Heuschrecken sind's eing'fallen, die Gäst. Jetzt geht's zu in der Stadt wie in einem Bienenstock.

Abbrennen werd' ma, weil die Herrschaften keinen Genierer haben. Die tanzen lieber, als dass sie arbeiten«, polterte Alois Pointner.

Baron von Hohenheim nickte beifällig und schenkte ihm ein weiteres Glas schweren Rotwein ein.

Stanislaus nutzte die Gunst der Stunde und bat um die Erlaubnis, Caroline das Anwesen zu zeigen. Er sattelte die Pferde selber und war entzückt, als welch geschickte Reiterin die junge Dame sich entpuppte. Die zarten Sonnenstrahlen, die sich ihren Weg durch die zähe Hochnebeldecke erkämpften, beachtete er dabei kaum, konnte er doch die Augen nicht von seiner Begleiterin wenden. Sie machten Rast auf einer kleinen Wiese und verblüfft stellte Stanislaus fest, dass Caroline seinen vorsichtigen Avancen keinerlei Widerstand entgegensetzte. Im Gegenteil, sie ermutigte ihn, und schon nach dem ersten, äußerst vielversprechenden Kuss war sein Feuer vollends entfacht.

Zurück im Schloss staunte Stanislaus abermals. Diesmal über die Tatsache, dass beide Elternteile weder über ihre verspätete Rückkehr noch über das etwas derangierte Erscheinungsbild ihrer Sprösslinge ein Wort verloren. Als er den triumphierenden Blick auffing, den seine Mutter Anna Pointner zuwarf, verstand er. Ein tiefer Seufzer der Erleichterung entrang sich seiner Brust. Die Armee würde in Zukunft auf Stanislaus von Hohenheim verzichten müssen.

❧

Auch am anderen Ufer der Donau bemerkte eine in grobe Tücher gehüllte Gestalt nichts von der wärmenden Kraft der Wintersonne. Sie fröstelte, ob aus Angst vor dem Canossagang, der ihr bevorstand, oder weil die tiefe Traurigkeit, die sie seit Wochen plagte und sich nicht mehr abschütteln ließ wie ein krankes Tier, mittlerweile völlig von ihr Besitz ergriffen hatte – sie wusste es selbst nicht zu sagen. Mitzi war nur mehr ein Schatten ihrer selbst. Doch ein winziger Funken Hoffnung hielt sie am Leben. Es war Weihnachten, und Weihnachten war, wie der Pfarrer in seinen wunderschönen Predigten zu Hause immer gesagt hatte, das Fest der Liebe und der Vergebung. Deshalb war sie hier, auf dem Weg nach Hause in ihr Dorf, zu ihrer Familie. Aber als die ersten Häuser vor ihr auftauchten, verließ sie der Mut. Was hatte sie sich dabei gedacht?

Gegen den Willen ihrer Eltern war sie nach Wien gegangen, damals, vor mehr als zwei Jahren. Ihr Vater wollte, dass sie den Haushalt führte, als die Mutter nach der Geburt des siebten Kindes so geschwächt war, dass sie alle wochenlang um ihr Leben bangen mussten. Mitzi, immer fleißig und gefügig, hatte erstmals gegen ihren Vater aufbegehrt. Als ihre Mutter langsam wieder zu Kräften gekommen war, hatte sie ihr Bündel gepackt. Nie würde sie den Zorn ihres Vaters vergessen, seine harten Schläge, noch heute brannte ihr Rücken, noch heute spürte sie den tiefen Schmerz, den der Stock auf ihrer Haut hinterlassen hatte. Er hatte erst von ihr abgelassen, als ihre Mutter ihm auf Knien Einhalt gebot. Mitzi hatte versucht, ihren letzten Rest an Würde zu wahren und sich aus dem Haus geschleppt, den Kopf so hoch erhoben, wie ihr vor Schmerz gekrümmter Rücken es erlaubte. Beim Hinausgehen noch hatte sie an das Geld gedacht, das sie ihnen zukommen lassen würde. Und jetzt kam sie zurück, nicht mehr als ein paar Kreuzer in der Tasche – und ein Kind unter ihrem Herzen. Diese Schmach, diese Schande. Schwer ließ sie sich auf einen Baumstumpf fallen. Was hatte sie sich nur dabei gedacht? Dass Stanislaus sie heiraten würde? Mitzi lachte bitter auf. Das Geld für eine Engelmacherin, sicher, das hätte er ihr gegeben. Damit sie die Sache in Ordnung brachte, so wie der Alfred das damals von Stanzi verlangt hatte, kurz nachdem sie bei ihr eingezogen war. Nein, niemals würde sie das mit sich geschehen lassen, hatte sie sich geschworen, als sie in der Nacht an Stanzis Bett gesessen und die gellenden Schmerzensschreie kaum mehr ertragen hatte. Den Alfred, den hatte die Stanzi nie wiedergesehen. Aber dann kamen andere, zusammen mit den Kräutern von der Engelmacherin, die derlei Unbill für alle Zukunft abhalten sollten, wie die Frau Stanzi erklärt hatte, nachdem sie den Eingriff vollzogen und Alfreds Geldbeutel mit sich genommen hatte. Keinen Taler hatte sie übriggelassen, und Stanzi war zu schwach gewesen, um sich zu wehren. Kinder würde sie keine mehr kriegen können, die Stanzi, wenn sie die Kräuter alle nähme, das hatte ihr die Frau damals gesagt. Und Stanzi war es zufrieden. Nie wieder Sorgen machen, nur mehr Spaß haben – das war genau das, was sie wollte. Aber für sie, Mitzi, war das nichts. Nein, das könnte sie nicht. Nächtelang hatte sie mit sich gerungen. Sie wusste, hätte sie sich Stanzi anvertraut, wäre ihr keine andere Wahl geblieben. Stanzi war so willensstark. Sie hingegen so schwach. Aber zur Engelmacherin gehen? Nie und nimmer.

Gedankenverloren warf Mitzi ein paar Steine ins Wasser, beobachtete die Kreise, die sie zogen und die sich verbanden.

Stanislaus war nicht ihr Erster gewesen. Stanzi hatte immer wieder Freunde ihrer Liebhaber nach Hause gebracht. Aber er war sanft, lieb und gut zu ihr gewesen wie kein anderer vorher. Manchmal hatte er sie so verliebt angeschaut – Mitzi hätte in diesen Momenten alles für ihn gegeben. Sogar ihr Leben. Doch er hatte sich verändert – und das letzte Mal, als er bei ihr gewesen war, so kalt, so hart, so grausam … Mitzi starrte ins Leere. Es war vorbei. Ihr Leben war vorbei.

»Mitzi? Das ist ja die Mitzi«, gellte eine helle Kinderstimme hinter ihr. Sie drehte sich um. Da standen sie. Toni, Lisi und der kleine Josef, drei ihrer Geschwister, mit Stöcken bewaffnet, schmutzigen Gesichtern und strahlendem Lächeln. Mitzi öffnete die Arme. Eine Woge der Glückseligkeit überkam sie, als sie ihren Kopf in den Haarschöpfen ihrer Geschwister verbarg.

»Was weinst denn?«, fragte Lisi und musterte sie sorgenvoll. »Heute ist doch Weihnachten.«

Mitzi nickte unter Tränen, setzte Josef auf ihre Schultern und nahm ihre kleinen Schwestern an der Hand.

»Ja, hast recht, Lisi. Weihnachten ist.« Wieder stahl sich ein schmaler Hoffnungsschimmer in ihr Herz. Doch als sie wenig später die Schwelle ihres ärmlichen Elternhauses betrat, verflog der letzte Funken Zuversicht. Ihre Mutter, abgemagert und um Jahre gealtert, stand an den Herd gelehnt und starrte sie aus ausdruckslosen Augen an. Als ihr Vater in seiner schweren ledernen Arbeitsschürze den Raum betrat, setzte Mitzi unwillkürlich einen Schritt zurück.

»Du!« Er zog einen Hammer aus seinem Gürtel. »Du wagst es? Verschwind!«, schrie er. »Was hast du hier zu suchen? Verlass sofort mein Haus und wag nie wieder, deinen Fuß über diese Schwelle zu setzen!«

Da erwachte ihre Mutter zum Leben. »Geh Vater, ist doch Weihnachten. Was bist denn so bös mit dem armen Mädel? Wo s' eh so elend ausschaut.«

»Den alten Schlagerwirt hätt s' nehmen sollen, die dumme Gans. Der hätt sie wollen für die Schank und fürs Bett. Und wenn sie ihm an Bastard g'schenkt hätt, hätt er sie vielleicht sogar g'heirat. Aber nein, was Besser's woit sie sein. Was Besser's als wir.« Er ließ den Hammer sinken und trat ein paar Schritte auf Mitzi zu. Seine dunklen Augen funkelten vor Wut. »Schen bist net und a net g'scheit. Aber unbedingt in die Stadt wolltest. Bled's Madl. Und jetzt schau di an. Reich bist net worden und g'sund schaust a net aus. Da stehst und bettelst und glaubst, es reicht, wennst mi so traurig anschaust, damit du wieder bei mir wohnen darfst. Aber g'schnitten hast di. Da Schlagerwirt hat a andere g'funden, a sauber's Mensch. A Glück hat er g'habt, dass du ihn net wolltest. Und i brauch kan weiteren Schlund zum Stopfen. Heut ist Weihnachten, und a guader Christ wie i schickt heut ka Viech allein in die Nocht. Heute geb i da no Herberg. Aber morgen bist weg. Ist des kloar?«

Mitzi spürte die angstvollen Blicke ihrer Geschwister, sah, wie ihre Mutter den Kopf senkte. Plötzlich wurde die Welt um sie herum ganz still und klar. Nun endlich wusste sie, was sie zu tun hatte. Sie drehte sich um und ging. Leise schloss sie die Tür hinter sich.

»Ja, guat, geh glei. Dann brauch i dei schiachs Gfries an dem Heiligen Abend net sehen«, schrie ihr der Vater hinterher.

Langsam ging sie die Hauptstraße entlang zur Kirche. Die Glocken läuteten zum Abendgebet. Sie kniete sich in die letzte Reihe, senkte den Kopf, verschränkte ihre Hände über ihrem leicht gewölbten Bauch und betete. Betete inbrünstig für sich und ihr Kind. Zur Kommunion stand sie nicht auf, aber als der Pfarrer nach seiner kleinen Gemeinde die Kirche verließ, stellte sie sich ihm in den Weg.

Mitzi wagte kaum aufzusehen, doch er hob ihr Kinn und sah ihr in die Augen. »Ach, du bist es! Die Wagner Maria, die Tochter vom Schuster, nicht wahr?«

Sie nickte.

»Viel Gerede hat es gegeben, als du einfach verschwunden bist aus unserem Dorf.« Er musterte sie prüfend. »Wohl bekommen ist sie dir nicht, die große Stadt, so scheint es.«

Da liefen Tränen über ihre Wangen.

»Armes Kind.« Er seufzte. »Er verschlingt euch, der Moloch, allein seid ihr dem Bösen ausgeliefert ohne Schutz. Hast nicht genug gebetet und warst zu schwach, dem Laster zu widerstehen, nicht wahr?«

Mitzi schwieg. Der Pfarrer seufzte erneut, noch tiefer diesmal. »Der Herr kann seine schützende Hand nur halten über die, die ihn andächtig darum bitten. Aber es ist Weihnachten, und Weihnachten ist das Fest der Liebe und Vergebung.« Er räusperte sich. »Morgen früh kommst zu mir zur Beichte. Vor der Messe. Jetzt geh nach Hause. Du siehst aus, als ob du eine Portion Schlaf dringend nötig hättest.«

Da schluchzte Mitzi auf.

»Ach, so schlimm steht es also um dich?« Der Pfarrer musterte sie nachdenklich.

Sie nickte verzweifelt.

»Ich versteh.« Sorgenvoll schüttelte er den Kopf. »Er ist ein harter Mann geworden, dein Vater. Nicht einmal in die Kirche geht er mehr, um den Segen Gottes zu erbitten. Er könnte ihn brauchen, fürwahr, es steht kein guter Stern über dem Haus. Deine Mutter ist krank, sie ist zu schwach, um sich um ihre Kinder zu kümmern. Aber Hilfe will er nicht annehmen, dazu ist er zu stolz, der Wagner Hans. Davongejagt hat er sie, unsere barmherzigen Frauen, als sie anboten, ein Mal die Woche vorbeizukommen, um zu putzen, die Wäsche zu waschen und ein vernünftiges Essen zu kochen.« Der Pfarrer legte Mitzi den Arm um die Schulter. »Dann komm mit ins Pfarrhaus. Die Frau Pfarrersköchin gibt dir was Warmes zu essen und ein sauberes Bett. Der liebe Herrgott hat immer Platz für ein verirrtes Schäfchen. Und für eine Maria zu Weihnachten erst recht.«

In dieser Nacht fand Mitzi endlich ihren Frieden. Am frühen Morgen begleitete sie den Priester in die Kirche. Nach der Beichte drückte er ihr einen Rosenkranz in die Hand. »Damit du nicht vergisst zu beten. Gott schütze dich, Maria.«

Mitzi lächelte schwach. »Vergelt's Gott, Herr Pfarrer.« Sie knickste und küsste seine Hand, machte eine tiefe Kniebeuge vor dem Altar und zog das Wolltuch dichter um ihren Leib, als die kalte Winterluft sie umfing. Hastig wischte sie sich die Tränen aus dem Gesicht.

Während die Menschen zur Christmette in die Kirchen strömten und im Palais der Freifrau Fanny von Arnstein Wiens erster Weihnachtsbaum geschmückt wurde, verließ Mitzi das Dorf. An der Stelle, die in der ganzen Gegend als der Teufelsstrudel verrufen war, ging sie, den Rosenkranz um ihre Hände geschlungen, ins Wasser. Die Kälte, die Angst – sie spürte sie nicht mehr. Nur als der Strudel ihre schweren Röcke erfasste und sie mit sich in die Tiefe zog, entkam ein kurzer Schrei ihren Lippen.

Stunden später wurde ihre Leiche einige Kilometer stromabwärts aus dem Fluss geborgen. Das Kind, das sie in sich trug, wurde mit ihr beerdigt. Neben dem Friedhof in ungeweihter Erde, ohne ein Kreuz, ohne den Segen der Kirche. Die Mutter daheim hatte keine

Tränen mehr, der Vater verfluchte seine Tochter und die Schande, die sie über die Familie gebracht hatte. Schuldgefühle kannte er keine.

∼⦿∼

Als Stanislaus vor Silvester mit einer kleinen Schmuckschatulle, einem Beutel Silbermünzen und guten Nachrichten an die Tür klopfte, öffnete ihm Stanzi, sichtlich verärgert, die Tür.

»Die Mitzi suchst? Da kommst zu spät. Die ist zurück nach Haus, schon zu Weihnachten. Wahrscheinlich zu einem, der ihr nicht nur schöne Augen macht wie du. Wie sie damals gekommen ist, hat s' von an Mann erzählt, der sie heiraten will. Zu dem wird sie 'gangen sein, weil sie g'scheit is, die Mitzi. Dass sie sich nicht von mir verabschiedet, mir nur a Zetterl hinlegt, des schaut ihr zwar gar nicht ähnlich. Aber mei.« Stanzi zuckte die Achseln. »Sie war ja die ganzen letzten Tage nicht mehr sie selbst.«

»Weißt du, wo sie daheim ist?«, fragte Stani unschlüssig.

Statt einer Antwort riss Stanzi dem verdutzt dreinblickenden Stanislaus den Geldbeutel aus der Hand. »Den kannst mir gleich geben, weil ich so schnell keine Nachmieterin finden werd, jetzt, wo das neue Jahr anfangt. Und damit du's weißt: Von mir erfahrst du gar nix. Weil ich nix weiß. Ich weiß nur, dass du dem Mädel das Herz gebrochen hast, das hat ein Blinder sehen können.« Stanzi funkelte ihn an, die Hände in die Hüften gestemmt. »Und dem Georg kannst auch gleich ausrichten, er braucht sich nimmer bei mir blicken lassen. Nicht einmal ein Busserl hab ich gekriegt von ihm zu Weihnachten.«

Bevor Stanislaus antworten konnte, schlug sie ihm energisch die Tür vor der Nase zu.

7. Kapitel

Silvester bei den Wohllebens folgte alljährlich demselben Ritual. Man besuchte die Messe, genoss ein festliches Souper im Kreis der Familie und ging dann meist vor Mitternacht zu Bett. Der letzte Tag des Jahres 1814 jedoch begann mit einer Katastrophe. Bereits am frühen Morgen fanden sich alle Familienmitglieder im Frühstückssalon ein. Zuerst die hellhörige Dame des Hauses, die seit Jahren ihren leichten Schlaf beklagte und sofort ihren Ehemann geweckt hatte, um ihn nach der Ursache für den hellen Lichtschein, der nicht mit der üblichen Himmelsrichtung der aufgehenden Sonne korrespondierte, und den ohrenbetäubenden Lärm zu befragen. Dann Georg, der bereits seine Uniform angelegt hatte, um für alle Eventualitäten gerüstet zu sein. Zuletzt die beiden Mädchen: Sophie, blass und hohläugig, Fanny, wie immer aufgeregt und begeistert über die von hier aus gut zu beobachtende lodernde Helligkeit und den herrschenden Trubel. Als schließlich die Feuerglocke des Stephansdoms auch den Rest der Stadt weckte, schickte der Hausherr seinen Kammerdiener aus, um in Erfahrung zu bringen, was in aller Welt hier los war. Der brave Lakai kam eine knappe Stunde später zurück, um atemlos zu berichten.

Nachdem seit Wochen die kostspieligsten Vorbereitungen für einen Ball der Superlative getroffen worden waren, der alles bisher Dagewesene in den Schatten hätte stellen sollen, hatten im Lauf der Nacht die überhitzten Rohre der modernen französischen Beheizung im berühmten Palais Rasumofsky auf der Wiener Landstraße Feuer gefangen. Trotz aller Anstrengungen – mehr als fünftausend Soldaten und freiwillige Helfer waren mittlerweile im Einsatz – konnte der Brand bis dato nicht gelöscht werden.

Friedrich kleidete sich rasch an, um sich umgehend ins Amt zu begeben, Georg folgte ihm auf dem Fuß. Sophie und Fanny beschlossen, auf neue Nachrichten zu warten – sie mussten allerdings ihrem Vater hoch und heilig versprechen, das Haus nicht zu verlassen. Lediglich die Dame des Hauses entschied – einigermaßen beruhigt, dass nicht wieder ein grässlicher Krieg dräute –, unter diesen Umständen die versäumte Nachtruhe nachzuholen.

Gegen Mittag war schließlich alles unter Kontrolle, das Ausmaß der Katastrophe übertraf jedoch selbst die schlimmsten Befürchtungen: Der gesamte hintere Trakt des Palais mitsamt seinen Kunstschätzen, der einzigartigen Bibliothek und Teilen der prächtigen Gartenanlagen, sogar die über alles geliebten Pferde des Fürsten Andrei Kyrillowitsch waren den Flammen zum Opfer gefallen.

Doch die Welt drehte sich weiter, und Wien wäre nicht Wien, würde es sich nicht schnell von diesem Schicksalsschlag erholen – um sich wenig später wie jedes Jahr dem wildesten Faschingstreiben hinzugeben. Die Stadt glich einem Tollhaus. Glänzende Bälle, Redouten und Soupers – die meisten von ihnen fanden in der Hofburg statt, andere in den Palais von Fürsten, Ministern und Gesandten – waren der Hocharistokratie vorbehalten, doch auch die weniger Reichen und Mächtigen wussten ausgelassen zu feiern. Vor der Auffahrt der Apollosäle stauten sich die Kutschen, in den Wirtshäusern am Heumarkt, dem »Schwarzen Bock« auf der Wieden oder dem »Engel« in der Währinger Straße wurde bis in die frühen Abendstunden getanzt und der eine oder andere hohe Herr mit ganz und gar unstandesgemäßer Begleitung gesichtet. In den Beisln sorgten weißbestrumpfte Mädchen mit kurzen Röcken und enganliegenden schwarzen Korsagen für gute Geschäfte, man ging ins Theater oder in eines der zahlreichen Kaffeehäuser. Letztere blieben ausschließlich der männlichen Reichshälfte vorbehalten – Frauen saßen hier, sofern sie den Herren, die Billard spielten oder Schach, nicht gegen Bezahlung voll und ganz zur Verfügung standen, nur am Buffet oder an der Kassa. Und natürlich liebte man die Jagd. Die Fasanenjagd im Prater, die Anfang des Jahres stattfand, gereichte Arm und Reich, Jung und Alt zu allergrößtem Pläsier.

Auch im Palais der Familie Wohlleben stand in diesen turbulenten Wochen alles Kopf. Denn schon bald sollte im Haus von Tante Louise ein Ball stattfinden.

Der Ball. Fanny fieberte ihrem Debüt entgegen, blieb aber zur Überraschung aller Familienmitglieder fröhlich und ausgeglichen. Keine Spur mehr von der Zickigkeit und Gereiztheit der letzten Monate. Sie war wie ausgewechselt, wie sowohl Mathilde als auch Louise nicht müde wurden zu betonen. Georg erteilte seinem kleinen Möpschen – selbstverständlich hinter dem Rücken der Frau Mama – Walzerunterricht, Louise sorgte für den letzten Schliff in gewandter Konversation und Friedrich klärte seine Jüngste, Mathildes scharfen Protesten zum Trotz, über die wichtigsten politischen Ereignisse der letzten Monate auf, zumindest soweit es seine spärliche Freizeit erlaubte. »Eine junge Dame muss wissen, was in der Welt passiert. Oder soll meine Tochter zu einer dieser ungebildeten albernen Gänse heranwachsen, wie sie heute zuhauf anzutreffen sind?«, hatte der Graf mit aller ihm gebotenen erscheinender Schärfe erklärt. Mathilde war ob seiner Bestimmtheit erschrocken und enthielt sich in Zukunft jeder Äußerung dazu. Sie selbst beschränkte sich darauf, Fanny zur Schneiderin zu bringen, unzählige Frisuren zu erproben und wieder zu verwerfen und ihre Schwester bei den Vorbereitungen zu unterstützen.

Louise wiederum war entschlossen, sich selbst zu übertreffen. *Tout en blanc* lautete das Motto für den Tischschmuck und die Dekoration des Salons, in dem sie das Dinner zu servieren gedachte. Exotische Blumen und Düfte würden den Raum in einen vestalischen Tempel verwandeln, in dessen Zentrum der Kamin als Herdfeuer der Vesta den ganzen Abend über nicht erlöschen sollte. Weiße Blüten würden auch die Speisen schmücken, unterbrochen nur vom romantischen Blau unschuldiger Veilchen. »Der Tanzsaal dagegen wird zum Garten der Lust, erotisch, sinnlich, dem Paradies gleich, in dem Adam Eva verführte«, schwärmte Louise.

»Es war Eva, meine Liebe, die Adam verführte«, korrigierte Mathilde ihre Schwester trocken. »Und sie wurden daraufhin aus dem Paradies vertrieben, wie du dich sicher erinnerst.«

Doch Louise ließ sich nicht beirren und bestellte riesige Bäume, die sie, ungeachtet der herrschenden Jahreszeit und keine Kosten oder Mühen scheuend, mit Aprikosen, Kirschen und Pfirsichen behängen zu lassen beabsichtigte. Nichts weniger bestrebte sie zu inszenieren als eine Hommage an die Metamorphose der Weiblichkeit, eine poetische Metapher, die dem Zauber der Jugend huldigt und der alchemistischen Magie der Schönheit, wie sie mit dramatischer Geste erklärte.

»Es ist ein Ball, Louise, ein Ball für deine Nichte, die unbestreitbar jungfräulich den Hafen der Ehe ansteuert«, versuchte Mathilde ihre Schwester auf den Boden der Tatsachen zurückzuholen.

»Genau das will ich damit sagen«, ereiferte sich Louise. »Aber du hattest noch nie einen besonderen Sinn für Poesie«, fügte sie beleidigt hinzu.

Mathilde, angesichts Louises überbordender Bemühungen durchaus gerührt, ließ ihrer Schwester dann doch großzügig freie Hand in allen Dingen. Sie bestand

lediglich darauf, sich Gästeliste und Einladungen vor-
zubehalten, was Louise widerspruchslos hinnahm, weil
ihr derart Profanes ohnehin stets ein Dorn im Auge
war.

Lediglich Sophie nahm kaum Anteil am Geschehen. Wie eine Schlafwandlerin verbrachte sie die Tage
als Gast in ihrem eigenen Leben und beobachtete die
Ereignisse um sich herum wie durch ein umgedrehtes
Fernglas. Ludwig lebt, sagte sie sich ein ums andere
Mal, und doch fühlte sie nichts. Nicht einmal Wut über
die offensichtliche Kränkung, die er ihr durch sein
wortloses Fernbleiben zugefügt hatte. Edward schien
ihr zunehmend wie ein Phantom, wurde zum Traum
ihrer schlaflosen Nächte, unantastbar, unerreichbar,
der Schatten einer Erinnerung an die schönste Zeit
ihres Lebens. Angesichts der hektischen Vorbereitungen nahm niemand in ihrer Familie Anteil an ihrem
persönlichen Drama. Nur ihr Vater musterte sie hin
und wieder mit besorgtem Blick, wusste aber nichts
Tröstliches zu sagen.

❧

»Na, wie gefalle ich Euch?« Mit kokettem Augenaufschlag tänzelte Fanny in einem, wie sie fand, hinreißenden Kleid, das Anni soeben von der Schneiderin abgeholt hatte, und mit neuer Frisur vor Philipp auf und ab.
Die kürzer geschnittenen dunklen Locken umrahm-
ten ihr Gesicht und unterstrichen ihren jugendlichen
Übermut auf vorteilhafte Weise. Auch die duftige

Kreation aus weißer leichter Baumwolle und hellrosa Spitze stand ihr ganz vorzüglich. Doch Philipp nickte nur und meinte lapidar, dass sie wie immer sehr hübsch aussehe. »Aber das wisst Ihr ja«, fügte er hinzu, als er ihren erwartungsvollen Blick bemerkte.

Mama ließ sie in den letzten Tagen des Öfteren im Musikzimmer alleine. Ab und zu kam Adele vorbei, um Limonade, Gefrorenes, Tee oder Gebäck zu servieren. Fanny entgingen dabei die Blicke der Kammerzofe keineswegs, die offensichtlich großen Gefallen an Philipp fand. Sie musizierten oder plauderten, doch so sehr Fanny sich auch bemühte, nicht an Karl zu denken, Philipp hielt dem Vergleich nicht stand. Er brachte ihr Herz nicht dazu, in seiner Gegenwart vor Aufregung zu rasen, sein Blick löste keine Schwindelgefühle aus, sondern nur geschwisterliche Herzlichkeit. Saßen sie gemeinsam am Klavier und berührten sich dabei ihre Hände, so empfand sie – nichts. Sie mochte Philipp, mittlerweile sogar sehr gern. Aber sie konnte sich nicht in ihn verlieben. Fanny fühlte mehr, als sie es wusste, dass ihre Affäre mit Karl möglicherweise zu vielem führen würde – sie lernte fast bei jeder Begegnung Neues, Berauschendes –, aber mit ziemlicher Sicherheit nicht zu dem, was ihre Mutter für sie ersehnte. Das hatte auch Elisabeth bestätigt. Karl würde sich niemals binden, hatte sie erklärt, die Ehe sei ihm zu langweilig. Nach dieser Unterredung hatte sich Fanny ihm besonders leidenschaftlich hingegeben. Dass diese überbordende Leidenschaft keineswegs in eine konventionelle Verbindung münden würde, störte sie nicht. Im Gegenteil. Sie genoss diese verbotene Frucht, die Lügen, die Verstellung und all das, was ihr Doppelleben mit sich brachte. Sie hatte es bisher geschafft, alle hinters Licht zu führen. Diese Erkenntnis gab ihr ein Gefühl der Überlegenheit, das sie um keinen Preis missen wollte. Niemand in ihrer Familie ahnte etwas von den dunklen Abgründen dieser sexuellen Obsession. Manchmal, wenn sie beim Essen saß und Mama und Sophie sich über dies oder das unterhielten, rief sie sich ihre letzte Begegnung mit Karl in Erinnerung, stellte sie sich vor, wie sie sich mit ihm in den Laken wälzte. Die Unvereinbarkeit dieser Welten erregte ihre viel zu früh erwachten Sinne so sehr, dass sie ihrer nächsten Begegnung immer aufs Neue ungeduldig entgegenfieberte.

Kurz: Fanny genoss ihr Leben in vollen Zügen und konnte sich nicht vorstellen, Karl für eine Ehe mit einem biederen Langweiler wie Philipp einzutauschen.

Drei Tage vor ihrem Ball aber entschloss sie sich, ein Exempel zu statuieren. Wie sie jetzt vor Philipp auf und ab schritt, bemerkte sie, dass er zwar den Blick nicht von ihr wenden konnte, jedoch wie immer keinerlei Anstalten machte, sie anzufassen. Da setzte sie sich kurzerhand auf seinen Schoß und berührte mit ihren Lippen sanft die seinen. Philipp fuhr überrascht zurück, doch Fanny ließ sich nicht beirren. Sie küsste ihn und legte seine Hände auf ihre Brüste.

Philipp erstarrte. Statt ihren Kuss zu erwidern, sprang er auf. »Fanny!«, stieß er atemlos hervor. »Was ist bloß in Euch gefahren? Wenn Eure Mutter das erfährt …«

»Das wird sie nicht. Niemand wird davon erfahren.« Fanny lachte laut auf. »Ach, Philipp, es war nur ein Kuss.« Sie fasste ihre Röcke und tänzelte um ihn herum. »Nehmt nicht alles so ernst. Ihr seid doch verliebt in mich, oder?« Sie lächelte ihn schelmisch an.

Philipp betrachtete sie hilflos. »Natürlich, mehr als das. Aber ich habe ehrenhafte Absichten, deshalb ist es meine Pflicht als Kavalier –«

»Papperlapapp«, unterbrach ihn Fanny rüde. »Nun vergesst einmal den Kavalier und benehmt Euch wie ein Mann.« Sie trat auf ihn zu und bot ihm noch einmal ihren Mund zum Kuss.

Seufzend senkte Philipp seine Lippen auf die ihren.

Ebenfalls seufzend löste Fanny sich nach einiger Zeit von ihm. Er küsste zu ihrer Überraschung recht passabel, niemals aber würde er Karl das Wasser reichen können.

Strahlend nahm Philipp sie in seine Arme. »Ach, Fanny«, flüsterte er. »Du raubst mir den Verstand.«

Fanny entwand sich ihm entschlossen. »Nun ist es aber genug. Kommt, lasst uns die Etüde spielen, die mir so gut gefällt.«

Widerspruchslos folgte Philipp ihr ans Klavier.

Just als Fanny die ersten Töne anschlug, betrat ihre Mutter das Musikzimmer. Sie blickte hocherfreut von einem zum anderen. »Ich hoffe, ich störe nicht.«

Grinsend stellte Fanny fest, dass Philipp bis über beide Ohren errötete.

»Nicht doch, Mama«, erwiderte sie. »Ihr stört keineswegs. Stellt Euch vor, Graf von Keynitz hat mir

soeben etwas ganz Neues beigebracht.« Sie lachte hell
auf. Dieses Spiel begann ihr tatsächlich großen Spaß
zu machen.

❧

Endlich war Fannys großer Tag gekommen, und als
sich Dunkelheit über die Stadt senkte, versammelte
sich die Familie im grünen Salon, um auf das große
Ereignis anzustoßen. Erstmals durfte Fanny ganz offiziell Champagner trinken.

Ihr Vater drückte ihr einen Kuss auf die Stirn und
erhob mit unüberhörbarer Rührung in der Stimme
sein Glas. »Auf das Nesthäkchen, unsere liebe Fanny,
die uns allen, wie ihr wisst, oft auch Sorge bereitet hat.
In den letzten Wochen aber hat sie uns immer wieder überrascht und in Riesenschritten einen weiten
Weg zurückgelegt.« Friedrich erntete zustimmendes
Nicken. »Nach Georg und Sophie bist auch du, Fanny,
zu einem erwachsenen Familienmitglied dero von
Wohlleben geworden. Wir sind sehr stolz auf dich!«

Fanny brachte verlegen ein leises »Danke, Papa« hervor. Als sie ihre Gläser geleert hatten, legte sie ihre langen Handschuhe an und zupfte vor dem Spiegel ihre
Locken zurecht.

»Möpschen, du siehst ganz famos aus!« Georg musterte sie anerkennend. Die Pracht in Weiß, die die
Schneiderin für Fanny aus Seide, Tüll und Spitze gezaubert hatte, ihre leicht geröteten Wangen, das Strahlen ihrer Augen und etwas anderes, wesentlich Sub-

tileres, das Georg nicht zu deuten vermochte, hatten aus dem ungebändigten, immer etwas trotzig wirkenden Kind eine bildschöne junge Dame gemacht. Mit einem zufriedenen Lächeln bot Georg seiner Schwester den Arm an.

Gemeinsam steuerten sie auf Sophie zu, die sich ausschließlich ihrer kleinen Schwester zuliebe aus ihrer Lethargie gerissen und in ihre große Balltoilette geworfen hatte. Ihre Augen wirkten unnatürlich groß in ihrem schmalen Gesicht, und selbst die starke Schminke, die sie mit größter Sorgfalt aufgetragen hatte, konnten ihre Blässe und die dunklen Augenringe nicht verbergen. Sophie zwang sich zu einem Lächeln, und so steuerten die drei Geschwister in seltener Eintracht hinter ihren Eltern auf die bereitstehende Kutsche zu.

Als sie das Haus ihrer Tante am Hohen Markt erreichten, warteten bereits zahlreiche Kaleschen darauf, ihre Gäste unmittelbar vor dem Eingang aussteigen zu lassen. Es schneite leicht, erstmals in diesem Winter überzog der Schnee die Stadt mit seinem feinen Zuckerguss. Doch im Gegensatz zu den Kindern, die noch vor wenigen Stunden im Prater, im Augarten und auf dem Glacis Schneemänner gebaut und Schneeballschlachten veranstaltet hatten, erfüllte die herrschende Witterung die Ballgäste keineswegs mit ausgelassener Freude. Die Sorge der Damen in ihren dünnen Seidenschuhen galt vielmehr der Frage, wie sie es am besten anstellten, unter diesen Umständen trockenen Fußes den Ballsaal zu betreten. Die Herren wiederum taten alles in ihrer Macht Stehende, um sich nicht schon vor Beginn des Abends dem Unmut ihrer Begleitung auszusetzen, und trugen ihre Damen buchstäblich auf Händen.

Im Landauer der Familie Wohlleben herrschte währenddessen im wahrsten Sinn des Wortes dicke Luft. Die Kutsche war zwar geräumig, doch für fünf Personen und drei Ballroben wurde der Platz eng. Außerdem zürnte Mathilde ihrem Gemahl, der auf den kleinen familiären Umtrunk bestanden, während sie selbst bereits zum Aufbruch gemahnt hatte.

»Da seht Ihr, jetzt kommen wir zu spät. Fanny sollte die Gäste empfangen, immerhin ist es ihr Debüt«, jammerte sie.

»Wir sind doch nicht bei Hof«, reagierte Friedrich äußerst ungehalten. »Fanny wird noch genügend Gelegenheit haben, vor den Gästen zu brillieren. Außerdem ist ein gelungener Auftritt auch nicht zu unterschätzen. Nicht wahr, mein Schatz?« Er ergriff Fannys Hand und drückte sie.

Strahlend nickte sie ihm zu. So viel liebevolle Zuwendung wie an diesem Abend hatte sie von ihrem Vater noch nie erhalten. Als sie wenig später an seinem Arm die Treppen hinaufstieg, platzte sie beinahe vor Stolz.

Und Friedrich sollte recht behalten. Als sie eintraten, ging ein Raunen durch die Menge. Selbst Louise, die ihnen geradezu entgegenflog, nickte beifällig. »Aus dem kleinen Entchen ist ein Schwan geworden. Du siehst wunderschön aus, Fanny«, erklärte sie und küsste ihre Nichte, statt wie bisher auf die Stirn, als Zeichen ihrer Wertschätzung auf beide Wangen.

Die Begrüßung ihrer Schwester hingegen fiel deutlich kühler aus. »Warum kommt ihr erst jetzt?«, flüsterte sie ihr verärgert zu.

Mathilde erwiderte nichts, sondern wies lediglich mit ihrem Kinn in die Richtung ihres Mannes. Ihr Blick sprach Bände.

Da nickte Louise verständnisvoll. »Der Wettergott ist uns heute wahrlich nicht gut gesonnen«, bemerkte sie versöhnlich.

Fannys Blick schweifte über die Gäste, die auf einen vergnüglichen Abend anstießen und angeregt plauderten. Sie entdeckte einige bekannte Gesichter. Plötzlich begann ihr Herz wild zu schlagen. Da stand Karl, etwas abseits, lässig gegen die Wand gelehnt. Er hatte die Arme verschränkt und musterte sie mit einem maliziösen Lächeln. Mein Gott, wie sehr sie ihn begehrte.

Georg, dem dieser Blickwechsel nicht entgangen war, räusperte sich. »Fanny? Was hat das zu bedeuten?«, fragte er streng.

»Nichts«, antwortete Fanny rasch. »Ich weiß nicht, was du meinst.«

Georg beschloss, an diesem für sie so wichtigen Abend nicht länger in sie zu dringen. Aber er nahm sich vor, die Angelegenheit auf jeden Fall zur Sprache zu bringen.

Als Louise die Gäste nach dem Aperitif in den Speisesalon bat, trat die Baronin von Altenburg ein. Elisabeth sah in ihrer dunkelroten Robe aus feinstem Atlas, dem mehrreihigen Perlenkollier, das ihren langen schlanken

Hals betonte, und der Tiara in ihrem wie Feuer glänzenden Haar umwerfend aus. Alle Blicke waren auf sie gerichtet, bewundernd die der Männer, neidvoll die der Damen. Ihr folgte auf dem Fuß ein zartes Feenwesen in blassem Puderrosa, das rotblonde Haar mit eingeflochtenen Perlen geschmückt, der vornehm blasse Teint durch helle Schminke raffiniert betont. Unterschiedlicher hätten die beiden Frauen nicht sein können und gerade diese Gegensätzlichkeit machte ihren Auftritt aufsehenerregend. Selbst Karl gab seine nonchalante Haltung umgehend auf. Er trat Elisabeth und Daphne mit beifälligem Nicken entgegen und geleitete sie zur Tafel.

Fanny, die diese Szene überrascht und mit zunehmendem Unbehagen beobachtet hatte, widmete ihrem Tischherrn, einem polnischen Grafen mittleren Alters, keineswegs die gebotene Aufmerksamkeit, was ihr wiederholt strafende Blicke ihrer Mutter eintrug. Ihr Herz raste und sie versuchte ihre widerstreitenden Gefühle zu ordnen. Wer war dieses Mädchen? Sie hatte es noch nie gesehen. Die Vertrautheit, mit der Karl Elisabeths Begleiterin behandelte, musste etwas zu bedeuten haben. Fanny spürte den scharfen Stich der Eifersucht, zwang sich jedoch, ruhig zu bleiben. Vielleicht war sie eine Verwandte oder eine Freundin der Familie. Es musste nichts zu bedeuten haben. Da spürte sie, dass jemand sie beobachtete. Es war Georg. Fanny gab sich einen Ruck.

»Verzeiht, ich fürchte, ich war ein wenig zerstreut. Was habt Ihr gesagt?«, fragte sie ihren Tischherrn und widmete sich den Rest des vorzüglichen Mahls ganz dem Geschehen in ihrer unmittelbaren Umgebung.

Als sie nach dem opulenten Dessert schließlich in den Tanzsaal schritten, trat ihr Vater auf sie zu, um mit ihr den Ball zu eröffnen. Die nächste Stunde verging wie im Flug. Fanny konnte sich des Andrangs kaum erwehren, reichte ihre Tanzkarte von einem Kavalier zum nächsten und stellte einmal mehr ihr tänzerisches Talent unter Beweis. Sie fühlte sich wie ein Fisch im Wasser, flirtete und bezauberte die Männerwelt.

In einer kurzen Pause gesellte sich Georg zu seiner Schwester. »Na, Möpschen, zufrieden mit deinem ersten Ball?«

Fanny nickte, noch etwas außer Atem. »Weißt du, wer das rothaarige Mädchen ist, das mit Elisabeth gekommen ist?«

»Ich kenne sie nicht, aber die Baronin hat sie als Trattenbachs Begleitung vorgestellt«, antwortete er leichthin, warf ihr jedoch einen prüfenden Seitenblick zu.

»Ach ja?« Fanny zwang sich zu einem Lächeln. »Würdest du diesen Walzer mit mir tanzen?«

»Nichts lieber als das«, erwiderte Georg und wirbelte sie unter dem spontanen Applaus der übrigen Gäste stürmisch über die Tanzfläche.

Als das Orchester eine kurze Pause einlegte, kam Philipp auf sie zu. »Die Ballkönigin ist eine hervorragende Tänzerin, wie es scheint.«

Georg nickte beifällig. »Nun, mein Freund, der Apfel fällt bekanntlich nicht weit von Stamm.«

Philipp lachte. »Dieses Vergnügen sollte ich mir wohl nicht entgehen lassen. Darf ich bitten?«

»Natürlich«, antwortete Georg und zog sich mit einer kleinen Verbeugung zurück.

Philipp war ein ausgezeichneter Tänzer, stellte Fanny überrascht fest, er tanzte fast so gut wie ihr Bruder. Was ihr allerdings noch besser gefiel, war die Tatsache, dass sie plötzlich Karls Blicke auf sich ruhen fühlte.

»Ihr tanzt hervorragend«, bemerkte sie.

»Dieses Kompliment kann ich Euch nur zurückgeben«, erwiderte er.

»Ihr wisst, was es bedeutet, wenn ein Paar so vollendet miteinander Walzer tanzt?«, fügte sie mit einem leicht anzüglichen Lächeln hinzu.

»Fanny!« Ungeachtet seines schwachen Protests schmiegte sie sich, Karl nicht aus den Augen lassend, noch um eine Spur enger an Philipp.

Der Walzerreigen ging zu Ende, und als die ersten Takte einer Polonaise erklangen, eilte Fanny aus dem Saal, um sich frisch zu machen.

Da trat ihr Karl entgegen und drängte sie in eine dunkle Nische. »Ist er das?«, fragte er, sichtlich verärgert.

Fanny gab ein gereiztes »Das geht Euch nichts an« von sich und versuchte sich loszureißen.

Aber er hielt sie fest. »Du gehörst mir, verstehst du«, herrschte er sie an.

»Was erlaubt Ihr Euch«, fauchte sie zurück. »Geht doch zu Eurer neuen kleinen Gespielin!«

Karl lachte auf. »Eifersüchtig ist sie, die kleine Kratzbürste! Willst du mir nicht beweisen, um wie viel besser du bist?«

Ihr Widerstand schmolz dahin, während seine Hände besitzergreifend über ihren Körper glitten. Als sie seinen Kuss leidenschaftlich erwiderte, vernahm sie ein Geräusch. Fanny drehte sich um und stieß einen spitzen Schrei aus. Es war Georg. Wie lang stand er schon hier?

»Lass sofort meine Schwester los«, drohte er Karl mit tonloser Stimme. Überrascht gab Karl sie frei.

Georg musterte ihn verächtlich. »Wärst du nicht so erbärmlich, würde ich dich jetzt zum Duell fordern. Aber das bist du nicht wert. Ich warne dich: Wenn du dich Fanny noch einmal näherst, wirst du es bereuen.«

Ohne Karl noch eines Blickes zu würdigen, nahm er seine Schwester an der Hand und zog sie mit sich. Rasch öffnete er die Tür zum gelben Salon und stieß sie hinein.

»Lass mich los, du tust mir weh«, protestierte Fanny.

Er packte noch fester zu. »Was hat das zu bedeuten?«

Während sie versuchte, sich aus seinem eisernen Griff zu befreien, durchforstete sie ihr Hirn fieberhaft nach einer plausiblen Erklärung. So wütend hatte sie ihren Bruder noch nie erlebt. Fast machte er ihr Angst. Mit dem unschuldigsten Blick, dessen sie fähig war, sah sie ihm schließlich in die Augen. Es gelang ihr sogar, ein paar Tränen fließen zu lassen. »Ich weiß auch nicht, wie das passieren konnte«, stammelte sie. »Ich glaube, ich bin gestolpert. Und dieser«, sie rang nach Worten, »dieser Wüstling hat die Situation ausgenutzt. Er ist kein Mann von Ehre, dein Freund, nicht wahr?«

Georg reichte ihr ein Taschentuch. Verächtlich musterte er sie. »Lüg mich nicht an.«

Fanny schniefte. »Ich weiß nicht, was du meinst.«

»Du weißt genau, was ich meine«, entgegnete er scharf. »Ausgerechnet Karl. Wie kannst du dich nur so wegwerfen. Wie kannst du wegen eines solchen Hohlkopfs deinen Ruf und den unserer Familie aufs Spiel setzen?« Er schüttelte missbilligend den Kopf. »Du enttäuschst mich Fanny, weißt du das? Du enttäuschst mich sogar sehr. Das hätte ich dir wahrlich nicht zugetraut.«

Fanny fröstelte. Auf eine derart harsche Gardinenpredigt, noch dazu von ihrem heiß geliebten Bruder, war sie bei Gott nicht vorbereitet. »Ach, Georg«, sie versuchte den Spieß umzudrehen, »ausgerechnet du solltest das eigentlich verstehen. Und nur weil ich ein Mädchen bin —« Weiter kam sie nicht.

»Untersteh dich!« Seine Stimme war nur mehr ein heiseres Flüstern. »Komm mir jetzt nicht so. Du verstehst wohl nicht. Ich, Fanny, bin, wenn du dich einsichtig verhältst, dein einziger Verbündeter in diesem miesen Spiel.« Er räusperte sich. »Wie auch immer. Du kannst von Glück reden, dass Philipp dich zu mögen scheint.«

Fanny blickte zu Boden.

»Also«, Georg atmete tief durch. »hör mir gut zu.« Er fasste sie beim Kinn und zwang sie, ihm in die

Augen zu sehen. »Du machst jetzt keine Dummheiten und tust genau, was ich dir sage. Versprichst du mir das?«

Fanny rührte sich nicht.

»Ich weiß, dass du nicht in Philipp verliebt bist.«

Überrascht sah sie auf.

»Fanny, Fanny«, er schüttelte den Kopf. »Du hältst dich für klüger, als du bist. Du kannst mit deinem Kleinmädchencharme vielleicht andere an der Nase herumführen, aber nicht mich. Also, ich habe zwar einiges gegen Trattenbach in der Hand, aber wir dürfen kein Risiko eingehen. Ich werde mich um alles kümmern, und du, du wirst dir Karl aus dem Kopf schlagen, verstehst du!«

»Nein«, schrie Fanny gequält auf. »Das kann ich nicht!«

»Fanny, ich warne dich! Du spielst mit dem Feuer. Ist dir nicht klar, was du riskierst?« Georgs Augen glitzerten bedrohlich. »Es steht nicht nur deine Ehre, sondern der Ruf der Familie auf dem Spiel. Trattenbach würde dich niemals heiraten. Für ihn bist du nur ein Spielzeug!«

»Aber ich liebe ihn«, stieß Fanny trotzig hervor.

»Du dummes Ding«, fuhr Georg sie an. »Du wirst doch nicht etwa …«

Fanny errötete und senkte verlegen den Blick.

»Oh nein, auch das noch!« Georg raufte sich verzweifelt die Haare. »Fanny, bist du des Wahnsinns? Hast du jemals darüber nachgedacht, was du da tust? Stell dir vor, welche fatalen Folgen das haben könnte!«

»Aber er nimmt ja immer …«

»Ach, sei still, ich will das gar nicht wissen.« Georg verzog angewidert das Gesicht. »Was hast du dir vorgestellt? Dass er dich heiratet? Bist du wirklich so naiv? Der Trattenbach ist bis über beide Ohren verschuldet, seine Familie ist längst nicht mehr bereit, seine Spielsucht zu finanzieren. Was glaubst du, warum er in letzter Zeit so oft mit Baronin Altenburg gesehen wurde? Weil sie reich ist und aus mir unerfindlichen Gründen nicht nur bereit zu sein scheint, ihn auszuhalten, sondern auch seine Schuldscheine zu begleichen.«

Fanny starrte ihn ungläubig an. Ihre Welt stürzte wie ein Kartenhaus in sich zusammen.

Unwirsch schüttelte Georg den Kopf. »Du spielst mit dem Feuer, ohne an die Konsequenzen zu denken. Wo, glaubst du, führt das hin?«

Tränen traten ihr in die Augen. Diesmal waren sie echt.

Georg, der Fanny von Herzen liebte, rang mit sich. Einerseits hatte er Mitleid mit seiner kleinen Schwester, andererseits wusste er, dass er hart bleiben musste, allein schon, um sie vor sich selbst zu schützen. Er räusperte sich: »Du tust, was ich dir sage. Hast du verstanden?«

Fanny nickte ergeben. »Also, du gehst jetzt da raus und umgarnst Philipp, bis er nicht mehr weiß, wo ihm der Kopf steht. Mit ein bisschen Glück wird er bald um deine Hand anhalten. Ich werde tun, was ich kann, um seine Entscheidung zu beschleunigen.«

Wieder nickte sie gottergeben.

Georg, ein wenig besänftigt, musterte sie prüfend. »Aber so kannst du nicht unter Menschen gehen. Bring zuerst deine Toilette in Ordnung.«

Gehorsam ging sie zum Spiegel und versuchte, mit den Tränen auch ihre widerstreitenden Gefühle aus dem Gesicht zu wischen.

Als er seine Schwester so fügsam sah, wurde er weich. »Schau, Fanny, es ist zu deinem Besten. Philipp ist ein netter Kerl, dazu noch eine wirklich gute Partie. Und ich sag dir was: Wenn du erst einmal verheiratet bist, schaut die Welt ganz anders aus.«

Fanny starrte ihn ungläubig an. »Du meinst ...«

Georg hatte recht. Ja, mehr noch, das war verdammt großartig. Sie würde Philipp heiraten und Karl als Liebhaber behalten.

Über die Maßen erleichtert fiel Fanny Georg um den Hals. »Danke«, flüsterte sie. »Du bist der beste Bruder der Welt, weißt du das?«

Georg, dem dieser Stimmungsumschwung ein bisschen zu schnell ging, überlegte kurz, ob sie vielleicht etwas missverstanden haben könnte. Doch er verbat sich jeden weiteren Gedanken, gab sich einen Ruck und drückte sie kurz. »Das will ich hoffen. Aber jetzt los. Sonst verpasst du noch deinen Ball.« Mit diesen Worten wandte er sich von ihr ab und ging zur Tür. »Und, Fanny, keine weiteren Dummheiten! Du bringst das in Ordnung, verstanden?«

»Ganz fest versprochen«, nickte sie, folgte ihm und ergriff seinen Arm.

Im Saal wurde eifrig getanzt, ein junger Diplomat aus Frankreich, der sich gleich für drei Tänze in Fannys Karte eingetragen hatte, suchte gerade die Tanzfläche nach ihr ab. Doch Georg trat auf Philipp zu. »Schau, wen ich dir da bringe.«

Philipp reichte Fanny den Arm und verneigte sich. »Darf ich bitten?«

Fanny strahlte ihn an und nickte.

»Na, dann lass ich die beiden Turteltäubchen wohl besser allein.« Nachdenklich sah Georg seiner Schwester nach, wie sie sich an Philipps Arm auf die Tanzfläche begab. Was für eine Katastrophe! Nun galt es, Nerven zu bewahren und keine Zeit zu verlieren. Seine kleine Schwester hatte keine Ahnung, auf welch dünnem Eis sie sich bewegte. Er nahm sich vor, schon morgen mit Philipp zu sprechen und auch seine Mutter in ihrer Meinung zu bestärken, dass es dem Hause Wohlleben – vor allem im Hinblick auf die Turbulenzen rund um Edward Baines und Sophies Verlobten – durchaus zum Vorteil gereichen würde, zumindest eine der beiden Töchter in den sicheren Hafen der Ehe einlaufen zu lassen. Und zwar so schnell wie möglich. Nun, das zumindest dürfte ihm nicht allzu schwerfallen.

Georg atmete tief durch und sah sich um. Sein Blick fiel auf das ätherische Geschöpf, das in Begleitung der Baronin von Altenburg erschienen war. Langsam schlenderte er auf Daphne zu, die gerade von einer alten Generalswitwe einem offensichtlich strengen Verhör unterzogen wurde. Das Mädchen stand artig

Rede und Antwort. Als sie Georgs Blick bemerkte, flog ein scheues Lächeln über ihr Gesicht.

Was für eine Unschuld, dachte er, und bevor er dieses seltsame Gefühl zu deuten vermochte, das sich seiner unvermutet bemächtigte, bat er die junge Schönheit formvollendet zum Tanz.

»Ihr habt Euch augenscheinlich bestens unterhalten«, bemerkte er leichthin.

Daphne verzog das Gesicht. »Wenn Ihr mich nicht erlöst hättet, hätte ich glatt in Ohnmacht fallen müssen.«

»Nun, das ließe sich wahrscheinlich auch ohne die Generalin bewerkstelligen«, antwortete er und stellte amüsiert fest, dass die junge Dame bis über beide Ohren errötete. »Darf ich mich vorstellen, Georg Graf von Wohlleben.«

Sie knickste wohlerzogen. »Ich bin Daphne.«

»Daphne. Einfach Daphne?«

Das Mädchen lächelte. »Für Euch nur Daphne.«

Georg nickte zufrieden und reichte ihr den Arm. Nachdem sie eine Weile miteinander getanzt hatten, bot er ihr an, ihr eine kleine Erfrischung zu bringen. Sie nickte und schmiegte sich eng an ihn, als sie den Tanzsaal verließen. Da beobachtete Georg aus den Augenwinkeln, dass Elisabeth und Karl sich auf die Eingangshalle zubewegten. Sie schienen sich zu zanken. Als die Baronin Georg und Daphne erblickte, trat sie auf die beiden zu.

»Ach, Graf, wie schön, Ihr nehmt Euch unserer Daphne an.« Sie strich dem Mädchen mit einem honigsüßen Lächeln über die Wange. »Die kleine Baronesse von Steineck, ein reizendes Geschöpf, findet Ihr nicht auch?« Sie seufzte. »Zu schade, dass wir gehen müssen. Aber mir ist leider gar nicht wohl. Baron von Trattenbach hat sich dankenswerter Weise bereit erklärt, sich um mich zu kümmern. Nun ist die arme Daphne ganz auf sich allein gestellt. Würdet Ihr mir den Gefallen erweisen, sie zu gegebenem Zeitpunkt zu mir zu geleiten? Sie wird heute in meinem Haus nächtigen.«

Georgs Gesicht verfinsterte sich, als sich auch Karl zu ihnen gesellte. »Natürlich werde ich für das Wohlbefinden der jungen Dame Sorge tragen«, entgegnete er kühl. »Aber da Ihr, wie Ihr selbst sagt, unpässlich seid, würde ich es vorziehen, sie zu ihren Eltern zu bringen. Das ist doch ganz in Eurem Sinn, nicht wahr, gnädiges Fräulein?«

Verunsichert blickte Daphne von einem zum anderen.

Plötzlich wurde Georg klar, was hier gespielt wurde. »Ich denke doch«, bemerkte er eisig, ohne Daphnes Antwort abzuwarten. Mit einer kleinen Verbeugung verabschiedete er sich und zog das zaudernde Mädchen mit sich fort.

»Aber meine Eltern wohnen eine halbe Tagesreise von Wien entfernt«, stieß sie hervor.

Georg ignorierte ihren Einwurf. »Kennt Ihr den Freiherrn von Trattenbach?« Er blieb stehen und beobachtete sie aufmerksam.

Daphne zögerte und errötete leicht, sah ihm jedoch offen in die Augen, als sie in einem Tonfall, der keinerlei Zweifel aufkommen ließ, antwortete: »Die Baronin hat mich ihm vorgestellt, aber ich habe nur einmal kurz mit ihm gesprochen.«

Sie sagt die Wahrheit, stellte Georg zufrieden fest und drückte ihren Arm. »Ihr tätet gut daran, Euch eine andere Gönnerin zu suchen«, bemerkte er, während er Daphne zum Buffet führte. Sie nickte, von seiner Bestimmtheit nun doch ein wenig eingeschüchtert.

Georg betrachtete sie nachdenklich. »Ich werde Euch meiner Schwester Sophie anvertrauen. Glaubt mir«, fügte er hinzu, von seiner spontanen Idee zunehmend begeistert, »da befindet Ihr Euch in weitaus besseren Händen als bei Baronin von Altenburg, die mit Karl von Trattenbach den denkbar ungünstigsten Umgang für eine so aussichtsreiche junge Dame wie Euch pflegt.« Als sie an dem Glas Limonade nippte, das er ihr gereicht hatte, beobachtete er sie eingehend. Was er sah, gefiel ihm, gefiel ihm sogar außerordentlich.

Er ließ seinen Blick über die Gäste schweifen und entdeckte Sophie im Gespräch mit ihrer Tante, die ihre ältere Nichte soeben äußerst besorgt musterte. Vielleicht würde es ihr guttun, sich um das junge Mädchen zu kümmern. Georg beschloss, seinen brillanten Plan sofort in die Tat umzusetzen. Und als er den bewundernden Blick bemerkte, den Daphne ihm zuwarf, war er mit dem Verlauf des Abends sehr zufrieden.

Friedrich von Wohlleben hatte – ganz gegen seine sonstige Gewohnheit, Angelegenheiten des Oberst-hofmeisteramtes mit größtmöglicher Diskretion zu behandeln – seit einigen Tagen zur größten Freude seiner Familie Aufregendes berichtet. Denn nicht nur Wiens Kinder freuten sich über den ersten Schnee, auch die kaiserliche Entourage in der Hofburg atmete auf.

Endlich konnte, nach mehrmaliger wetterbeding-ter Verschiebung, der Höhepunkt des winterlichen Unterhaltungsprogrammes über die Bühne gehen. Nachdem sich in guter barocker Tradition bereits die Ritterspiele als fulminanter Erfolg erwiesen hat-ten, beabsichtigte man auf Vorschlag des Obersthof-meisters, die Kongressgäste nun mit einer kaiserlichen Schlittenfahrt zu delektieren. Und nicht nur sie. Dies-mal sollten alle ein Stück vom Kuchen abbekommen. Ein kluger Schachzug, wie Friedrich betonte, denn die Stimmung in der Stadt begann allmählich umzuschla-gen. Die Lebenshaltungskosten waren radikal gestie-gen, Teuerungen und Steuererhöhungen standen an der Tagesordnung – der Luxus der Herrschaft wollte eben finanziert werden. Allerorts wurden die exorbi-tanten Kosten des Kongresses bereits moniert. Die-ses Spektakel würde, so der kaiserliche Plan, Abhilfe schaffen und die Volksseele beruhigen.

In Windeseile waren vierundzwanzig prachtvolle Hofschlitten gebaut worden, doch hatte man auch den höfischen Adel eingeladen, sich an dem Fest-zug zu beteiligen. Nun erwartete man eine Pro-zession von vierunddreißig Prunkschlitten, die am

Nachmittag des 22. Januar 1815 durch die Straßen der Stadt von der Hofburg nach Schönbrunn ziehen sollten. Nach einem höfischen Diner und einer Vorstellung von Nicolas Isouards Oper *Aschenbrödel* im Schlosstheater sollte es am späten Abend unter der Beleuchtung von Fackeln und Laternen wieder zurück zur Hofburg gehen, zu einem Maskenball in den Redoutensälen.

Friedrich, der an den Vorbereitungen nicht unwesentlich beteiligt war, hatte diesen Sonntag auch für seine Lieben sorgfältig geplant. Da der Zug von der Burg über Kohlmarkt und Tuchlauben in die Wipplingerstraße und damit vorbei an Louises Appartement führen würde, sollte sich die Familie nach dem morgendlichen Kirchgang um die Mittagszeit bei ihr einfinden, um dem Spektakel sozusagen aus nächster Nähe beizuwohnen. Der Start war für zwei Uhr angesetzt. Danach würde sich, so Friedrichs Plan, die Familie zurückziehen, um zu ruhen und diverse Vorbereitungen zu treffen. Denn der Höhepunkt des Tages war – zumindest für die jungen Herrschaften des Hauses – eindeutig die Redoute in der Hofburg, zu der der Graf seine ganze Familie geladen hatte.

Fanny konnte ihr Glück nicht fassen und fiel ihrem Vater spontan um den Hals, als er diese Neuigkeit verkündet hatte. Ihr erster Maskenball! Sogar Sophie hatte für einen Augenblick ihr Herzeleid vergessen. Mathilde dagegen stöhnte, sie war nach den aufreibenden Vorbereitungen zu Fannys Debütantenball noch immer völlig erschöpft.

Der große Tag war gekommen und alles lief wie geplant. Bei herrlichem Wetter fand sich die Familie pünktlich zum Déjeuner bei Louise ein. Nichts Anspruchsvolles, wie Louise bei der Begrüßung verkündete, nur Suppe mit Fleischknödeln, eine gebratene Gans mit Rotkraut und Gemüse und danach Kompott. Sie hatten sich gerade um den Tisch versammelt, als Nanette die Ankunft des Grafen von Keynitz meldete.

Sobald Philipp den Raum betrat, lächelten Mathilde und Louise einander verständnisinnig zu. Georg war mit sich, der Welt und seinem generalstabsmäßigen Vorgehen zufrieden. Ein kurzes Gespräch hatte genügt, um sich zu versichern, dass Philipp bis über beide Ohren in seine Schwester verliebt und nur allzu bereit war, ihr die Hand fürs Leben zu reichen. Mama wiederum konnte es, wie Georg vorausgesehen hatte, gar nicht erwarten, Fanny unter die Haube zu bringen. Auch sie, so hörte er zwischen den Zeilen heraus, hatte sich bereits Sorgen um ihre Jüngste und deren zunehmende Launenhaftigkeit gemacht. So war es denn beschlossene Sache und nur noch ein formeller Akt gewesen, als Philipp bei seinem Vater gleich am drauffolgenden Tag um Fannys Hand angehalten hatte. Nun war er hier und nahm auf Louises Weisung neben Fanny Platz.

Man unterhielt sich blendend, als Friedrich vor dem Dessert aufstand und das Glas erhob. »Wir haben uns hier versammelt, um einen Tag zu feiern, der zweifellos Geschichte schreiben wird. Er wird nicht nur in die Annalen unserer Stadt eingehen, sondern auch in die Historie unserer Familie. Doch mehr will ich nicht verraten, sondern das Wort an unseren lieben Freund Philipp Graf von Keynitz übergeben.«

Philipp räusperte sich und schob seinen Stuhl zurück. Fannys Wangen brannten, als er vor ihr niederkniete und eine kleine Schachtel aus seiner Westentasche hervorzauberte.

»Komtesse, vom ersten Augenblick, als ich Euch sah, wusste ich, dass ich alles dazu tun würde, Euch dereinst die Meinige nennen zu dürfen. Und ich muss gestehen, mit jedem Tag, den wir gemeinsam verbringen durften, hat sich mein Gefühl bestätigt. Ich wagte es angesichts Eurer Jugend kaum zu hoffen, dass dieser Tag so bald schon kommen würde. Aber nach einem Gespräch mit Eurem Bruder hat mir auch Euer Vater die Zustimmung gegeben. Nun liegt die Entscheidung bei Euch: Wollt Ihr meine Frau werden? Ich verspreche Euch, Euch den Rest meines Lebens zu lieben und auf Händen zu tragen.«

Mathilde und Louise hatten Tränen in den Augen, Sophie war einigermaßen überrascht – in diese Rochade hatte sie aus Rücksicht auf ihre labile Stimmungslage niemand eingeweiht –, während die Herren die Szene mit uneingeschränktem Wohlwollen beobachteten.

Fanny wiederum, die wusste, was von ihr erwartet wurde, senkte den Blick und hauchte ein bühnenreifes »Ja«.

Erfreut über diese gelungene Darbietung, schlug Louise mit der Dessertgabel an ihr Glas. »Kinder, Kinder, was für ein wunderbarer Tag!« Sie legte Fanny ihren Arm um die Schulter. »Meine Liebe, es ist mir eine Ehre, dass ich diesem, wie dein Vater bereits betonte, historischen Ereignis der Familie Wohlleben beiwohnen darf.« Sie erhob ihr Glas. »Lasst uns anstoßen. Auf das junge Brautpaar! Möge ein Leben voll Glück und Freude vor ihnen liegen.«

Fanny wurde geherzt und geküsst, Philipp umarmt und mit Schulterklopfen beglückwünscht, Tränen der Freude und der Rührung flossen und über all diese Aufregung verpasste die Familie beinahe den eigentlichen Grund ihres Besuches. Denn schon klangen laute Rufe von der Straße herauf.

Rasch wurden die Flügel des benachbarten Salons aufgestoßen und man verteilte sich eilig auf die drei weiten Fenster, die eine großzügige Sicht auf die darunter liegende Wipplingerstraße ermöglichten. Der Aufwand hatte sich gelohnt, die Zuschauer kamen aus dem Staunen nicht heraus.

Ein Kommando kaiserlicher Kürassiere des Großfürsten Konstantin eröffnete den Zug, darauf folgten die Hofschlitten in Begleitung von Edelknaben, Garden, Stallmeistern und Reitknechten, selbstverständlich in Galauniformen. Die mit Abstand prächtigste war die hochrote Uniform der Ungarischen Leibgarde mit ihrem reichen Zierrat und den silbermontierten Leopardenfellen, die über die Schultern der Gardisten hingen.

An der Spitze fuhr Kaiser Franz, in Begleitung der schönen blonden Zarin Elisabeth Aleksejewna. Hunderte vergoldete Glöckchen des prachtvoll bestickten

und mit weißen Federbuschen geschmückten kaiserlichen Schlittengeschirrs läuteten fröhlich, während
die Hoheiten in ihren wertvollen Pelzen, durch eine
schwere schwarze Samtdecke mit dem großen kaiserlichen Wappen, bunter Reliefstickerei, goldgestick-
ten Ornamenten, Goldfransen und Goldbouillon vor
Kälte und aufspritzendem Schnee geschützt, huldvoll
in die begeisterte Menge winkten.

Dem Kaiser folgte Zar Alexander mit der jungen Witwe Maria Gabriele Fürstin von Auersperg in
einem ähnlich prachtvollen Gefährt. Im dritten Schlitten saßen König Friedrich VI. von Dänemark und
die hübsche Großherzogin Maria von Weimar vor
dem König von Preußen, der, wie gemunkelt wurde,
die Gelegenheit nutzte, um wieder einmal die heiß
umschwärmte Julie Gräfin von Zichy-Festetics zu
umwerben.

Während diese ersten Paare, wie Friedrich erklärte,
von Obersthofmeister Ferdinand Fürst zu Trauttmansdorff selbst zusammengefügt worden waren, hatte das
Los die Paarungen der übrigen regierenden Fürsten
und Erzherzöge bestimmt. Besonders bestaunt von den
Damen, glitt nach den kaiserlichen Hofschlitten der
mit opulentem ägyptischem Dekor und Leoparden-
fell verzierte Phaeton des Fürsten zu Windisch-Graetz
vorbei, nach ihm die übrigen Prunkgefährte des heimi-
schen Hochadels. Den lautstarken Abschluss bildete
ein sechsspänniger Schlitten mit der Musik des Infan-
terieregiments des russischen Zaren und einem Kommando von Schwarzenberg-Ulanen. Als schließlich

auch sie in die schmale Straße zum Judenplatz einbogen und die begeisterten Jubelschreie des Publikums in den Häusern und auf den Straßen verhallten, schlossen Louises Bedienstete die Fenster und servierten heißen Tee mit Gebäck.

Schon senkte sich die Dämmerung über die Stadt und Mathilde mahnte zum Aufbruch. Die erhitzten Gemüter der jungen Damen bräuchten Ruhe, meinte sie streng. Diesem Argument konnte man sich nicht verschließen und so bahnte sich wenig später der Landauer mühsam den Weg durch das noch immer herrschende Getümmel zurück in die Johannesgasse.

An Schlaf vermochte trotz wiederholter Ermahnungen der Dame des Hauses allerdings niemand zu denken. Am allerwenigsten Fanny. Mit offenen Augen lag sie auf ihrem Bett, zufrieden mit sich und der Welt und voller Sehnsucht nach Karl im Herzen. Am Tag nach ihrem Ball hatte sie in Georgs Auftrag eine Depesche an Elisabeth geschickt und sie darüber informiert, dass sie ihre Besuche aufgrund ihres bevorstehenden Verlöbnisses einzustellen gedenke. Elisabeth hatte diese Nachricht hocherfreut zur Kenntnis genommen und sofort ein außerordentlich verständnisvolles Antwortschreiben verfasst.

Nun fieberte Fanny ihrer in Bälde stattfindenden Hochzeit entgegen, vor allem der Hochzeitsnacht, die ihr bereits zu Beginn ihrer Affäre mit Karl einiges Kopfzerbrechen bereitet hatte. Nach ihrem Gespräch mit Sophie hatte sie umgehend Elisabeth zu Rate gezogen, die sie jedoch in jeder Hinsicht beruhigen konnte. Eine mit Blut gefüllte Schweinsblase solle Wunder wirken und dem glücklichen Gemahl auf täuschend echte Weise den gelungenen Vollzug und die intakte Jungfräulichkeit seiner Braut bestätigen.

Fanny war über ihr rasantes Verlöbnis zwar einigermaßen überrascht, aber mit ihrem Schicksal in Summe überaus zufrieden. Es gab nämlich ein delikates Detail, das sie weder Georg noch sonst jemandem gegenüber erwähnen konnte, das ihr aber seit einigen Tagen schlaflose Nächte bescherte: Sie hatte Grund zur Annahme, dass ihre Affäre mit Karl trotz aller Vorsicht verbotene Früchte trug. Da aber die Hochzeit bereits in wenigen Wochen stattfinden würde, sollte auch dieses pikante Problem einer befriedigenden Lösung zugeführt werden können. Vielleicht würde es ihr sogar gelingen, Philipp bereits vorher zu verführen. Ein reizvolles Unterfangen, das sie so schnell wie möglich in Angriff zu nehmen gedachte. Über diesen durchaus aufregenden Gedanken nickte Fanny schließlich ein, ein zufriedenes Lächeln auf den Lippen.

❧

Sophie hatte Fanny noch nie so glücklich gesehen. Mit ausdauernder Begeisterung lag sie, leicht wie eine Feder, in Philipps Armen, tanzte, lachte und scherzte mit ihm. Sophie seufzte und setzte kurz ihre nachtblaue, mit Federn geschmückte Samtmaske ab. Natürlich war sie keineswegs eifersüchtig auf ihre kleine Schwester, im

Gegenteil, sie freute sich mit ihr. Dennoch, die Tatsache, dass der unerzogene Wildfang sie in jeder Hinsicht überholt hatte und – vor ihr – eine standesgemäße Verbindung mit einem ebenso gut aussehenden wie reichen Erben eingegangen war, der sie, davon war Sophie überzeugt, den Rest seines Lebens auf Händen tragen würde, nagte doch ein wenig an ihr. Ihre Gefühle zu Edward hatten sie verwundbar gemacht. Ein böswilliges Schicksal hatte ihr die Verlockungen der Liebe, dem biblischen Apfel der Versuchung gleich, zum Greifen nah gebracht, um ihn ihr in letzter Minute wieder zu entziehen. Ihr Verlangen war entfacht, ihr Hunger jedoch ungestillt.

Während sie, in diese düsteren Gedanken versunken an einer Säule lehnend, die ausgelassen Tanzenden beobachtete, fiel ihr ein groß gewachsener, als Minotaurus verkleideter Mann ins Auge, der sich ihr näherte. Sein Gang, seine breiten Schultern, erschienen ihr seltsam vertraut. Er stellte sich neben sie, sprach jedoch kein Wort. Neugierig musterte sie ihn, doch durch den Stierkopf, den er trug, konnte sie nicht einmal seine Augen erkennen. Da er keinerlei Anstalten machte, das Wort an sie zu richten, und ihr das Schweigen dieses menschenfressenden Abkömmlings der griechischen Mythologie langsam unheimlich wurde, schob sie ihre Maske vors Gesicht und wandte sich zum Gehen.

Doch er hielt sie zurück. »Auf ein Wort«, flüsterte das Tierwesen heiser.

Sophie räusperte sich. »Warum sollte ich«, gab sie zurück. »Wir wurden einander noch nicht vorgestellt.«

Das Geräusch, das ihr Gegenüber von sich gab, ähnelte einem Lachen nur sehr entfernt. Sophie fühlte sich unwohl und versuchte vergeblich, sich aus seiner Umklammerung zu lösen.

»Folgt mir«, antwortete er. »Bitte.«

Da Sophie bereits die ersten neugierigen Blicke auf sich ruhen fühlte, hörte sie auf, Widerstand zu leisten und verließ mit ihrem obskuren Begleiter den Saal. Der Ball war außerordentlich gut besucht, was sollte schon passieren?

Er führte sie in eine verschwiegene Ecke und ließ endlich ihren Arm los. »Sophie, bitte, behaltet jetzt Eure Contenance. Ich bin's, Ludwig.«

Sie presste ihre Hand vor den Mund. Das war doch nicht möglich! Sophie hatte sein Kommen bereits erwartet, doch so hatte sie sich ihre erste Begegnung nicht vorgestellt. Sie unterdrückte ein Lachen. »Ihr habt Euch ziemlich verändert, mein lieber Prinz.« Da schoss ihr ein Gedanke durch den Kopf. Erschrocken sah sie ihn an. »Der Krieg hat Euch hoffentlich nicht derart verunstaltet, dass Ihr diese Verkleidung wählen musstet?«

Diesmal war das Geräusch, das der Stierkopf von sich gab, eindeutig lautes Lachen. »Keineswegs. Ich wollte nur unbedingt unter vier Augen mit Euch sprechen, bevor ich mich dem peinlichen Verhör meiner Familie unterziehe.«

Sophie seufzte erleichtert auf. »Ich verstehe. Wissen Eure Eltern, dass Ihr zurück seid?«

Er schüttelte den Kopf. »Nein, noch nicht, ich werde heute in einer Gastwirtschaft etwas außerhalb der Stadt nächtigen. Morgen werde ich mich dem gestrengen Gericht stellen. Doch vorher musste ich Euch sehen.«

So oft schon hatte Sophie darüber nachgedacht, was sie Ludwig alles an den Kopf werfen würde. Nein, sie würde ihn nicht schonen, hatte sie sich vorgenommen. Wie er aber jetzt vor ihr stand, diesen unmöglichen Stierkopf auf den Schultern, wusste sie nichts anderes zu sagen als: »Diese Kostümierung kleidet Euch leider ganz und gar nicht.«

Ludwig zuckte die Achseln. »Etwas anderes war heute nicht mehr zu bekommen, und ich wollte unbedingt verhindern, dass mich jemand erkennt.«

Sophie nickte verständnisvoll. »Ist Euch heiß?«

»Ein wenig«, gestand er.

Dann schwiegen sie.

»Warum …«

»Ach, Sophie …«

»Seid Ihr mir böse?«, fragte er.

Sie nickte. »Natürlich. Ihr habt keine Ahnung, wie schrecklich sie war, diese Ungewissheit. Und dann – Euch tot zu glauben … Es war furchtbar.«

»Könnt Ihr mir das jemals verzeihen?«

Konnte sie das? Sophie seufzte. »Ich denke, ich wäre dazu möglicherweise in der Lage, wenn ich Eure Beweggründe kennen und verstehen könnte.«

»Ihr werdet sie beizeiten erfahren. Doch muss ich Euch vorher eine Frage stellen.« Nun war es an ihm, tief zu seufzen. »Liebt Ihr mich?«

Warum stellte er genau diese Frage, die sie in ihren schlaflosen Nächten nicht hatte beantworten können?

Und plötzlich fiel es ihr wie Schuppen von den Augen. Allein die Tatsache, dass sie trotz allen Nachdenkens keine Antwort gefunden hatte, war die Antwort.

»Nein«, erwiderte sie ehrlich. »Ich schätze Euch über die Maßen, fühle mich Euch innig verbunden. Aber als Freund. Ich war immer überzeugt davon, dass Freundschaft die eigentliche und einzig wahre Basis für eine Ehe ist. Inzwischen bin ich mir dessen jedoch nicht mehr so sicher.«

Er umarmte sie stürmisch, zumindest soweit seine sperrige Verkleidung es zuließ. »Ihr ahnt nicht, wie glücklich mich Eure Worte machen.«

Sophie blickte überrascht auf. »Jetzt, denke ich, seid Ihr mir noch eine Erklärung schuldig.«

»Später«, entgegnete er und zog sie, diesmal wesentlich vorsichtiger, an sich. »Wollt Ihr mich heiraten?«, fragte er und strich ihr sanft übers Haar. »Trotz allem?«

Ohne nachzudenken, wusste sie, was sie zu sagen hatte. Sie schüttelte den Kopf. »Nein«, flüsterte sie.

Sophie spürte, wie er den Atem anhielt. »Dann gebt Ihr mich frei?«

Einen Moment zögerte sie, als sie sich der Tragweite ihrer Entscheidung bewusst wurde. Es würde kein Zurück mehr geben. Sie war im Begriff, auf eine glänzende Partie zu verzichten, riskierte, ihr Leben lang allein zu bleiben oder, noch schlimmer, wie viele Frauen mit einem Mann verheiratet zu werden, dem sie nicht einmal freundschaftliche Gefühle entgegenbrachte. Auch auf Verständnis von Seiten ihrer Eltern durfte sie in diesem Fall nicht hoffen. Dennoch, hatte sie nach all dem, was geschehen war, ein Recht, ihn an sich zu binden? Wollte sie für den Rest ihres Lebens auf Leidenschaft und all die überwältigenden Gefühle, die sie Edward gegenüber empfand, verzichten? Eine Vernunftehe eingehen?

Es war, als würden sich die Nebel, die sich in den letzten Wochen über ihr Gemüt gesenkt hatten, plötzlich lichten. Alles fühlte sich so leicht an, so klar. Sophie hatte ihre Entscheidung getroffen.

»Ja«, antwortete sie leise. »Ihr seid frei.«

Lange noch hielt Ludwig sie fest in seinen Armen. »Bitte vergesst niemals diesen Augenblick.« Seine Stimme klang rau. »Meine Zuneigung zu Euch ist ungebrochen. Und was immer Ihr in den kommenden Tagen erfahren werdet – vergesst nie, ich beuge mich Eurem Willen«, fügte er eindringlich hinzu.

Abrupt ließ er sie los und Sophie sah ihm nach, bis seine hohe Gestalt in der Menge verschwunden war. Erst als sie völlig erschöpft zu Hause angekommen Maske und Schal auf der kleinen Kommode neben ihrem Waschtisch ablegte, entdeckte sie das zerknitterte Kuvert, das aus ihrem Retikül ragte. Ihr Name trug unverkennbar Ludwigs Handschrift. Hastig öffnete sie es und legte sich aufs Bett.

Meine liebste Sophie!

Wenn Ihr diese Zeilen lest, weiß ich, dass Ihr mir – obwohl ich kaum damit rechnen konnte –

Verzeihung gewährt, Euch so lange, viel zu lange im Ungewissen gelassen zu haben. Niemals würde ich sie Euch sonst zumuten, die Wahrheit, die ich selbst nicht fassen kann. Glaubt mir, ich liebe Euch aufrichtig, Ihr seid meine beste Freundin – und doch ist etwas geschehen, etwas Unfassbares, das mich dazu gebracht hat, Euch zu hintergehen. Euch, die ihr mir gegenüber stets loyal und in, wie ich mit Gewissheit zu behaupten wage, aufrichtiger Zuneigung zugetan wart. Dass Ihr nun diese Größe besitzt – andernfalls würdet Ihr diesen Brief nicht in Händen halten, ich hätte ihn den Flammen übergeben –, betrachte ich als Bestätigung dafür, wie außergewöhnlich Ihr seid. Ich stehe tief in Eurer Schuld. Und ich schulde Euch eine Erklärung. Kaum wage ich zu hoffen, dass Ihr mir auch danach noch in Freundschaft zugetan sein werdet.

Was genau bei dieser schrecklichen, nicht in Worte zu fassenden Schlacht geschehen ist, entzieht sich meiner Erinnerung. Alles was ich weiß ist, dass ich nicht in der Lage war, mich meinen unerträglichen Schmerzen zu stellen. Ich versuchte ihnen zu entkommen, und als mir das nicht mehr möglich war, sah ich einen Engel, der sich über mich beugte, um wieder im Nebelschleier zu verschwinden. Später erfuhr ich, dass man mich aus dem Lazarett in das Haus eines barmherzigen Mannes verlegt hatte, wäh-

rend unsere Truppen nach Wien zurückkehr-
ten. Ich war nicht transportfähig, mehr noch,
man gab mir nicht mehr viel Zeit. Es war dieser Engel, der mich aus der tiefsten Dunkelheit ins Leben zurückholte. Sie sprach nicht
viel, saß Tag und Nacht an meinem Bett, war
einfach nur da. Schließlich nahm sie für mich
Gestalt an. In den Wochen zwischen Tag und
Traum, in denen diese Frau um mein Leben
kämpfte, kämpfte auch ich – und verlor. Ich
verlor mein Herz. Nachdem ich vollkommen
genesen war, setzte sie sich dafür ein, dass ihr
Vater, ein Kaufmann, wohlhabend, wenn auch
nicht von Stand, mir eine Stelle in seinem Kon-
tor anbot. Ihr werdet es nicht glauben, aber die
Arbeit bei Blumberg & Blumberg machte mir
Freude. Das Leben eines Offiziers, es war mir
in die Wiege gelegt. Aber nie habe ich etwas so
genossen wie dieses Spiel mit den Zahlen, die
Führung der Geschäfte. Alles ging mir so leicht
von der Hand, jeder erfolgreiche Handel, jede
gelungene Investition bestätigten, dass ich recht
daran getan hatte, zu bleiben. Monate vergin-
gen und schließlich forderte Blumberg um der
Ehre seiner Tochter Willen eine Entscheidung
binnen Jahresfrist. Wenig später ließ mein Vater
nach mir schicken. Bis dahin war es mir gelungen, meine wahre Identität zu verbergen, doch
nun erkannte ich, dass ich mich nicht mehr länger verstecken konnte. Ich musste mich der Rea-

lität stellen. Ich musste zurück nach Wien, um
mich Eurem Urteil zu beugen, und dem meines
Vaters. Unter einem Vorwand bin ich abgereist,
bevor man mich enttarnte. Und ich schwöre
Euch bei allem, was mir heilig ist: Ich werde
nicht nach Leipzig zurückkehren, wenn Ihr –
trotz allem – noch immer den Bund der Ehe
mit mir eingehen wollt.
Sophie, ich habe Euch die Ehe versprochen, und
dieses Versprechen werde ich halten. Wenn Ihr
es wünscht. Ich lege mein Leben in Eure Hände.

Ludwig

Sophie setzte sich auf, knüllte den Brief zusammen und warf ihn wutentbrannt gegen die Wand. Sie atmete heftig, ihr Herz pochte bis zum Hals. »Dieser elende Schuft«, stieß sie hervor. Die Vorstellung, dass Ludwig sich, während sie vor Trauer schier vergangen war, längst in eine andere Frau verliebt hatte, war mehr, als sie ertragen konnte. Nie würde sie ihm das verzeihen. Nein, niemals.

~⚬~

Was danach geschah, erlebte Sophie wie in Trance. Als in den Mittagsstunden des folgenden Tages ein Bote eine Nachricht des Fürsten von Mansfeld an ihren Vater überbrachte, bat sie ihre Eltern um eine Unterredung. In knappen Worten berichtete sie ihnen von ihrer Begegnung mit Ludwig und setzte sie in einem Ton, der keinerlei Zweifel und Widerspruch duldete, über ihre Entscheidung in Kenntnis. Mathilde erlitt in der Folge eine heftige Nervenkrise, die nur der sofort herbeigerufene Medicus mit einer starken Beruhigungstinktur zu lindern vermochte. Sophie zog sich in ihr Zimmer zurück, das sie bis zum Abend des nächsten Tages nicht mehr verließ. Sie aß kaum, las viel, schrieb eifrig in ihr Tagebuch, schlief lange, träumte ein schreckliches Durcheinander und dachte nach.

Ludwig war hier, um seine Verfehlungen zu gestehen und sich dem Urteil seines Vaters zu stellen. Und nicht nur das. Er war tatsächlich mit dem Vorsatz nach Wien gekommen, alles aufzugeben und sein Eheversprechen einzulösen. Hatte er allen Ernstes geglaubt, sie würde ihn noch zum Mann nehmen wollen – nach all dem, was geschehen war? Sophie graute, als sie diese Möglichkeit in Erwägung zog, jetzt, da sie die Wahrheit kannte. Dennoch pochte ein kleiner Teufel namens Zweifel in ihrem Hinterkopf. War sie so viel besser als er? Hatte sie sich denn nicht auch verliebt? Was also gab ihr das Recht, ihn zu verurteilen?

Seufzend warf sie sich auf ihrem Bett hin und her. Je länger sie über die ganze Misere nachdachte, umso klarer wurde ihr, dass sie Ludwig nicht hassen konnte. Im Gegenteil, sie waren einander so ähnlich. Er hatte sich verliebt, wie sie. In gewisser Weise konnte sie ihn sogar verstehen. Natürlich hatte er sie und seine Familie in Trauer und Sorge gestürzt, das war und blieb Unrecht.

Aber vielleicht sollte sie Ludwig dankbar sein, möglicherweise hatte er sie beide mit seinem Betrug vor einem großen Fehler bewahrt.

Als sie sich schließlich zu dieser Erkenntnis durchgerungen hatte, schluckte sie ihren verletzten Stolz zusammen mit ihrer gekränkten Eitelkeit hinunter, verließ ihr Zimmer und nahm ihr Leben wieder auf. Sie bat ihre Tante, sie in ihre Pläne für die bevorstehende Italienreise einzubeziehen, und schrieb einen Brief an Ludwig, in dem sie ihn ganz offiziell von seinem Versprechen entband. Es stimmte sie durchaus versöhnlich, als sie erfuhr, dass der Fürst seinem Sohn letztendlich vergeben und Ludwig die Erlaubnis erteilt hatte, Angelika Blumberg zu seiner Frau zu machen. Allerdings nur unter der Voraussetzung, dass die Hochzeit, um einen Skandal zu vermeiden, in aller Stille in Leipzig stattfinden würde. Darüber hinaus verpflichtete er Ludwig, den Militärdienst zu quittieren und Wien so lange den Rücken zu kehren, bis, wie der Fürst sich ungewöhnlich klar ausdrückte, Gras über die Sache gewachsen war.

Noch einmal stattete Ludwig Ende Januar der Familie Wohlleben einen Besuch ab, diesmal allerdings, um sich von Sophie zu verabschieden. »Das werde ich Euch nie vergessen«, flüsterte er, als er sich über ihre Hand beugte, um sie zu küssen. Sie nickte, ein Kloß schnürte ihr den Hals zu. Sophie war knapp daran, in Tränen auszubrechen, als Mathilde energisch dazwischentrat. Sie warf Ludwig einen eisigen Blick zu.

»Ich denke, du solltest dich für die Soirée heute Abend zurechtmachen, mein Kind«, erklärte sie entschieden. »Herr von Mansfeld wollte gerade gehen, nicht wahr?« Sie nickte Ludwig zu und drückte geräuschvoll die Tür hinter ihm ins Schloss.

～⚬～

Fröhlich summte Fanny vor sich hin. Heute war der Tag der Tage. Sie band die hellblauen Strumpfbänder, schlüpfte in ihre seidenen Pantöffelchen und musterte ihr Spiegelbild zufrieden. Karl hatte wirklich einen ausnehmend guten Geschmack. Elisabeth, glücklich darüber, dass Fanny freiwillig das Feld geräumt hatte, hatte in einer Nacht- und Nebelaktion Fannys Dessous, getarnt als ein Paket der Schneiderin, an das Palais Wohlleben geschickt. Die riskante Mission war geglückt, die erotischen Leckerbissen wurden in einer Kommode im Dienstbotentrakt versteckt. Adele musste schwören, den Schlüssel wie ihren Augapfel zu hüten. Für ihren heutigen, entscheidenden Auftritt hatte Fanny das exklusivste Modell der Kollektion gewählt. Die atemberaubende champagnerfarbene Korsage mit den raffinierten schwarzen Spitzenapplikationen endete knapp über der Hüfte und betonte ihr wohlgeformtes rundes Hinterteil und ihre mittlerweile recht üppigen Brüste – sie waren übrigens, zu Fannys großer Erleichterung, der bisher einzige Hinweis auf ihre Schwangerschaft. Auf eine Chemise oder gar Beinkleider hatte sie unter diesen Umständen natürlich verzichtet.

Sie drehte sich vor dem Spiegel hin und her und lächelte zufrieden. Das würde dem armen Philipp den Rest geben. Er hatte schlichtweg keine Chance. Vier Wochen waren seit ihrer Verlobung vergangen. Und Fannys Plan schien aufzugehen. Philipp war ihr mittlerweile völlig verfallen, verbrachte jede freie Minute mit ihr und machte, wie Fanny zufrieden feststellte, in jeder Hinsicht gute Fortschritte. Fast hatte sie aufgehört, ihn mit Karl zu vergleichen, so intensiv waren seine Küsse, so angenehm seine Berührungen. Er war so weit, befand sie, und der Zeitpunkt denkbar günstig. Mama war zu einem Wohltätigkeitsbasar aufgebrochen – der Ertrag sollte Kriegsinvaliden und ihren Familien zugutekommen –, Sophie hatte sich, wie immer nach dem Mittagessen, in die Bibliothek zurückgezogen, um ihren düsteren Gedanken nachzuhängen. Nur Adele hielt sich zu ihrer Verfügung, und die stellte keinerlei Gefahr dar, hatte Fanny doch in ihr eine kongeniale Verbündete gefunden. Es war nicht einfach gewesen, Mama gegen Sophies heftige Proteste davon zu überzeugen, dass Adele die ideale Anstandsdame für Fanny abgeben würde, aber es war ihr letztlich gelungen. Dem Argument, die alte Dorothea sei mittlerweile vollständig taub und fast blind, als Chaperone also ungeeignet, hatte Mama sich nicht zu entziehen vermocht. Adele konnte ihr Glück kaum fassen und unterstützte Fanny nach allen Kräften. Diese wiederum sorgte stets gewissenhaft dafür, dass Adele während ihrer Ausfahrten mit Philipp und zu allen sonstigen Gelegenheiten ausreichend Zeit mit ihrem geliebten Giovanni verbrachte.

Auch jetzt lächelte Adele verschwörerisch, als sie Philipps Besuch ankündigte, eine Flasche Champagner öffnete und sich sofort diskret zurückzog.

Fanny empfing ihn in einem züchtigen zartblauen Jungmädchenkleid und mit einem strahlenden Lächeln. Nachdem sie ein wenig miteinander geplaudert und gescherzt hatten, setzte sie sich nach dem dritten Glas Champagner auf seinen Schoß und küsste ihn lang und hingebungsvoll. Ihre Berührungen verfehlten nicht ihre Wirkung. Sein Widerstand erlahmte – ob aufgrund des Alkoholeinflusses oder ihrer eigenen Geschicklichkeit, sei dahingestellt – und als sie die kleinen Knöpfe ihres hochgeschlossenen Kleides öffnete und ihren Rock hochschob, war es völlig um ihn geschehen. Widerspruchlos folgte er ihr durch einen kleinen Gang hinunter in den Dienstbotentrakt. Adele stand Wache, sodass sie ungehindert bis zur Wäschekammer vordringen konnten. Vor der Tür ließ Fanny ihr Kleid über ihre Schultern gleiten und präsentierte sich gerade so lange, dass sein hungriger Blick jedes Detail ihrer gekonnten Inszenierung erfasste. Dann zog sie ihn in die enge, dunkle Kammer und überließ der Natur den Rest. Nicht einmal die von Adele besorgte Schweineblase kam zum Einsatz. Philipp war ganz und gar außer sich, Fanny derart geschickt und der Akt halb im Stehen, halb im Liegen so schwierig, dass dem armen Bräutigam das Fehlen eines gewissen Accessoires von Seiten der Braut nicht im Mindesten auffiel.

Unmittelbar danach von Panik und schlechtem Gewissen erfasst, suchte er fluchtartig das Weite und ließ Fanny in grenzenloser Erleichterung zurück. Der feierlichen Vermählung und einer friktionsfreien Hochzeitsnacht stand somit endgültig nichts mehr im Wege.

∼◦∼

»Sag mal, Daphne, liebst du meinen Bruder?« Drei Köpfe schossen hoch, während Fanny vergnügt grinste. Die Damen des Hauses hatten sich im roten Salon versammelt und tranken Tee. Mathilde ließ den Stickrahmen auf ihren Schoß sinken, Sophie blickte erstaunt von ihrem Buch auf und Daphne versuchte, ihr Gesicht rasch hinter ihrem Fächer zu verbergen. Fanny, die am Klavier saß und sie alle bisher mit einer reizenden kleinen Melodie unterhalten hatte, schlug ein paar dramatische Akkorde an. »Oh ja, du tust es. Seht, wie hold sie errötet.«

»Fanny«, rügte ihre Mutter sie, »jetzt ist es aber genug. In wenigen Tagen ist deine Hochzeit, und du hast nur Unsinn im Kopf.«

Sophie pflichtete ihr bei. »Wie kannst du die Ärmste so in Verlegenheit bringen?«

Übermütig lachte Fanny auf. »Ach, seid nicht so scheinheilig. Ihr wollt es doch auch wissen. Ich hab euch belauscht, in Papas Arbeitszimmer.«

Mathilde räusperte sich, um ihre Tochter – nach kurzer Irritation wieder ganz mütterliche Würde – sanft, aber nachdrücklich zurechtzuweisen. »Das ist ganz und gar unschicklich, mein Kind.«

Fanny stand auf und nahm Daphne den Fächer aus der Hand. »Also, Daphne, erlöse uns endlich und sag die Wahrheit. Liebst du meinen Bruder?«

Das Mädchen hielt weiterhin verlegen den Blick gesenkt.

»Ach was, keine Antwort ist auch eine Antwort«, brach Fanny schließlich das angespannte Schweigen, zog Daphne hoch und tanzte mit ihr einen stürmischen Galopp durch das Zimmer. »Sie liebt ihn, ja sie liebt ihn«, jubelte sie übermütig. Nach der dritten Runde ließen sich die beiden Mädchen lachend aufs Sofa fallen.

»Was ist denn hier los?« Georg betrat, angelockt von dem fröhlichen Lärm, den Salon und sah erstaunt von einer zur anderen. Sein unerwartetes Erscheinen zog umgehend eine erneute Lachsalve nach sich. Diesmal fielen auch Sophie und Mathilde mit ein.

Er nahm zwischen den Mädchen Platz, strich Daphne mit zärtlicher Geste eine Haarsträhne aus dem Gesicht und bemerkte lächelnd: »So sind sie, die Damen des Hauses Wohlleben. Albern, vor allem die Kleinste. Lasst Euch von meinem Möpschen nicht drangsalieren, hört Ihr? In wenigen Stunden wird sie vor den Traualtar treten und den Bund der Ehe schließen. Dann ist Schluss mit solchen Albernheiten.«

Daphne nickte, während Georg sie wohlwollend betrachtete. Seine Schwestern hatten sich seit Ludwigs Abschied beinahe rührend um sie gekümmert. Und das Mädchen, das in seiner Familie auf stille Art Einzug gehalten hatte, hatte sein eigenes Leben auf den Kopf gestellt. Er verbrachte inzwischen – ganz gegen seine

Gewohnheit – beinahe jede freie Minute im Haus seiner Eltern, genoss Daphnes Gegenwart und vernachlässigte seine Freunde, die sich bereits nachdrücklich darüber beschwerten. Ganz zu schweigen von seinen Gspusis und Geliebten, die ihn mit Vorwürfen überhäuften – Georg hatte nur mehr Augen für das sanfte Wesen an seiner Seite. Der erfolgsverwöhnte Herzensbrecher hatte sich verliebt. Dass sie seinen Avancen geschickt auswich, machte sie in seinen Augen nur noch begehrenswerter. Dass Daphne seine Liebe nicht erwidern könnte, kam ihm erst gar nicht in den Sinn.

Jetzt jedoch hatte er Neuigkeiten. Große Neuigkeiten. »Ihr erratet nie, was passiert ist!«

Vier Augenpaare richteten sich erwartungsvoll auf ihn.

»Baines ist wieder da!«

Sophie errötete ganz gegen ihre sonstige Zurückhaltung bis über beide Ohren und sprang auf. Ihr Herz raste. »Woher weißt du das?«

»Man hat ihn gesehen, mit dem deutschen Gesandten von Humboldt.«

Fieberhaft dachte Sophie nach. Edward war wieder in Wien. Seit wann? Warum hatte er sich noch nicht bei ihr gemeldet? Das bedeutete nichts Gutes, oder?

Georg stand auf und nahm sie in die Arme. »Mach dir keine Sorgen«, flüsterte er ihr zu, als könnte er ihre Gedanken lesen. »Er wird schon kommen, wirst sehen.«

Da betrat wie auf Geheiß Adele den Raum, knickste höflich und reichte Mathilde ein kleines Silbertablett.

»Ein Lord Thornfield möchte uns seine Aufwartung machen«, bemerkte sie mit einem erstaunten Blick auf die elegante Visitenkarte. »Wer mag das sein?« Mathilde erhob sich, richtete ihre Frisur, überprüfte den Sitz ihres Kleides und rauschte aus dem Salon.

Fanny setzte sich ans Klavier und begann mit verschwörerischem Augenzwinkern einen Walzer zu spielen. Georg verbeugte sich vor seiner Schwester Sophie und drehte mit ihr eine übermütige Runde durchs Zimmer. Doch Sophie war nicht nach Tanzen zumute, zu viel ging ihr durch den Kopf. Sie bedeutete ihm stehenzubleiben und winkte Daphne zu sich. »Du solltest mit meinem Bruder tanzen, ich bin gerade nicht in Stimmung.«

Daphne kam ihrer Aufforderung mit einem leichten Lächeln nach. Gedankenverloren beobachtete Sophie die beiden. Liebe schien in dieser Familie ansteckend zu sein. Erst Fanny, dann Georg. Nur sie war offensichtlich dafür nicht geschaffen. Sie seufzte tief.

Da trat Mathilde ein. Blass und mit ernster Miene bedeutete sie Sophie, ihr zu folgen. Sophie begann zu zittern. Etwas Schreckliches musste passiert sein. Wahrscheinlich würden sich nun ihre schlimmsten Befürchtungen bewahrheiten. Edward hatte sich mittlerweile verheiratet und den unbekannten Lord geschickt, um sie darüber zu informieren. Während sie ihrer Mutter in den Empfangssalon folgte, verwandelte sich ihre Sorge in heilige Wut. Er war zu feige, es ihr selbst zu sagen. Was für ein Affront! Als sie den Salon betrat, betrachtete ein hochgewachsener, überaus elegant gekleideter Herr gerade eingehend das Gemälde über dem Kamin.

»Wer hat Euch geschickt?« Wie eine Furie trat sie auf ihn zu, wild entschlossen, keinerlei Schwäche zu zeigen.

»Niemand.« Diese Stimme … Er drehte sich um. Sophie trat entgeistert einen Schritt zurück und stolperte beinahe über den Pouf, der hinter ihr stand. Es war Edward!

»Ich werde mich jetzt zurückziehen. Es gibt sicher vieles zu bereden.« Mathildes Stimme trat wie aus weiter Ferne an ihr Ohr.

»Wollt Ihr Euch nicht setzen?« Edward wirkte besorgt.

Benommen ließ sich Sophie widerspruchslos zum Sofa führen. Lang sprach keiner ein Wort.

»Lord Thornfield? Reist Ihr unter falschem Namen?«, fragte sie misstrauisch.

Überrascht sah er sie an, musterte die tiefe Falte zwischen ihren Augenbrauen – und begann laut zu lachen. Wie sehr sie dieses Lachen vermisst hatte. Wie sehr sie ihn vermisst hatte. Plötzlich war es um ihre Fassung geschehen, die Anspannung der letzten Wochen verlangte ihren Tribut. Sophie schluchzte auf, sie weinte und weinte, bis sie keine Tränen mehr hatte.

Da hob Edward sanft ihr Kinn und zwang sie, ihm in die Augen zu sehen.

Nun gab es keine Fragen mehr, nur mehr seine Lippen auf den ihren, die sie zärtlich erst, dann leidenschaftlich küssten. Sophie schmiegte sich an ihn. Nie wieder würde sie ihn gehen lassen …

Als ihr Herz sich langsam beruhigte, begann sich ihr Verstand in Bewegung zu setzen. Warum dieses Versteckspiel? Hatte ihr Vater nicht von diplomatischen Verwicklungen erzählt, die zu einem Gutteil daran schuld seien, dass der Kongress sich derart in die Länge zog? War Edward ein Spion der britischen Krone, oder, schlimmer noch, ein Doppelspion, der über die Bagration den russischen Zaren mit Informationen versorgte? Erklärte das die Intrigen der Fürstin und seinen überstürzten Aufbruch?

Entschlossen entwand sie sich ihm. »Sir Baines, Edward, oder wie auch immer Ihr heißt – sagt mir die Wahrheit! Wer seid Ihr?« Sophie runzelte die Stirn. »Und warum seid Ihr hier?« Ihr kam ein schrecklicher Gedanke. »Wenn Ihr mich für Eure Tarnung missbraucht, ist es wohl besser, Ihr geht. Bringt Eure Mission ohne mich zu Ende. Oder weiht mich ein, dann bin ich durchaus bereit, in Erwägung zu ziehen, Euch zu unterstützen, sollte Euer Auftrag ein ehrenwerter sein.«

Sie stutzte, als sie seinen fassungslosen Blick bemerkte. Und verstand gar nichts mehr, als er erneut in polterndes Gelächter ausbrach. Nachdem er sich gefasst hatte, schloss er die verdutzte Sophie in die Arme.

»Ich hab Euch so sehr vermisst«, flüsterte er ihr ins Ohr. »Und ich muss Euch enttäuschen. Es gibt keine Mission. Der einzige Grund, warum ich hier bin, seid Ihr. Und ich bin tatsächlich Lord Thornfield.« Verwirrt sah sie auf. »Ich reise keineswegs unter falschem

Namen. Zumindest nicht mehr. Ich bin Lord Thornfield«, wiederholte er geduldig.

»Warum?«, fragte sie. Sophie versuchte einen klaren Gedanken zu fassen. »Ihr heißt doch Baines? Und wieso Lord?«

»Das ist eine lange Geschichte. Fürs Erste müsst Ihr mir einfach vertrauen.« Er lächelte zärtlich, als sie ihm einen überaus skeptischen Blick zuwarf. »Schon gut, ich kann alles beweisen. Mit Brief und Siegel. Seit Kurzem bin ich, Edward Lewis Jonathan, der achte Earl of Thornfield. Der Tod meines Vaters war der Grund für meine überstürzte Abreise. Obwohl er ursprünglich gedroht hatte, mich zu enterben, hat er mir nun doch sämtliche Titel und Besitzungen vermacht.«

»Besitzungen«, echote Sophie. »Seid Ihr denn reich?«

Edward grinste. »So behauptet man zumindest.«

»Und Ihr habt nicht geheiratet?« Sie warf ihm einen prüfenden Blick zu.

»Noch nicht«, entgegnete er, plötzlich ernst. »Das heißt, wenn Ihr geruht, meinen Antrag anzunehmen.«

Sophie starrte ihn entgeistert an.

Edward fasste ihr Gesicht in beide Hände und sah ihr tief in die Augen. »Würdet Ihr denn ja sagen?«

Bevor Sophie antworten konnte, wurde die Tür aufgerissen. Atemlos stürmte Georg in den Salon. »Habt ihr schon gehört? Napoleon ist aus Elba geflohen! Er hat mit 900 Mann die Südküste Frankreichs erreicht und ist auf dem Weg nach Paris.«

Edward nickte. »Ich weiß, der Unruhestifter schlägt erneut zu. Wir haben allen Grund zur Sorge.«

Sophie sah fragend von einem zum anderen. »Was hat das zu bedeuten?«

»Vielleicht wieder Krieg«, antwortete Georg.

»Davon ist auszugehen«, stimmte Edward ihm finster bei.

In diesem Augenblick betrat Mathilde den Salon. Hocherfreut blickte sie in die kleine Runde. »Nun, wie ich sehe, gibt es etwas zu feiern«, bemerkte sie und schloss die verdutzt dreinblickende Sophie stolz in ihre Arme.

Epilog

Während in den kommenden Tagen fieberhafte Aufbruchsstimmung herrschte, die russische Kaiserin etwa reiste bereits am 9. März in Richtung Karlsruhe ab, ordnete Kaiser Franz in der letzten Märzwoche per Handbillet an den Obersthofmeister die Einstellung weiterer Hoffeste an. Ungeachtet dessen wurde Fannys Hochzeit am 31. März – eine Woche nach Sophies Vermählung mit Edward – sehr elegant im Palais Wohlleben gefeiert. Dass das Kleid der Braut nicht ganz so eng geschnürt werden konnte, wie man es von einer jungen Dame ihres Alters erwarten würde, fiel einzig und allein ihrer Mutter auf, die diese pikante Tatsache jedoch lediglich mit einem Hochziehen der Augenbraue kommentierte und den Schleier daraufhin wortlos um Fannys Taille drapierte. Katharina Pawlowna Bagration war verständlicherweise zu keiner der beiden Festlichkeiten geladen. Ihre Strahlkraft hatte bis zum Ende des Kongresses ohnehin einigermaßen gelitten. Der Abreise der schönen Fürstin ging schließlich ihre ganz persönliche Niederlage voraus, in Form eines von ihren Gläubigern – unter ihnen sogar ihr Koch – erwirkten, recht unschönen Hausarrests. Erst als Zar Alexander ihre Schulden beglich, konnte sie sich aus dieser misslichen Lage befreien und in der Pariser Rue St. Honoré ein neues Leben beginnen. Georg, Philipp und Stanislaus wurden Mitte April mit ihren Regimentern nach Frankreich geschickt. Einzig Karl, der aufgrund seiner hohen Spielschulden unehrenhaft aus der Armee entlassen worden war, blieb dieses Schicksal erspart. Er wurde von Baronin Altenburg in den Ehestand erhoben und genoss sein Leben als Privatier in vollen Zügen.

Anhang

Edwards Geschichte

EDWARD LEWIS JONATHAN, Sohn des siebten Earl of Thornfield, war seit seinem 15. Lebensjahr unsterblich verliebt. Seine Auserwählte, Cecilia Baines, verdiente sich nach dem Tod ihrer Eltern als Gouvernante bei Edwards Cousine Emily ihren schmalen Lebensunterhalt. An seinem 21. Geburtstag gab sie seinem stürmischen Drängen endlich nach. Doch Edwards Eltern waren gegen diese Mesalliance. Als Cecilia, die in Emilys Eltern ihre zweite Familie sah und ihnen bedingungslos vertraute, Edwards Tante Elizabeth gestand, dass sie ein Kind von ihm erwartete, nahmen die Ereignisse ihren schicksalhaften Lauf. Edward, der nichts von Cecilias Schwangerschaft ahnte, wurde zu Verwandten nach London geschickt. Elizabeth wiederum erklärte Cecilia, dass Edward kein ernsthaftes Interesse an ihr habe und längst einer Frau seines Standes in London versprochen sei. Sie sei auch der Grund für seine Abreise, er gedenke nun offiziell um ihre Hand anzuhalten. Gemeinsam mit Edwards Eltern arrangierte Elizabeth eine überstürzte Heirat mit einem Freund der Familie, einem reichen Witwer, der schon lange ein Auge auf Cecilia geworfen hatte. Als Edward zurückkam und von Cecilias Verehelichung erfuhr, brach er mit seinen Eltern und reiste fortan unter dem Namen Edward Baines durch die Welt. Erst Jahre später wurde ihm zugetragen, dass Cecilia bei der Geburt ihres ersten Kindes gestorben war. Dass er einen Sohn hatte, erfuhr er nie. Im November des Jahres 1814 erreichte ihn eine schicksalhafte Nachricht, die seine überstürzte Abreise aus Wien vonnöten machte. Erst am Totenbett seines Vaters – er starb an den Folgen eines schweren Reitunfalles – versöhnte sich Edward mit seiner Familie, er erbte Titel, Vermögen und Ländereien. Als der achte Earl of Thornfield wurde er zu einem der mächtigsten Männer Englands.

Weitere Titel finden Sie auf den
folgenden Seiten und im Internet:

WWW.GMEINER-VERLAG.DE

Silke Böschen
**Träume von Freiheit –
Ferner Horizont**
Historischer Roman
510 Seiten
13,5 x 21 cm,
Premiumklappenbroschur
ISBN 978-3-8392-2863-0
€ 16.00 [D] / € 16.50 [A]

Die amerikanische Kolonie im Dresden des 19. Jahrhunderts: Zu den reichen Amerikanern gehört auch Florence de Meli. Sie ist der umschwärmte Mittelpunkt der High Society. Doch ihr Ehemann tobt vor Eifersucht. Er schmiedet ein Komplott und lässt sie für verrückt erklären. Florence landet in der Irrenanstalt. Doch sie kämpft für ihre Kinder und Gerechtigkeit. Ihre abenteuerliche Reise führt sie quer durch Europa bis nach New York. Eine Scheidungsschlacht beginnt …

GMEINER SPANNUNG

WWW.GMEINER-VERLAG.DE
Wir machen's spannend

DIE NEUEN